2021年度教育部人文社会科学研究青年基金项目"建党百年以来高校学生党支部建设历程和发展创新研究"（项目批准号：21YJC710024）研究成果

XINGZOU DE KETANG
BEIJING LIGONG DAXUE HONGSE JIYIN YUREN
SHIJIAN TANSUO

行走的课堂
北京理工大学红色基因育人实践探索

主　编　荀曼莉　郭惠芝
编　委　王晓静　徐帼缨　杨　菲

北京理工大学出版社
BEIJING INSTITUTE OF TECHNOLOGY PRESS

版权专有　侵权必究

图书在版编目（CIP）数据

行走的课堂：北京理工大学红色基因育人实践探索 / 苟曼莉，郭惠芝主编． -- 北京：北京理工大学出版社，2024．7.
ISBN 978-7-5763-4328-1

Ⅰ．G641

中国国家版本馆 CIP 数据核字第 20240G3W70 号

责任编辑：申玉琴　　**文案编辑**：申玉琴
责任校对：周瑞红　　**责任印制**：李志强

出版发行 / 北京理工大学出版社有限责任公司
社　　址 / 北京市丰台区四合庄路 6 号
邮　　编 / 100070
电　　话 /（010）68944439（学术售后服务热线）
网　　址 / http：//www.bitpress.com.cn

版 印 次 / 2024 年 7 月第 1 版第 1 次印刷
印　　刷 / 廊坊市印艺阁数字科技有限公司
开　　本 / 710 mm×1000 mm　1/16
印　　张 / 16.5
字　　数 / 270 千字
定　　价 / 88.00 元

图书出现印装质量问题，请拨打售后服务热线，负责调换

前 言
PREFACE

爱国主义是我们民族精神的核心，是中华民族团结奋斗、自强不息的精神纽带。《中华人民共和国爱国主义教育法》自2024年1月1日起施行，进一步用法治方式保障了新时代爱国主义教育的广泛常态深入开展。高校开展新时代爱国主义教育，要引导和培育大学生增进对中华民族和伟大祖国的情感，传承民族精神、增强国家观念，使爱国主义成为学生的坚定信念、精神力量和自觉行动。红色实践是开展大学生爱国主义教育的重要途径，通过组织引导学生参加红色实践，强化实践养成，厚植学生爱国情怀，引导学生不断将爱国意识转化为情感认同、行为习惯和价值追求，汇聚强国建设的青春力量。

北京理工大学开展大学生爱国主义教育，注重将思想引领、文化涵育，教育引导、实践养成融会贯通，形成合力，突出学校红色基因的鲜明主题，融入日常、因地制宜、注重实效，2015年做出了"红色实践"的工作部署，以"追寻习近平总书记的红色足迹""探寻延安根、筑牢军工魂、争做领军人"为主线，组织学生上好一堂堂思政大课、社会大课、国情大课。学校先后在安徽金寨、贵州遵义、陕西延安等地建立大学生红色实践教育基地，运用当地的红色教育资源、将学校的"延安根、军工魂、领军人"的红色基因有机融入学生红色实践过程，制定了系统规范的红色实践指南，指导学生走进老区和故里，用前导化的理论指导、定制化的课程学习、沉浸式的情景体验、全系列的实践活动，将教育影响从实践周期贯穿至学生全学年，辐射到更多学生，用"革命红"层层渲染学生精神底色，引导学生把爱国情、强国志转化为报国行，将个

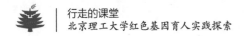

人小我融入祖国大我，融入国家改革发展的伟大事业之中、融入为人民美好生活服务的伟大奋斗之中。

本书对北京理工大学红色基因育人的实践探索进行了理论分析和经验总结，汇编了红色育人资源，学校近些年来开展红色实践的优秀案例和活动纪实，以及学生参与教育实践的所思、所感、所获，是精神传承、历史回望，也是教育手记，以期为高校从事思想政治教育工作的管理人员、辅导员，以及学生干部等提供参考。

编　者

目录 CONTENTS

第一章 行走的课堂

第一节　红色实践 / 002
  一、红色实践是开展大学生爱国主义教育的重要途径 / 002
  二、高校组织大学生红色实践的历史和发展 / 003
  三、红色实践的特点和意义 / 006
  四、大学生开展红色实践的内容和途径 / 013

第二节　红色精神 / 040
  一、中国共产党人精神谱系 / 040
  二、有关政策文件 / 052

第二章 行走的足迹

第一节　北京理工大学红色基因传承 / 056
  一、红色基因内涵 / 056
  二、红色基因育人平台 / 057
  三、红色校史工程 / 061
  四、大学生红色基因传承实践活动 / 064
  五、红色基因育人成果 / 073

第二节　北京理工大学大学生红色实践项目案例 / 075
  一、工作基础 / 075

二、组织机构 / 075

三、实践时间、地点 / 075

四、实践形式 / 075

五、工作机制 / 076

第三节　北京理工大学大学生红色实践纪实 / 085

穿过峥嵘岁月，探寻红色江西 / 085

探寻长征精神 / 089

追寻红色记忆，我与祖国共奋进 / 092

美丽乡村感受生态文明，红色老区厚植爱国情怀 / 096

使命在肩，奋斗有我 / 100

一代北理工人有一代北理工人的长征 / 105

跟党走，忆初心，担使命
　　——追溯延安根，砥砺新征程 / 108

行走百年党史，奋斗正当其时 / 113

"化"说湘中红色事 / 118

聚焦脱贫攻坚，心系乡村振兴 / 122

学焦裕禄精神，做新时代青年 / 126

重回燎原故土，再觅星火起源 / 130

踏寻红色足迹 / 136

吃水不忘掘井人，乡村振兴践初心 / 148

赓续红色基因　回顾奋斗历程 / 152

第三章　行走的记忆

重走红军之路，传承苏区精神 / 162

做担当有为青年 / 166

激扬国防情，铸就军工魂 / 175

弘扬延安精神，勇担时代使命 / 178

慰问驻藏部队送温暖，赓续红色基因铸忠魂 / 180

走长征路，赓续红色血脉 / 183

探长征路，铸信仰魂 / 186

走在"新长征"路上 / 188

铭记革命历史，传承太行精神 / 191

革命老区岭头村，脱贫腾起领头羊 / 193

寻　忆 / 195

感悟精准扶贫 / 196

贵州行，情意真 / 198

我的井冈山之行 / 199

红色印记 / 201

闪闪红心，坚定不移 / 202

寻革命足迹 / 204

传承长征精神，重温伟大转折 / 206

大别山的精神洗礼 / 208

行走百年党史，奋斗正当其时 / 210

重走红色足迹、感悟革命力量 / 212

感悟辉煌党史，重温初心使命 / 213

红色潇湘行 / 215

追忆湘江红色历史 / 217

感受红色峥嵘，助力乡村振兴 / 219

感受革命光辉历程，助力乡村基础教育 / 221

不忘初心，砥砺前行 / 223

恒心如擎 / 225

第四章 行走的思考

沂蒙老区党史教育中"红色形象"资源创新性
　　利用路径调研 / 228

从发展农业旅游看张家塔新篇章 / 245

关于第二课堂对大学生爱国主义教育实效影响的调研报告 / 251

第一章

行走的课堂

第一节　红色实践

一、红色实践是开展大学生爱国主义教育的重要途径

对于学生的爱国主义教育，建立在学生对于国家的认知基础上，并辅以多感官的感受、社会体验和人生实践，使其从情感积累进而内化为学生的思想观念和价值取向。高校的爱国主义教育，就是通过具体的每一门思政课、专业课以及讲座、报告、论坛、媒体等途径使学生了解国家的历史脉络、发展现状及未来趋势等知识和信息，并通过情景浸润、榜样引领、亲身实践环节内化于心。开展大学生爱国主义教育，弘扬以爱国主义为核心的民族精神和以改革创新为核心的时代精神，旨在引导大学生把自己的理想和人生同祖国的前途、民族的命运联系在一起，扎根人民，奉献国家。

爱国主义教育的目的是培养一代代为国家的发展、民族的延续、文明的传承不懈奋斗的接班人，单靠宣传灌输是远远不够的，还需要让学生参加实践活动、亲身体验来加以涵育，不断引导学生将爱国意识转化为情感认同、行为习惯和价值追求。心理学研究表明，人们稳定的心理品质只能通过各种实践活动来形成。厚植学生爱国主义情怀不是宣传口号，不是政治动员，而是需要扎扎实实转化为学生可看、可感、可参与的一项项具体的实践活动，转化进学生日日身处的校园环境和生活情境中的细小实处。红色实践的首要内容就是爱国主义教育。带领学生深入革命老区、红色旧址、历史场景开展红色实践，将知识学习、情感触动、价值塑造、行为养成相结合，是理论联系实际的必要过程。引导学生深刻认识中国共产党为什么"能"、马克思主义为什么"行"、中国特色社会主义为什么"好"，也是厚植学生爱国主义情怀、坚定学生理想信念的重要环节，可以激励学生树立不负人民的家国情怀、追求崇高的思想境界、增强过硬的担当本领。

在大学生这个特定群体中开展红色实践，高校要以爱国主义和革命文化教育为主题，有组织有计划地让学生走进红色地区，利用当地红色教育资源，让学生深入学习革命历史、感受红色文化，弘扬红色精神，传承红色基因。革命文物、革命旧址承载党和人民英勇奋斗的光荣历史，记载中国革命的伟大历程和感人事迹，是党和国家的宝贵财富。学生深入革命文化旧址，通过学习感

知、观察体验、思考共情的深入实践，可以提升中国特色社会主义道路自信、理论自信、制度自信和文化自信的政治觉悟，厚植爱国主义情怀，树立"四个正确认识"，即正确认识世界和中国发展大势，正确认识中国特色和国际比较，正确认识时代责任和历史使命，正确认识远大抱负和脚踏实地。

高校应该利用我国改革发展的伟大成就、重大历史事件纪念活动、爱国主义教育基地等广泛组织开展大学生爱国主义教育实践活动，深化中国共产党史、中华人民共和国史、改革开放史和社会主义发展史学习教育，继承革命传统，弘扬革命精神，传承红色基因，引导学生深刻认识历史和人民选择中国共产党、选择马克思主义、选择社会主义道路、选择改革开放的历史必然性，深刻认识我们国家和民族从哪里来、到哪里去，坚决反对历史虚无主义。红色实践可以让学生深入历史和人民，从红色文化和革命精神中汲取成长力量，将学到的知识运用到为实现人民对美好生活向往的奋斗实践中。组织学生参观纪念馆、展览馆、博物馆、烈士纪念设施，参加军事训练、文化科技卫生"三下乡"、学雷锋志愿服务、创新创业、公益活动等，可以让学生更好地了解国情民情，强化责任担当。

二、高校组织大学生红色实践的历史和发展

中国共产党诞生于民族危亡之际，肩负着救亡图存、实行社会变革、实现国家独立的历史使命。延安时期，党认识到急需为争取民族独立、人民解放、国家统一、社会稳定储备长期执政的人才干部队伍。同时，延安具备了开办各级各类教育提高民众知识文化水平和干部队伍素质、培养社会主义建设需要的各类人才的一定历史条件。

中国共产党在延安时期开启了创办中国特色高等教育的历史征程。在办学过程中，确定了坚持社会主义办学方向的教育方针，把坚定正确的政治方向放在办学工作的首位，将思想政治工作放在一切工作的首位，不断坚定学生理想信念。"实践的观点、生活的观点是马克思主义认识论的基本观点，实践性是马克思主义理论区别于其他理论的显著特征。"[①]实践也是实现人的全面发展的根本途径。学校十分重视将思想政治理论的学习同现实战争实际需求联系起来，开展了富有成效的教育实践，建立了高校思想政治教育理论体系和工作制度，为中国革命胜利和新中国发展建设培养了大批干部和专业人才，也为发展

---

① 习近平：在纪念马克思诞辰200周年大会上的讲话[EB/OL]．（2018-05-04）．https：//www.gov.cn/xinwen/2018-05/ 04/content_5288061.htm.

中国特色的高等教育积累了宝贵经验。

延安时期,党和人民面临着特殊的现实困境,国民党反动派对革命根据地全面封锁,中国共产党动员一切可以动员的力量,发出了"艰苦奋斗、自力更生"的号召,边区开展了大生产运动,开发了南泥湾、改造了盐碱地、办起了新工厂,自给自足,丰衣足食。党的思想政治工作都是与当时社会现实需要紧密相联的。老一辈革命家、教育家徐特立提出了教育、科研、生产"三位一体"的教育思想。延安的高校在战火中辗转办学,得以存续、发展壮大,得益于延安时期所凝聚的办学理念、教育思想和精神力量。高校在延安时期的办学过程中,组织青年学生开展了内容丰富、形式多样的社会实践活动。他们不仅要接受军事训练,要参加生产劳动,开展社会调查,更要走到广阔的基层社会进行实际锻炼。还有学生用所学知识制造武器,通过实际的工作实践,来践行延安青年的模范作用和革命担当。这一时期,党一方面通过加强理论宣贯、精神感召等传统的宣传教育手段来宣传党的主张,同时也通过革命、生产和生活实践,进一步激发人民团结抗战、创造新生活的精神力量。这一时期,高校师生也投身到校舍建设、农业劳动、工厂生产的劳动实践中,服务边区的生产建设,服务社会发展。当年,自然科学院组织学生到工厂实习,参加边区建设和大生产运动,展开了数次规模较大的社会调查和科学研究活动,如地矿系学生考察了边区地质构造、矿产分布与储量,为边区发展工业提供了条件。学生们在生产劳动的实践中正确认识客观世界、磨炼意志,锤炼作风,提高政治觉悟和思想水平;在深入实际、深入基层、深入群众中,探索真知,加深对劳动的热爱,增进对人民的情感,树立起无产阶级的世界观和人生观。

延安时期,青年学生是干部的重要来源。青年学生一方面根据政治处规定的宣传大纲,宣传抗战形势,组建剧团编演剧目,在群众中演出、开展文化娱乐活动动员民众;另一方面通过参与兵役、参加壮丁训练、加紧春耕、扩大青训班影响等进行深入广泛的宣传。青年学生还会深入基层参加冬学运动,组建培训班,担任教员,开展边区文化教育,提高边区民众的学习热情,提高民众文化知识水平。

这是具有时代特点的红色实践,是革命的"大熔炉"里对青年学生的锻造。青年学生通过实践锻造了健强的意志与精神,促进了边区的发展,形成了艰苦奋斗的作风,组织凝聚了民众力量,坚定了人生理想。

新中国成立后,党和国家领导人一直贯彻马克思主义"教育与生产实践相结合"的指导方针,坚持人的全面发展,借助苏联教育建设的先进经验,坚持走又红又专的道路，高度重视大学生参与社会实践。50年代至60年代中期，青年学生积极投身于学工、学农、学军的实践活动。一届又一届的大学生在丰富多彩的社会实践活动中"受教育、长才干、作贡献"，成长为祖国各条战线的栋梁之材。1977年恢复高考制度，高等教育开始走上正轨。1983年10月，团中央、全国学联首次提出了"大学生社会实践"的概念，标志着大学生社会实践开始向正规化发展。党和国家始终坚持把社会实践作为引导大学生了解国情、社情、民情的重要途径，号召大学生向实践学习、向人民群众学习。

1984年5月，团中央正式确定了社会实践要坚持"受教育、长才干、作贡献"的指导方针。在这一方针指导下，这一时期的大学生社会实践组织大学生走出校园，走近社会，在国家改革建设的第一线了解国情社情、进行实践，依靠专业知识为中国特色社会主义建设贡献力量。1991年5月，共青团中央、国家教委党组要求高校组织学生参加社会实践活动，大学生社会实践活动开始走上规范化、制度化、科学化的轨道，开展了社会调查、考察访问、挂职锻炼、科技咨询、人才培训、技术服务等丰富多彩的社会实践活动。大规模组织的大中学生志愿者暑期文化科技卫生"三下乡"等大学生专项社会实践活动，不再单纯突出"作贡献"，而是统筹兼顾学生在社会实践中"受教育、长才干、作贡献"的成效。

2004年10月起，在新的历史时期下，大学生社会实践将坚持政治理论教育与社会实践相结合作为改进大学生思想政治教育的基本原则之一，把深入开展社会实践作为拓展新形势下大学生思想政治教育的有效途径之一，积极探索实践育人的长效机制，建立社会实践与专业学习相结合、与服务社会相结合、与勤工助学相结合、与择业就业相结合、与创新创业相结合的管理体制，增强社会实践活动的效果，培养大学生的劳动观念和职业道德。这一时期大学生社会实践活动也紧扣时代发展脉搏，先后开展了以"永远跟党走""服务和谐社会建设，提高思想政治素质""科学发展促和谐，服务农村作贡献""勇担强国使命，共建和谐家园""共建家园迎奥运，改革开放伴成长"等主题鲜明的社会实践活动，引导大学生宣传实践党的十六大、十七大精神，在服务新农村建设、支援抗震救灾、投身奥运志愿服务实践中，深入贯彻落实科学发展观，参与共建社会主义和谐社会。

中国特色社会主义进入新时代以来，党和国家高度重视青年理想信念教育、爱国主义教育、革命传统教育和红色基因传承。红色是中国共产党、中华人民共和国最鲜亮的底色。红色血脉是中国共产党政治本色的集中体现，是新时代中国共产党人的精神力量源泉，在党团结带领中国人民进行百年奋斗的伟大历程中代代相传。党的十八大以来，习近平总书记每到地方考察，都要瞻仰具有重大历史意义的革命圣地、红色旧址、革命历史纪念场所。从上海中共一大会址到嘉兴南湖红船，从阜平、西柏坡到延安、井冈山，从古田会议旧址、遵义会议会址到香山革命纪念地，从宁夏固原红军长征会师地到江西于都红军长征出发地，从金寨县革命博物馆到中国工农红军西路军纪念馆，从抗日战争纪念馆到淮海战役纪念馆、渡江战役纪念馆、湘江战役纪念馆，从焦裕禄同志纪念馆到雷锋纪念馆，习近平总书记对用好爱国主义教育基地等红色资源，作出一系列重要论述和重要指示，强调要加强红色资源保护研究，用好红色资源强化教育功能，引导青少年从小在心里树立红色理想，赓续红色血脉，用党的奋斗历程和伟大成就鼓舞斗志、指引方向，用党的光荣传统和优良作风坚定信念、凝聚力量，用党的历史经验和实践创造启迪智慧、砥砺品格，继往开来，开拓前进。

高校思想政治教育坚持教育同生产劳动和社会实践相结合，把思政小课堂同社会大课堂结合起来，让学生在亲身体验中上好一堂堂有深度、有力度、有温度的国情大课、劳动大课、人民大课，夯实实践育人长效机制，坚持理论教育与实践养成相结合，整合各类实践资源，强化项目管理，丰富实践内容，创新实践形式，拓展实践平台，完善支持机制，加强革命文化和社会主义先进文化教育，深化中国共产党史、中华人民共和国史、改革开放史和社会主义发展史学习教育，利用我国改革发展的伟大成就、重大历史事件纪念活动、爱国主义教育基地、国家公祭仪式等组织开展主题教育，教育引导大学生在亲身参与中增强实践能力、树立家国情怀。高校组织实施了"牢记时代使命，书写人生华章""百万师生追寻习近平总书记成长足迹""百万师生重走复兴之路""百万师生'一带一路'社会实践专项行动"等新时代社会实践精品项目，陆续开展了"重走改革开放路，砥砺爱国奋斗情""青春告白祖国""小我融入大我，青春献给祖国""奋斗的我 最美的国""网上重走长征路""青春使命"等主题活动，强化教育实践。

三、红色实践的特点和意义

大学生"红色实践"工作在开展中容易与"红色旅游"和"红色培训"的概念有所混淆，在具体实施过程中有相似的内容，也容易让人产生误读，进而违背红色实践的初衷，因此有必要做好区分。

红色旅游主要是指以中国共产党领导人民在革命和战争时期建树丰功伟绩所形成的纪念地、标志物为载体,以其所承载的革命历史、革命事迹和革命精神为内涵,组织接待旅游者开展缅怀学习、参观游览的主题性旅游活动。红色旅游面向公众提供旅游产品,以促进当地产业发展为目的,参与者无特定组织,群众自发行动、无特定目的,是革命传统与旅游产业结合的创新活动,具有政治功能、文化功能和经济功能。2004年,党中央、国务院部署发展红色旅游产业,各地政府依托当地资源,大力发展了各具特色的红色旅游项目,给人民群众提供了感受红色文化的途径。首期培育形成了十二个"重点红色旅游区"[①],重点打造主题鲜明、交通便利、服务配套、吸引力强、在国内外有较大影响的旅游目的地。

首批十二个"重点红色旅游区"分别是:

以上海为中心的"沪浙红色旅游区",主题形象是"开天辟地,党的创立"。

以韶山、井冈山和瑞金为中心的"湘赣闽红色旅游区",主题形象是"革命摇篮,领袖故里"。

以百色地区为中心的"左右江红色旅游区",主题形象是"百色风雷,两江红旗"。

以遵义为中心的"黔北黔西红色旅游区",主题形象是"历史转折,出奇制胜"。

以滇北、川西为中心的"雪山草地红色旅游区",主题形象是"艰苦卓绝,革命奇迹"。

以延安为中心的"陕甘宁红色旅游区",主题形象是"延安精神,革命圣地"。

以松花江、鸭绿江流域和长白山区为重点的"东北红色旅游区",主题形象是"抗联英雄,林海雪原"。

以皖南、苏北、鲁西南为主的"鲁苏皖红色旅游区",主题形象是"东进序曲,决战淮海"。

以鄂豫皖交界地域为中心的"大别山红色旅游区",主题形象是"千里跃进,将军故乡"。

---

① 中共中央办公厅,国务院办公厅. 2004—2010年全国红色旅游发展规划纲要[A/OL]. (2003-03-07). http://www.ncha.gov.cn/art/2005/3/7/art_722_110489.html.

以山西、河北为主的"太行红色旅游区",主题形象是"太行硝烟,胜利曙光"。

以渝中、川东北为重点的"川陕渝红色旅游区",主题形象是"川陕苏区,红岩精神"。

以北京、天津为中心的"京津冀红色旅游区",主题形象是"人民胜利,国旗飘扬"。

2004—2005年,全国掀起了红色旅游的热潮,红色旅游在政府、旅行社等的积极推广下,逐渐从最初的接待参观成长为一个红色产业,吸引了社会大众和资本的广泛关注,带动了地区经济的发展,同时具有正向的社会效益。近年来,随着经济的发展、出游人数的增多,红色旅游地区不断丰富旅游产品类型,增加互动性和体验性,并和当地自然资源集合,同时更加突出强调红色旅游的理想信念教育功能,更加突出强调红色旅游的脱贫攻坚作用,更加突出强调红色旅游的内涵式发展。其后,在2011年5月、2016年12月,国家又连续颁布了《2011—2015年全国红色旅游发展规划纲要》《2016—2020年全国红色旅游发展规划纲要》,对全国红色旅游业发展做出进一步的部署。2021年3月国家"十四五"规划纲要也对不断丰富和创新红色旅游的发展作出部署。

红色培训是在红色旅游的基础上深度开发教育功能,依托当地的红色资源,由当地党校等单位建立培训基地或教育中心,面向一定的有组织的群体,聚焦不同的主题主线,针对参训对象的特点需求开发菜单式系列化红色课程,有计划有组织地开展的学习和参观活动。培训有课程教学、现场讲解、文艺演出、互动体验、场景模拟等形式,以突出教育功能为重点,以提升参训人员的思想意识水平、党性修养、爱国情感为目标。近年来,井冈山、延安等多地积极探索,建立培训学校,开发了特色的红色培训课程,接待不同群体开展干部教育、员工培训等。例如,延安干部培训学院,依托延安独特的红色历史资源,面向全国开展党性教育培训。学院围绕"习近平新时代中国特色社会主义思想""党中央在延安十三年""延安精神"三大主题,精心组织师资队伍,开发系列精品课程,将专题教学、现场教学、情景教学、体验教学、案例教学、访谈教学、旧址参观等多种教学形式有机结合,寓理于史、寓教于乐,全力打造"习近平新时代中国特色社会主义思想学习基地、延安精神传承基地、不忘初心寻访基地、党性教育锻造基地、红色文化研究基地",让学员在行走中感悟历史,在学习中启迪思想,在共鸣中传承精神。但是,随着培训基地的建设越来越规范及培训项目和频次的增加，红色培训也出现了模式化、套路化、同质化的问题，参训人员被动参加，缺乏目标感召，人在心不在，教育转化实际行动的效果不明显。

近年来，为加强青少年爱国主义教育，引导青少年铭记党的光辉历史，从革命的历史中汲取智慧和力量，用实际行动把红色基因一代代传下去，各级各类学校组织开展了形式多样的教育实践工作。传承红色基因不能停留在书本上、屏幕里，更重要的是嵌入学生知识结构体系，融入学生的学习成长过程中，真正使之内化于心、外化于行。

在中小学生群体中开展的红色实践，属于研学旅行的一类，即研究性学习和旅行体验结合，学生集体参加的有组织、有计划、有目的的校外参观体验实践活动。研学活动以年级或以班为单位进行集体活动，同学们在老师或者辅导员的带领下，确定主题，以课程为目标，以动手做、做中学的形式，共同体验、分组活动、相互研讨、书写研学日志，形成研学总结报告。不仅是看一看、转一转，要有动手、动脑的机会，动口表达的机会，出点力、流点汗，经风雨、见世面。

在高校中，红色实践指以红色文化传播、红色传统传扬、红色基因传承为主要目标的大学生社会实践活动，由学校组织力量和学生自发行动相结合，注重前期学习、调研、讨论、指导和后期思考、总结、传播和行动。在学习知识、了解历史、体验文化、触动情感之外，发挥学生个体的主动性，激发内在主动学习的动力，提升外化行动的自觉，升华对党和人民的情感。学生带着问题去实践，带着思考去行动，带着成果去宣传，将学习、思考和行动结合起来，将个人学习和集体成长结合起来，不仅通过立体化、沉浸式体验更好地学到知识、升华情感，并能身体力行，做红色文化的传播者，红色传统的践行者，将红色精神融入思想、化成行动，具有自主性、互动性、传承性的突出特点。

高校运用红色教育资源实现对学生的爱国主义教育，将历史、理论、精神的学习通过真实的画面、场景、直观的感受、触动，让学生切身体验，内化于心，目的明确，特点突出，可规范化设计、规模化指导，保障教育实效。实践的过程多集中于节假日，学生利用课余时间走进社会，观察、走访、体验、参与，主要形式有读书活动、专题党课、调查研究、宣誓活动、讲解服务、故事宣讲、短剧展演、文化作品创作。大学生走出校园，一方面在社会实践中体察国情，认识社会，了解民生，学习历史，感受文化，接触生产实际，通过行走、观察和体验，不断提升思想认识；另一方面，大学生也用学到的知识反馈社会，山区支教、社区工作、志愿服务、田野调查、农村建设等都活跃着大学生的身影。新形势下指导大学生广泛开展红色实践，有助于帮助学生树立"四个正确认识"，自觉抵制历史虚无主义的影响，从党探索中国特色社会主义历史发展和伟大实践中，学会运用历史思维看待当今的世界和中国。

2017年，教育部深化红色实践的内涵，在中国"互联网+"大学生创新创业大赛中，单独开辟了"青年红色筑梦之旅"赛道，旨在鼓励广大青年学生扎根中国大地了解国情民情，接受革命传统教育，用创新创业成果服务乡村振兴战略、助力精准扶贫脱贫，走好新时代青年的新长征路。"青年红色筑梦之旅"不仅是一堂创新创业实践课，也是一堂生动的思政课。各地大学生创新创业团队走进延安、井冈山、西柏坡、古田等革命老区，追寻革命前辈伟大而艰辛的创业史；走进安徽小岗村、黑龙江大庆、宁夏闽宁等地，感受不畏艰辛、敢为人先的奋斗精神。学生们既受到了思想洗礼、提升了社会责任感、创新精神和实践能力，同时也推动了当地社会经济发展。

近年来，高校开展了丰富的大学生红色实践。清华大学结合"纪念改革开放四十周年"的主题，组织学生将看改革、话成长有机融入社会实践全过程，开展了"使命四十年"社会实践，选择改革开放有历史代表性的实践地点，追寻改革开放四十年取得的发展成就，了解政治、经济、文化等不同领域的长足发展，并思考中国特色社会主义新时代的发展之路。同时组织学生党员骨干读书班赴延安、梁家河开展红色实践。通过书籍研读、专题报告、讨论交流和实地考察等方式，深入学习老一辈革命家在革命圣地延安生活战斗的光荣历史和延安精神；走访了习近平总书记年轻时曾经插队的梁家河村，先后参观了村史馆、知青旧居、知青井、沼气池、代销店、缝纫社、铁业社、淤地坝等地，体会习近平总书记"以人民为中心的发展思想"的根基与源头。并邀请专家结合参观的内容作了题为"习近平总书记在梁家河的知青岁月与时代情怀"的主题报告，更生动地让同学们了解了习近平总书记在梁家河插队生活的七年知青岁月，以及这段生活给一个年轻人带来的思想成长。在实践活动期间，读书班开展了专题读书交流活动。学员们结合实践，围绕《毛泽东选集》《习近平谈治国理政》《习近平的七年知青岁月》《大道之行》等著作，分享交流实践感受和读书体会。

北京大学以深入学习贯彻习近平总书记在北京大学师生座谈会上重要讲话精神，让学生聚焦基层、深入实践，积极响应"知行合一，做实干家"的青春号召，将理论与实践相结合，上好一堂堂国情课，将个人的发展同国家和民族的命运紧密联系在一起，追梦奋斗。其中，组织开展了红色之旅——革命精神传承调研专题实践。中国共产党在革命、建设和改革不同时期，形成了红船精神、井冈山精神、长征精神、焦裕禄精神、载人航天精神等宝贵精神财富，这些精神财富也已融入中华民族血脉，鼓舞激励中国人民为实现中华民族伟大复兴而不懈奋斗。此专题鼓励学生回顾历史，寻访革命遗迹，学习红色精神，继承和发扬红色传统，树立大学生担当时代责任的意识；同时鼓励学生走进各级学生基层党团组织，开展调查研究，了解基层党团组织工作实际，学习加强党建团建、从严治党、治团的先进经验和有效做法，对党团组织的建设与发展加深理解，并能形成调研报告，对学校党团组织建设建言献策。医学部组织学生以"励志"为主题，开展红色之源——做青年马克思主义者专题红色实践。坚持理直气壮讲政治、大大方方谈思想。以习近平新时代中国特色社会主义思想为指导，鼓励同学们寻访历史，重走革命之路（上海中共一大会址、南湖红船、井冈山、遵义、延安等）参访、学习、调研，瞻仰历代革命先辈敢为人先的光辉事迹，深刻感悟马克思主义中国化理论成果的真理力量，继承"永久奋斗"的青年运动传统，做坚定的青年马克思主义者，珍惜大学的学习时光，做新时代的奋斗者。2019年，组织以"小我融入大我，青春献给祖国"为主题、以"奋斗的我奉献最爱的国"为主线的暑期社会实践，鼓励青年学子通过分享实践体验和成果收获，将社会实践中的所见所闻、所思所感"讲出来""拍出来""演出来"，生动展现当代大学生的爱国情感、强国志向、报国行为。

  西安交通大学近年来为传承弘扬西迁精神，以"引领青年矢志爱国奋斗"为主题，引领广大青年爱国奋斗，到祖国最需要的地方求真力行。学校依托学生党支部和相关社团组建了10余支队伍，开展"追寻西迁足迹、传承科学家精神"主题实践。学生们通过访谈西迁老教授，追寻教授学习成长足迹、回忆西迁往事、感悟时代变迁、传承西迁精神，砥砺与祖国同呼吸、共命运的精神品格。

  同济大学组织学生开展红色基因传承社会实践，学习宣传党史、新中国史、改革开放史、社会主义发展史，感悟英烈事迹，决胜全面建成小康社会，学习"两弹一星"精神、载人航天精神等，深入开展理论宣讲、国情调研、行业观察、政策咨询等社会实践，全面、深刻地认识党史国情，激发爱党爱国爱社会主义的巨大热情，为建党百年献礼。引导青年将对历史的学习与体悟融入日常生活、学习和科研中，在踏访旧址时与历史相遇，在瞻仰革命前辈时与伟

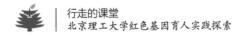

大的精神、与光荣的榜样相遇,并从中汲取前进力量,让青春之光在强国伟业中绽放。

哈尔滨工业大学开展了"追寻先烈足迹,传承红色基因"青年红色精神寻访活动。鼓励学生走进"中国共产党诞生地"嘉兴南湖一大会址、"开辟了中国革命的正确道路"井冈山革命根据地、"共和国的摇篮"江西瑞金、"中国共产党生死攸关的转折点"遵义会议会址、"新中国从这里走来"西柏坡等革命圣地,深刻体会中国共产党为中国人民谋幸福、为中华民族谋复兴这个初心和使命,深刻感悟新时代赋予青年学生的历史使命,不断锤炼意志、坚定初心梦想,承担起时代责任。

大连理工大学暑期开展"行走的思政课"专项社会实践,注重学以致用,强化理论辐射。组织师生分赴嘉兴、西柏坡、深圳、北京等15个省市,结合当地红色资源和城市特点,向当地市民、游客讲解红船精神、西柏坡精神、改革开放精神、五四精神等,宣讲党的十九大精神和习近平新时代中国特色社会主义思想。

西北农林科技大学充分发挥第二课堂在传承红色基因、弘扬红色文化中的重要作用,追寻红色足迹,引导广大师生在实践中感悟,在感悟中加深认识,促进知行合一。组建大学生暑期实践服务团,赴延安、井冈山、西柏坡、遵义等革命老区开展科技帮扶、志愿服务,重走红色路线,接受革命教育,坚定永远跟党走的理想信念。开展"牢记使命,勿忘国耻"主题教育。组织学生寒暑假走访抗战老区,聆听抗战故事,寻访革命足迹,感受抗战老区的发展变迁,学习和发扬抗战精神。

北京理工大学2015年提出了"红色实践"的工作部署,以"追寻习近平总书记的红色足迹""探寻延安根、筑牢军工魂"为主线,先后在安徽金寨、贵州遵义、陕西延安等地建立大学生红色实践教育基地,运用当地的红色教育资源,将学校"延安根、军工魂"的红色基因有机融入学生红色实践过程,与基地共同开发系统化定制实践方案,制定了系统规范的红色实践指南,让学生走进老区,用前导化的理论指导、定制化的课程学习、沉浸式的情景体验、全系列的实践活动,将教育影响从实践周期贯穿至学生全学年,辐射到更多学生,解决了社会实践大规模覆盖和有效指导之间的矛盾,增加了实践育人效果的持续性,用"革命红"层层渲染学生精神底色。

四、大学生开展红色实践的内容和途径

（一）实践内容

革命文化是我们党领导人民在革命、建设与改革中创造的，是新时代中国特色社会主义文化的重要组成部分。大学生红色实践的内容就是围绕革命、建设、改革各个历史时期的重大事件、重大节点，开展历史回顾、精神溯源、圣地瞻仰、故事传播、老区服务等实践活动，树立文化自信。

1. 按历史不同时期重大事件确定实践主题

中国共产党成立一百年来，党领导人民浴血奋战、百折不挠，创造了新民主主义革命的伟大成就；自力更生、发愤图强，创造了社会主义革命和建设的伟大成就；解放思想、锐意进取，创造了改革开放和社会主义现代化建设的伟大成就；自信自强、守正创新，创造了新时代中国特色社会主义的伟大成就。党和人民百年奋斗，书写了中华民族几千年历史上最恢宏的史诗。大学生红色实践引导学生走进党史百年一批重要标识地，学习革命历史，感受红色文化，讲好党的故事、革命的故事、英雄的故事，弘扬时代精神，在教育人、激励人、塑造人的大学校提升思想认识。

新民主主义革命时期，党面临的主要任务是反对帝国主义、封建主义、官僚资本主义，争取民族独立、人民解放，为实现中华民族伟大复兴创造根本社会条件。十月革命一声炮响，给中国送来了马克思列宁主义。五四运动促进了马克思主义在中国的传播。在中国人民和中华民族的伟大觉醒中，在马克思列宁主义同中国工人运动的紧密结合中，1921年7月，中国共产党应运而生。中国产生了共产党，这是开天辟地的大事，中国革命的面貌从此焕然一新。

建党之初和大革命时期，党制定民主革命纲领，发动工人运动、青年运动、农民运动、妇女运动，推进并帮助国民党改组和国民革命军建立，领导全国反帝反封建伟大斗争，掀起大革命高潮。1927年国民党内反动集团叛变革命，残酷屠杀共产党人和革命人民，由于党内以陈独秀为代表的右倾思想发展为右倾机会主义错误并在党的领导机关中占了统治地位，党和人民不能组织有效抵抗，致使大革命在强大的敌人突然袭击下遭到惨重失败。

代表性红色实践地点：

北京新文化运动纪念馆（北大红楼），位于北京市东城区，是依托原北

京大学红楼建立的旧址类博物馆,是全面展示五四新文化运动历史的综合性纪念馆。①

中国共产党第一次全国代表大会纪念馆,位于上海市黄浦区,由中国共产党第一次全国代表大会会址(简称:中共一大会址)、宣誓大厅、新建展馆等部分组成。②

中共二大会址纪念馆,位于上海市静安区,为两排东西走向的石库门里弄住宅建筑,砖木结构,完整保留了1915年始建时的建筑风貌。③

南湖革命纪念馆,位于浙江嘉兴市南湖区,基本陈列为"红船起航",是国家一级博物馆。④

中国共产党第三次全国代表大会会址纪念馆,位于广州市越秀区,设有"中国共产党第三次全国代表大会历史陈列"。⑤

广东毛泽东同志主办农民运动讲习所旧址,位于广东广州市越秀区,按照当年原貌恢复了所长办公室、教务部、军事训练部、课堂、学员宿舍等。⑥

土地革命战争时期,党从残酷的现实中认识到,没有革命的武装就无法战胜武装的反革命,就无法夺取中国革命胜利,就无法改变中国人民和中华民族的命运,必须以武装的革命反对武装的反革命。南昌起义打响武装反抗国民党反动派的第一枪,标志着中国共产党独立领导革命战争、创建人民军队和武装夺取政权的开端。八七会议确定实行土地革命和武装起义的方针。党领导举行秋收起义、广州起义和其他许多地区起义,但由于敌我力量悬殊,这些起义大多数失败了。事实证明,在当时的客观条件下,中国共产党人不可能像俄国十月革命那样通过首先占领中心城市来取得革命在全国的胜利,党迫切需要找到适合中国国情的革命道路。

代表性红色实践地点:

南昌八一起义纪念馆,位于江西省南昌市西湖区,以纪念1927年中国共产

---

① 北京新文化运动纪念馆. http://www.luxunmuseum.com.cn/bowuguanjieshao/.
② 中国共产党第一次全国代表大会纪念馆. https://www.zgyd1921.com/about/history.html.
③ 中共二大会址纪念馆. http://www.edjng.com/aboutus/index.html.
④ 南湖革命纪念馆. https://www.nanhujng.com/fwzn/202106/t20210604_807418.shtml.
⑤ 中国共产党第三次全国代表大会会址纪念馆. http://www.yuexiu.gov.cn/yxdt/rdzt/zdlyxxgk/lyscjgzf/cyzl/content/post_9290586.html.
⑥ 广东毛泽东同志主办农民运动讲习所旧址. http://www.yuexiu.gov.cn/yxdt/rdzt/zdlyxxgk/lyscjgzf/cyzl/content/post_9290586.html.

党在南昌领导的武装起义。①

八七会议会址纪念馆，位于湖北省武汉市江岸区，设有复原陈列和辅助陈列，展现八七会议的历史。②

秋收起义文家市会师旧址纪念馆，位于湖南长沙市浏阳市文家市镇，主要包括秋收起义文家市会师旧址、历史陈列馆、积谷仓、秋收广场等。③

井冈山革命博物馆，位于江西省吉安井冈山市茨坪，也包括井冈山烈士陵园、黄洋界、八角楼、会师广场、龙江书院、毛泽东旧居，永新三湾改编旧址等。④

古田会议纪念馆，位于福建省龙岩市上杭县古田镇，以古田会议会址和古田会议相关旧址群为依托建立，全面介绍古田会议历史和宣传古田会议精神，集文物收藏管理、红色文化研究、旧址维修保护、宣传展示教育为一体。⑤

瑞金中央革命根据地纪念馆，位于江西瑞金市象湖镇，辖有中华苏维埃纪念园、叶坪革命旧址群、红井革命旧址群、二苏大旧址群、中共中央政治局与中革军委旧址群、云石山革命旧址群等。⑥

古蔺县红军长征四渡赤水博物馆，位于四川省泸州市古蔺县太平镇⑦；娄山关红军战斗遗址，位于贵州省遵义市汇川区板桥镇北部大娄山山峰之间⑧。红军飞夺泸定桥纪念馆，位于四川省甘孜藏族自治州泸定县⑨。中国红军强渡大渡河遗址，位于四川省石棉县彝族乡，主要包括红军强渡大渡河渡口遗址、红军强渡大渡河指挥楼、水东门炮台遗址、红军强渡大渡河纪念碑、红军长征强渡大渡河纪念馆等。⑩

遵义会议会址和遵义会议陈列馆，位于贵州省遵义市红花岗区，还包括遵义会议期间毛泽东、张闻天、王稼祥住址，红军总政治部旧址，中华苏维埃国家银行旧址，遵义红军警备司令部旧址，遵义会议期间秦邦宪（博古）住址，遵义会议期间邓小平住址，红军总政治部地方工作部旧址等。

---

① 南昌八一起义纪念馆. http://www.81-china.com/intro/21.html.
② 八七会议会址纪念馆. http://www.192787.cn/#page2.
③ 秋收起义文家市会师旧址纪念馆. http://www.qsqyhsjng.com/jqgk/jianjie/.
④ 井冈山革命博物馆. https://www.jgsgmbwg.com/list/1662282682053865474.
⑤ 古田会议纪念馆. http://www.gthyjng.com/gthyjs/201911/t20191127_543850.htm.
⑥ 瑞金中央革命根据地纪念馆. http://www.rjjng.com.cn/gaikuang.thtml?id=10928.
⑦ 古蔺县红军长征四渡赤水博物馆. http://www.sdcsbwg.com/class/?CataID=A00080001.
⑧ 娄山关红军战斗遗址陈列馆. http://www.guizhou.gov.cn/ztzl/wdzzhlqx/hsjncg/202211/t20221116_77123200.html.
⑨ 红军飞夺泸定桥纪念馆. https://www.neac.gov.cn/seac/c103547/202108/1152202.shtml.
⑩ 中国红军强渡大渡河遗址及纪念馆. https://www.ddhjng.cn/about.aspx?mid=6.

抗日战争时期，"九一八"事变后，中日民族矛盾逐渐超越国内阶级矛盾上升为主要矛盾。在日本帝国主义加紧侵略我国、民族危机空前严重的关头，党率先高举武装抗日旗帜，广泛开展抗日救亡运动，促成西安事变和平解决，对推动国共再次合作、团结抗日起了重大历史作用。"七七事变"后，党实行正确的抗日民族统一战线政策，坚持全面抗战路线，提出和实施持久战的战略总方针和一整套人民战争的战略战术，开辟广大敌后战场和抗日根据地，领导八路军、新四军、东北抗日联军和其他人民抗日武装英勇作战，成为全民族抗战的中流砥柱，直到取得中国人民抗日战争最后胜利。这是近代以来中国人民反抗外敌入侵第一次取得完全胜利的民族解放斗争，也是世界反法西斯战争胜利的重要组成部分。

代表性红色实践地点：

中国人民抗日战争纪念馆，位于北京市丰台区，是全面反映中国人民抗日战争历史的大型综合性专题纪念馆。①

八路军太行纪念馆（八路军总部旧址），位于山西省长治市武乡县，是全面反映八路军抗战历史的大型革命纪念馆。②

侵华日军南京大屠杀遇难同胞纪念馆，位于江苏省南京市建邺区，馆内现存三处南京大屠杀"万人坑"遗址。③

新四军纪念馆，位于江苏省盐城市，是反映新四军抗战征程的综合性纪念馆。④

山东台儿庄大战纪念馆，位于山东省枣庄市台儿庄区城区，全面反映了中国人民抗日战争正面战场的第一次重大胜利⑤

延安革命纪念馆，位于延安市宝塔区，延安革命旧址包括凤凰山中共中央旧址、杨家岭中共中央旧址、枣园中共中央书记处旧址、王家坪中共中央军事委员会旧址、八路军总司令部旧址、陕甘宁边区政府旧址等。⑥

侵华日军七三一细菌部队罪证陈列馆，位于黑龙江省哈尔滨市平房区，是

---

① 中国人民抗日战争纪念馆. http://www.1937china.com/.
② 八路军太行纪念馆（八路军总部旧址）. http://www.crt.com.cn/balujun.
③ 侵华日军南京大屠杀遇难同胞纪念馆. http://www.19371213.net/.
④ 新四军纪念馆. http://www.n4a.org.cn/gb2312/bggk/bggk/.
⑤ 山东台儿庄大战纪念馆. http://www.1937china.com/views/newsdetail/news_detail.html?id=64&newsSession=zgjng&parentPage=ezjng&type=1&fileName=20200821/159801595633307791880.html.
⑥ 延安革命纪念馆. http://www.yagmjng.com/.

一座遗址型博物馆。①

解放战争时期，面对国民党反动派悍然发动的全面内战，党领导广大军民逐步由积极防御转向战略进攻，打赢辽沈、淮海、平津三大战役和渡江战役，向中南、西北、西南胜利进军，消灭国民党反动派八百万军队，推翻国民党反动政府，推翻帝国主义、封建主义、官僚资本主义三座大山。党领导的人民军队在人民支持下，以一往无前的英雄气概同穷凶极恶的敌人进行殊死斗争，为夺取新民主主义革命胜利建立了历史功勋。

代表性红色实践地点：

西柏坡纪念馆，位于河北省平山县中部。西柏坡是解放战争时期中央工委、中共中央和解放军总部的所在地。②

辽沈战役纪念馆，位于辽宁省锦州市凌河区。园区还有辽沈战役革命烈士纪念塔、东北野战军锦州前线指挥所旧址和配水池战斗旧址。③

淮海战役烈士纪念塔（馆），位于江苏省徐州市泉山区。园林内还建有淮海战役烈士纪念塔、淮海战役总前委群雕、粟裕将军骨灰撒放处等。④

平津战役纪念馆，位于天津市红桥区，是全面展现平津战役取得伟大胜利的专题纪念馆。⑤

四平战役纪念馆暨四平烈士陵园，位于吉林省四平市，呈现了四战四平的革命历史。⑥

重庆红岩革命历史文化中心（重庆红岩革命历史博物馆），位于重庆市渝中区，下辖红岩革命纪念馆、歌乐山革命纪念馆（歌乐山烈士陵园）、新华日报总馆旧址陈列馆。⑦

安徽渡江战役纪念馆，位于安徽省合肥市包河区，展示了渡江战役全过程。⑧

---

① 侵华日军七三一细菌部队罪证陈列馆. http://www.1937china.com/views/newsdetail/news_detail.html?id=44&newsSession=zgjng&parentPage=ezjng&type=1&fileName=20190708/156605106130374808176.html.
② 西柏坡纪念馆. https://xbpjng.cn/home?columnId=0&navCurr=0.
③ 辽沈战役纪念馆. http://www.jzlszy.com/.
④ 淮海战役烈士纪念塔（馆）.http://www.xz.gov.cn/001/001002/20220831/779df351-dfff-4d88-9e6b-5a5fd8d6c993.html.
⑤ 平津战役纪念馆. http://www.pjzyjng.com/#/.
⑥ 四平战役纪念馆. https://www.spzyjng.cn/.
⑦ 重庆红岩革命历史文化中心. https://www.hongyan.info/hongyan/bwgjg.htm.
⑧ 安徽渡江战役纪念馆. http://www.djzyjng.cn/custom1616190.html.

社会主义革命和建设时期，党面临的主要任务是，实现从新民主主义到社会主义的转变，进行社会主义革命，推进社会主义建设，为实现中华民族伟大复兴奠定根本政治前提和制度基础。从新中国成立到改革开放前夕，党领导人民完成社会主义革命，消灭一切剥削制度，实现了中华民族有史以来最为广泛而深刻的社会变革，实现了一穷二白、人口众多的东方大国大步迈进社会主义社会的伟大飞跃。在探索过程中，虽然经历了严重曲折，但党在社会主义革命和建设中取得的独创性理论成果和巨大成就，为在新的历史时期开创中国特色社会主义提供了宝贵经验、理论准备、物质基础。

代表性红色实践地点：

辽宁抗美援朝纪念馆，位于辽宁省丹东市鸭绿江畔，是一座全面反映中国人民抗美援朝战争和抗美援朝运动历史的专题纪念馆。①

河南红旗渠纪念馆，位于河南省林州市。红旗渠是20世纪60年代林县人民在太行山上建成的大型"引漳入林"灌溉工程。②

黑龙江大庆油田历史陈列馆，位于黑龙江省大庆市萨尔图区，全面展示了大庆油田辉煌发展历程。③

青海原子城纪念馆，位于青海省海北藏族自治州海晏县西海镇，展示的是中国第一颗原子弹和氢弹成功研制的伟大历程，是"两弹一星"精神的集中体现。④

改革开放和社会主义现代化建设时期，党面临的主要任务是，继续探索中国建设社会主义的正确道路，解放和发展社会生产力，使人民摆脱贫困、尽快富裕起来，为实现中华民族伟大复兴提供充满新的活力的体制保证和快速发展的物质条件。1978年12月，党召开十一届三中全会，果断结束"以阶级斗争为纲"，实现党和国家工作中心战略转移，开启了改革开放和社会主义现代化建设新时期，实现了新中国成立以来党的历史上具有深远意义的伟大转折。为了加快推进社会主义现代化，党领导人民进行经济建设、政治建设、文化建设、社会建设，取得一系列重大成就。改革开放和社会主义现代化建设的伟大成就

---

① 辽宁抗美援朝纪念馆. http://www.kmycjng.com/.
② 河南红旗渠纪念馆. http://www.cnhqq.com/index.php?s=index/show/index&id=450.
③ 黑龙江大庆油田历史陈列馆. http://finance.people.com.cn/GB/8215/435221/437704/437742/index.html.
④ 青海原子城纪念馆. https://baijiahao.baidu.com/s?id=1778764843815302402&wfr=spider&for=pc.

举世瞩目，我国实现了从生产力相对落后的状况到经济总量跃居世界第二的历史性突破，实现了人民生活从温饱不足到总体小康、奔向全面小康的历史性跨越，推进了中华民族从站起来到富起来的伟大飞跃。

代表性红色实践地点：

唐山地震遗址纪念公园，位于河北省唐山市，包括地震遗址区、纪念水区、纪念林区、纪念广场等。①

"三北"防护林工程·中国防沙治沙博物馆，位于宁夏灵武市白芨滩国家级自然保护区，反映了新中国成立以来波澜壮阔的防沙治沙史。②

新疆生产建设兵团军垦博物馆，位于新疆石河子市，展示了石河子从古到今的发展足迹和辉煌历程。③

四川5·12汶川特大地震纪念馆，位于四川省绵阳市北川羌族自治县曲山镇。纪念馆包括"三遗址·两馆·一中心"，即北川老县城地震遗址、沙坝地震断层遗址、唐家山堰塞湖地震遗迹、主馆、副馆和防灾减灾宣教中心。④

新时代中国特色社会主义时期，党面临的主要任务是，实现第一个百年奋斗目标，开启实现第二个百年奋斗目标新征程，朝着实现中华民族伟大复兴的宏伟目标继续前进。以习近平同志为核心的党中央领导全党全军全国各族人民砥砺前行，全面建成小康社会目标如期实现，党和国家事业取得历史性成就、发生历史性变革，彰显了中国特色社会主义的强大生机活力，党心军心民心空前凝聚振奋，为实现中华民族伟大复兴提供了更为完善的制度保证、更为坚实的物质基础、更为主动的精神力量。中国共产党和中国人民以英勇顽强的奋斗向世界庄严宣告，中华民族迎来了从站起来、富起来到强起来的伟大飞跃。

代表性红色实践地点：

国家博物馆、中国人民革命军事博物馆、中国航空博物馆、山东中国人民解放军海军博物馆等，以及各省的省博物馆，还有金沙江巨型水电站、高

---

① 唐山地震遗址纪念公园. https://www.tangshan.gov.cn/zhuzhan/3D/tangshan/kzjng.html.
② "三北"防护林工程·中国防沙治沙博物馆. http://lcj.nx.gov.cn/xwzx/mtgz/201909/t20190917_1743275.html.
③ 新疆生产建设兵团军垦博物馆. http://www.shz.gov.cn/mlsc/011003/011003005/20211105/332ce128-a956-420d-86cc-c29267827cec.html.
④ 四川5·12汶川特大地震纪念馆. http://www.512dzjng.com/go-c105.htm.

速动车组制造中心、港珠澳大桥、浦东开发开放主题展馆、湘西十八洞村等体现国家发展成就的纪念地。

2. 重要人物和精神溯源

在一百年的非凡奋斗历程中，一代又一代中国共产党人顽强拼搏、不懈奋斗，涌现了一大批视死如归的革命烈士、一大批顽强奋斗的英雄人物、一大批忘我奉献的先进模范。党的十八大以来，习近平总书记率先垂范，崇尚英雄、关爱英雄，在井冈山革命烈士陵园、红军长征会师纪念碑等红色历史纪念地，瞻仰遗址、追思忠魂，在全国抗击疫情表彰大会、"七一勋章"颁授仪式等重要场合，讲述英雄事迹、弘扬英雄精神。大学生红色实践的重要内容也包括走访革命前辈和英雄楷模故居、纪念馆，瞻仰烈士陵园，弘扬革命精神，传承红色基因。

历史川流不息，精神代代相传。一百年来，中国共产党在长期奋斗中构建起中国共产党人的精神谱系，锤炼出鲜明的政治品格。第一批纳入中国共产党人精神谱系的伟大精神是①：建党精神；井冈山精神、苏区精神、长征精神、遵义会议精神、延安精神、抗战精神、红岩精神、西柏坡精神、照金精神、东北抗联精神、南泥湾精神、太行精神（吕梁精神）、大别山精神、沂蒙精神、老区精神、张思德精神；抗美援朝精神、"两弹一星"精神、雷锋精神、焦裕禄精神、大庆精神（铁人精神）、红旗渠精神、北大荒精神、塞罕坝精神、"两路"精神、老西藏精神（孔繁森精神）、西迁精神、王杰精神；改革开放精神、特区精神、抗洪精神、抗击"非典"精神、抗震救灾精神、载人航天精神、劳模精神（劳动精神、工匠精神）、青藏铁路精神、女排精神；脱贫攻坚精神、抗疫精神、"三牛"精神、科学家精神、企业家精神、探月精神、新时代北斗精神、丝路精神。这些精神，集中彰显了中华民族和中国人民长期以来形成的伟大创造精神、伟大奋斗精神、伟大团结精神、伟大梦想精神，彰显了一代又一代中国共产党人"为有牺牲多壮志，敢教日月换新天"的奋斗精神。

代表性红色实践地点：

烈士陵园。如北京李大钊烈士陵园，江苏雨花台烈士陵园、安徽金寨革命烈士陵园、湖南红军长征湘江战役纪念园、河南兰考焦裕禄烈士陵园等。

---

① 中华人民共和国中央人民政府. 中国共产党人精神谱系第一批伟大精神正式发布[A/OL]. （2021-09-29）https://www.gov.cn/xinwen/2021-09/29/content_5640143.htm.

革命前辈、英雄楷模故居、纪念馆。如湖南韶山毛泽东纪念馆（故居）、天津周恩来邓颖超纪念馆、四川邓小平故居、朱德故居暨朱德铜像纪念园、辽宁抚顺雷锋纪念馆、黑龙江铁人王进喜纪念馆等。

（二）实践途径

"四个正确认识"是高校组织开展大学生红色实践的目标遵循，"正确认识世界和中国发展大势、正确认识中国特色和国际比较、正确认识时代责任和历史使命、正确认识远大抱负和脚踏实地"，这"四个正确认识"从认识层面升华到情感层面，再到价值观层面和行为层面，层层递进。"正确认识世界和中国发展大势"旨在帮助学生"正确认识中国特色和国际比较"，从而明晰自身肩负的"时代责任和历史使命"，树立"远大抱负"，"脚踏实地"付诸努力，最终实现"提高大学生思想水平、政治觉悟、道德品质和文化素养"的目标。通过不同实践主题的选取、不同教育内容的确定、不同实践方法的应用将"四个正确认识"的内容分解到红色实践具体环节中，通过导读、学习、体验、讨论、总结等体验式的学习过程，帮助学生在实践中不断树立"四个正确认识"。

1. 以学为先，正确认识世界和中国发展大势

中国特色社会主义进入新时代，中国日益走近世界舞台的中央，面对的是全球化的发展趋势，大学生关于中国与世界的关系、国际社会的发展、人类文明的演进等方面需要树立正确的认识。红色实践首先构建学习课程体系，针对实践目的地的红色文化，采用历史导读、文献调研、现场教学等方式让学生学习了解实践地的革命历史和红色精神，再带领学生走进曾经革命战斗的红色地区，通过文字记录、历史图片、场景还原、模拟演示、革命旧址、故事讲述等，引导学生向历史学习，通过学习了解中国人民争取民族独立的历史、中国走上社会主义道路的历史，更好地理解过去的中国、现在的社会、未来的世界，感受中国人民内心实现民族伟大复兴的渴望，激发学生为实现中国梦不懈奋斗的内生动力。

2. 以思为要，正确认识中国特色和世界比较

学习历史的目的还是以古鉴今，从历史中汲取当前社会发展所需要的经验教训和精神力量，引导学生深刻理解中国从哪里来、要往哪里去，正确认识中国独特的历史、文化和国情，面向多元的世界和激烈的竞争，能够坚定中国立场。红色实践按照"学习、思考、行动"的过程，将思考作为核心环节，让学

生主动去学习知识，带着问题深入红色地区寻找答案。在实践过程中组织若干次交流讨论会，学生和指导老师充分讨论交流，向同侪学习，解答思想困惑，并将实践学习思考的成果通过视图文等多媒体形式进行展示传播。学生深入党团支部、班级宿舍讲述一段段触动人心的红色故事，影响更多的同学主动弘扬革命文化，传承红色基因，真正将学习、观察、实践同思考结合起来，将深厚的爱国主义情怀根植心中，建立起与祖国同向同行、与人民同心同意的情感追求。

3. 以人为范，正确认识历史使命和时代责任

人民是历史的创造者，中国革命的历史也是中国人民争取民族解放的奋斗史。榜样的力量是无穷的，红色实践不仅带领学生走进红色地区，更是带领学生走近一个个生动鲜活的学习榜样，走近革命前辈，走近老区人民，向人民学习，从一个个可歌可泣的革命故事中切身感受中华民族从站起来、富起来、强起来的斗争中，坚忍不拔、浴血奋战的中国人民所展现的深刻爱国之情和伟大民族精神。要幸福就要奋斗，中国特色社会主义进入新时代，红色实践将知识学习同情感体验结合起来，让学生感受到每一个人都是新时代的建设者、参与者、见证者，认识到实现中华民族伟大复兴是中国人民历史使命和伟大梦想，更是一代代中国人民接续奋斗的时代责任。

4. 以行为志，正确认识远大抱负和脚踏实地

高校的根本任务是立德树人、培养社会主义事业的建设者和接班人，要引导学生树立远大抱负，成长成为堪当民族复兴大任的时代新人，将传承红色基因"复制表达"为一个个爱国为民的具体行动。红色实践通过"学生主动、学校支持"的途径，以"走出去、请进来"的方式，一方面让学生走进红色地区，另一方面将红色资源引进学校，加强理论和实践指导，创新形式和载体，细化"五个一"的实践成果（一堂专题思政课、一本红色故事集、一篇实践感悟、一份行程日记、一个实践手册），提升学生参与红色实践的实际体验，真正收获成长的精神力量，让红色实践的内容和方案不断传承、丰富和提升。围绕红色实践的主题，开展红色实践线路设计大赛、周末文化体验工程、寄语中国、红色故事会、红色PPT制作等多种形式，打通红色实践上下游"产业链"，贯穿学生全年教育实践活动，引导学生将爱国情转化为报国行，将实现中国梦的远大抱负化为日复一日脚踏实地的奋斗。

（三）红色实践资源保障

1. 持续加强爱国主义基地建设和革命文物保护

革命博物馆、纪念馆、党史馆、烈士陵园等是党和国家红色基因库，首先需推进全国爱国主义示范基地建设和提质升级。一方面升级展陈效果，运用新技术新手段加强体验感、沉浸感；另一方面，教育服务升级，推动馆校共建实践育人共同体，设计符合不同年龄、不同群体认知特点的多样化主题教育活动，例如举办缅怀祭扫、升国旗仪式、成人仪式、入党入团入队仪式等主题教育，开展培训班、夏令营、体验营和特色研学等学习体验活动，让红色基因、革命薪火代代传承。国家文物局编制了《革命文物保护利用"十四五"专项规划》，进一步加强革命文物的保护、研究、展示，更好发挥革命文物教育人、激励人的作用。

2. 深入开发红色资源的精神内涵和文化价值

红色基因传承也要让躺在博物馆里的文物动起来，通过先进的技术手段和传播媒介，让革命旧址、文物、故事等通过更多元的呈现方式走进人们的精神文化生活。这需要广大的文艺工作者精心设计红色资源的文化传播载体，用群众喜闻乐见的表达形式触摸历史，感受红色文化感动人心、激励人心的强大感召力。例如开发革命文物数字资源包，推出革命文物云展览、云直播，制播革命文物主题纪录片、微视频；开发红色文化创意产品，依托革命文物开辟公共文化空间、提供公共文化服务，创作推出一大批绘本、连环画、读本画册等读物，还有红色剧目、影视作品、精品电视节目等，通过喜闻乐见的方式手段，着力讲好党的故事、革命的故事、英雄的故事，厚植人们爱党、爱国、爱社会主义的情感，让红色基因、革命薪火代代传承。

3. 精心组织大众文化体验和教育实践活动

近年来，为更好发挥红色资源的教育功能，革命旧址、博物馆、纪念馆等举办了丰富多样的教育活动和体验活动，尤其是根据青少年的认知特点，一方面加强仪式教育，利用烈士纪念设施、爱国主义教育基地、国防教育基地等红色资源，组织开展祭奠烈士、缅怀英烈活动，开展入团、入队、入党宣誓等；另一方面，寓教育于体验参与中，让青少年担任志愿者、讲解员，瞻仰烈士纪念设施、参加献花植树等经常性纪念活动。面向公众，纪念地也精心设计红色文化体验线路，开发了生活体验、场景模拟等活动。2021年5月31日，在隆重庆祝中国共产党成立100周年之际，文化和旅游部联合中央宣传部、中央党史和文献研究院、国家发展改革委推出"建党百年红色旅游百条精品线路"①，充分展示中国共产党带领全国各族人民在中国革命、建设和改革历程中取得的重大成就。百条线路共分三个主题大类，包括52条"重温红色历史、传承奋斗精神"主题线路、20条"走近大国重器、感受中国力量"主题线路、28条"体验脱贫成就、助力乡村振兴"主题线路，重点选取并串联起能反映党的重大事件的红色旅游经典景区，引导公众走近国家历史成就，感受红色文化，坚定发展信心。

具体线路内容：
一、重温红色历史、传承奋斗精神
1."伟大征程·历史见证"精品线路

天安门广场—人民英雄纪念碑—毛主席纪念堂—人民大会堂—中国国家博物馆—新文化运动纪念馆—李大钊故居—中国人民革命军事博物馆—中国人民抗日战争纪念馆—宛平城—卢沟桥—长辛店"二七"纪念馆

2."平津战役·走向胜利"精品线路

天津市和平区中共中央北方局旧址纪念馆—中共天津历史纪念馆—河北区金汤桥会师公园（平津战役胜利会师地）—平津战役纪念馆—周恩来邓颖超纪念馆

3."不忘初心·进京赶考"精品线路

河北省石家庄市西柏坡红色旅游系列景区—保定市淑吕村毛泽东住宿旧址—颐和园益寿堂（毛泽东带领党中央到达北平的第一个落脚点）—北京香山双清别墅—北京香山革命纪念馆

4."烽火太行·抗战脊梁"精品线路

山西省长治市屯留区抗大一分校旧址—长治市潞城区神头岭伏击战遗址公园—长治市黎城县黄崖洞兵工厂旧址—长治市黎城县"北方局黎城会议纪念馆"—长治市武乡县八路军太行纪念馆—长治市武乡县王家峪八路军总部旧址景区—晋中市左权县麻田八路军纪念馆、八路军总部旧址—晋中市左权县晋冀鲁豫边区临时参议会旧址—河北省邢台市信都区前南峪抗大纪念馆—邯郸市武安市晋冀鲁豫中央局旧址

---

① 文化和旅游部，中央宣传部，中央党史和文献研究院，国家发展改革委关于发布"建党百年 红色旅游百条精品线路"的公告[EB/OL].（2021-05-14）. http：//www.gov.cn/zhengce/zhengceku/2021-06/01/content_5614610.htm?_zbs_baidu_bk.

5. "勠力同心·共同抗敌"精品线路

内蒙古自治区鄂伦春自治旗团结抗战胜利纪念碑—呼伦贝尔市世界反法西斯战争海拉尔纪念园—满洲里市红色国际秘密交通线教育基地—多伦县察哈尔抗战遗址—武川县大青山抗日根据地旧址

6. "革命烽火·红色草原"精品线路

内蒙古自治区锡林浩特市中共锡察巴乌工委驻地旧址—乌兰浩特市内蒙古民族解放纪念馆—乌兰浩特市内蒙古自治区政府成立纪念地—中国共产党内蒙古工作委员会办公旧址—乌兰牧骑宫—科右前旗兴安盟农村第一党支部纪念馆

7. "不忘国耻·英勇抗战"精品线路

辽宁省沈阳市"九·一八"历史博物馆—抚顺市三块石革命文物片区—本溪市本溪县东北抗联史实陈列馆—本溪市抗联第一路军西征会议遗址—本溪市桓仁县东北抗日义勇军纪念馆—大连市旅顺口区苏军烈士陵园、苏军烈士纪念塔

8. "辽沈枪声·解放号角"精品线路

辽宁省沈阳市秀水河子战役纪念馆—锦州市辽沈战役纪念馆—解放锦州烈士陵园—凌海市牤牛屯村（辽沈战役东北野战军锦州前线指挥所所在地）—葫芦岛市塔山阻击战纪念馆—锦州市黑山阻击战纪念馆

9. "抗美援朝·保家卫国"精品线路

辽宁省沈阳市抗美援朝烈士陵园—丹东市抗美援朝纪念馆—丹东市鸭绿江断桥景区—丹东市中国人民志愿军空军青椅山机场旧址—吉林省集安市鸭绿江国境铁路大桥

10. "英雄吉林·精神永存"精品线路

吉林省长春市东北沦陷史陈列馆—吉林市革命烈士陵园、纪念园—吉林市丰满劳工纪念馆—通化市杨靖宇烈士陵园—延边朝鲜族革命纪念馆—珲春市大荒沟抗日根据地遗址—长白山老黑河遗址—四平市塔子山战斗遗址—四平战役纪念馆—四平烈士陵园—四平市三道林子战斗遗址—四平市东北民主联军四平保卫战指挥部旧址

11. "红色龙江·英雄不朽"精品线路

黑龙江省哈尔滨市东北烈士纪念馆—哈尔滨市东北抗联博物馆—哈尔滨市侵华日军第七三一部队罪证陈列馆—尚志市革命烈士陵园—牡丹江市八女投江革命烈士陵园—牡丹江市海林市杨子荣烈士墓及剿匪遗址—牡丹江市绥芬河秘密交通线纪念馆

12. "从北大荒到北大仓"精品线路

黑龙江省鸡西市密山市北大荒开发建设纪念馆—双鸭山市友谊县友谊农场—鸡西市密山北大荒书法长廊景区—虎林市第一把荒火地850农场—虎林市现代大农业856农场—虎林市云山湖红色旅游度假景区—虎林市北大荒农机博览园

13. "走近铁人·感受拼搏"精品线路

黑龙江省大庆市铁人王进喜纪念馆—大庆市石油科技馆—大庆市大庆油田历史陈列馆—大庆市大庆石油馆—齐齐哈尔市中国第一重型机械厂（"一五"期间156项重点建设项目之一）

14. "开天辟地·革命启航"精品线路

上海市中共一大发起组成立地—上海市中共一大代表宿舍旧址—上海市中共一大会址纪念馆—浙江嘉兴南湖红船—浙江嘉兴南湖革命纪念馆

15. "致敬新四军·不忘革命路"精品线路

江苏省镇江市句容市茅山新四军纪念馆—常州市中共苏皖区一大会址—常熟市沙家浜革命历史纪念馆—泰州市泰兴新四军黄桥战役纪念馆—南通市海安苏中七战七捷纪念馆—盐城新四军纪念馆—盐城新四军重建军部旧址—盐城阜宁中共中央华中局第一次扩大会议旧址—宿迁市雪枫公园（彭雪枫将军纪念地）—淮安市淮阴区八十二烈士陵园

16. "淮海战役·伟大胜利"精品线路

江苏省徐州市淮海战役纪念馆—徐州市淮海战役碾庄圩战斗纪念馆—徐州市贾汪起义纪念馆—新沂市窑湾战斗纪念馆—徐州市吕梁狼山阻击战纪念碑—安徽省淮北市濉溪县淮海战役双堆集烈士陵园—淮北市中共淮海战役总前委旧址—淮北市小李家指挥部—宿州市萧县蔡洼淮海战役总前委会议暨华东野战军指挥部旧址

17. "铭记历史·砥砺前行"精品线路

江苏省南京市中山陵—雨花台烈士陵园—中共代表团梅园新村纪念馆—侵华日军南京大屠杀遇难同胞纪念馆—中国近代史遗址博物馆

18. "水乡抗战·红色浙江"精品线路

浙江省湖州市新四军苏浙军区旧址群—宁波市浙东（四明山）抗日根据地旧址—丽水市浙西南革命根据地旧址群—温州市浙南（平阳）抗日根据地旧址—温州市洞头先锋女子民兵连纪念馆

19. "初心如磐·不屈军魂"精品线路

安徽省黄山市红军北上抗日先遣队陈列馆—黄山市岩寺新四军军部旧址—

宣城市泾县皖南事变烈士陵园及新四军军部旧址—六安市皖西烈士陵园—裕安区独山革命旧址群—舒城县新四军第四支队纪念馆—合肥市庐江县新四军江北指挥部旧址—滁州市来安县新四军二师师部旧址

20."百万雄师过大江"精品线路

安徽省蚌埠市渡江战役总前委孙家圩子旧址—合肥市渡江战役纪念馆—合肥市肥东县渡江战役总前委旧址—芜湖市板子矶渡江战役第一船登陆点纪念碑—江苏省南京市渡江胜利纪念馆

21."小岗精神·改革序幕"精品线路

安徽省滁州市凤阳县小岗村"大包干"纪念馆—滁州市凤阳县沈浩同志先进事迹陈列馆—滁州市凤阳县当年农家（大包干前后农村生产生活场景）—滁州市凤阳县小岗村培训中心—滁州市凤阳县工坊一条街

22."闽西苏区·红色福建"精品线路

福建省龙岩市上杭县古田会议旧址及纪念馆—龙岩市上杭县毛泽东才溪乡调查纪念馆—龙岩市松毛岭战地遗址—龙岩市长汀县红色旧址群—龙岩市连城县新泉红四军"新泉整训"旧址群—龙岩市永定区中央红色交通线旧址群—三明市宁化县革命纪念园—三明市清流县红军标语遗址—三明市明溪县革命纪念园—三明市尤溪县坂面闽中红军旧址—三明市建宁县红一方面军总司令部、总前委、总政治部旧址—三明市泰宁县红军街—南平市武夷山市大安红色首府旧址—南平市邵武市中共苏区闽赣省委旧址、东方县委旧址

23."井冈之路·星火燎原"精品线路

江西省吉安市井冈山会师纪念馆—茅坪八角楼毛泽东故居—黄洋界哨口—五龙潭红军洞—小井红军烈士墓—小井中国红军第四军医院旧址—大井朱毛旧居—北山革命烈士陵园—茨坪革命旧址群—遂川县工农兵政府旧址—井冈山革命博物馆

24."英雄城·红色城"精品线路

江西省南昌八一起义纪念馆—南昌起义总指挥部旧址—新四军军部旧址（陈列馆）—二十军指挥部旧址—江西革命烈士纪念堂—朱德军官教育团旧址—方志敏纪念馆—南昌市新建区小平小道陈列馆

25."红色摇篮·革命赣南"精品线路

江西省瑞金市叶坪革命旧址群—沙洲坝革命旧址群—瑞金共和国摇篮景区—中华苏维埃共和国中央革命军事委员会旧址—于都县中央红军长征集结出发地纪念园—安远县天心整军旧址—寻乌县毛泽东寻乌调查纪念馆—大余县大

余整编旧址—崇义县上堡整训旧址—兴国县苏区干部好作风纪念园—宁都县中央苏区反"围剿"战争纪念馆

26."弘扬沂蒙精神"精品线路

山东省临沂市沂南县沂蒙红嫂纪念馆—沂南县沂蒙红色影视基地—蒙阴县、沂南县沂蒙山孟良崮战役遗址—费县沂蒙山小调活态博物馆—大青山胜利突围纪念馆—莒南县八路军一一五师司令部—沂蒙革命纪念馆（华东革命烈士陵园）—临沂市华东野战军总部旧址暨新四军军部旧址纪念馆

27."改天换地·中原奇迹"精品线路

河南省安阳市林州市红旗渠—安阳马氏庄园（刘邓大军指挥部旧址）—开封市兰考县四面红旗展览馆—兰考县张庄村（焦裕禄工作联系点）—兰考县展览馆—兰考县焦裕禄烈士陵园

28."革命大别山·红色鄂豫皖"精品线路

河南省信阳市息县刘邓大军渡淮纪念馆—信阳市新县鄂豫皖苏区首府革命博物馆—信阳市浉河区四望山新四军第五师师部旧址—信阳市王大湾会议会址纪念馆—信阳市商城县金刚台红军洞群—安徽省六安市金寨县红二十五军军政机构旧址—六安市金寨县革命烈士陵园—六安市金寨县革命博物馆—湖北省黄冈市麻城烈士陵园—黄冈市红安县黄麻起义和鄂豫皖苏区烈士陵园—黄冈市麻城市乘马会馆

29."红色武汉·英雄城市"精品线路

湖北省武汉市中国共产党纪律建设历史陈列馆—中共五大会址纪念馆—武昌区毛泽东旧居及中央农民运动讲习所旧址纪念馆—江岸区八七会议会址纪念馆—武汉中共中央机关旧址纪念馆—八路军武汉办事处旧址纪念馆—汉口新四军军部旧址纪念馆—江岸区武汉二七纪念馆

30."湘鄂边苏区"精品线路

湖北省恩施州宣恩县板栗园大捷遗址—恩施州咸丰大村会议遗址—咸丰忠堡大捷遗址及烈士陵园—来凤县张富清先进事迹展馆—湘鄂边苏区革命烈士陵园—湘鄂边苏区革命文物陈列馆—五里坪革命旧址群—红二军团总指挥部旧址—锣鼓山三十二烈士殉难处—中营镇红岩坪红三军军部旧址—段德昌囚居处旧址—工农革命军鄢阳关收编"神兵"旧址—巴东县金果坪红三军烈士陵园—贺龙旧居—红三军枪炮局—段德昌烈士墓—建始官店照京坪革命历史陈列馆

31."跟着毛主席去游学"精品线路

湖南省长沙市橘子洲景区—岳麓山—湖南第一师范学校旧址—中共湘区委

员会旧址暨毛泽东、杨开慧故居—湘潭市韶山市毛泽东故居和纪念馆—湘潭市湘乡东山学校旧址

32."红色旗帜·潇湘火种"精品线路

湖南省郴州市汝城县沙洲村—郴州市宜章县湘南暴动指挥部旧址—郴州市苏仙区郴县苏维埃政府旧址—耒阳市湘南起义旧址—永州市道县陈树湘烈士纪念园—怀化市通道县湖南通道转兵纪念馆—湘西州永顺县湘鄂川黔革命根据地旧址—张家界市刘家坪红二方面军长征出发地

33."秋收起义·湘赣红旗"精品线路

江西省九江市修水县秋收起义修水纪念馆—宜春市铜鼓县秋收起义铜鼓纪念馆—萍乡市秋收起义广场—萍乡市莲花县莲花一枝枪纪念馆—吉安市永新三湾改编旧址—湖南省株洲市炎陵县毛泽东水口连队建党旧址—株洲市炎陵红军标语博物馆—浏阳市文家市秋收起义会师旧址纪念馆

34."红色广州·革命之城"精品线路

广东省广州市黄花岗七十二烈士墓—黄埔陆军军官学校旧址—中共三大会址纪念馆—毛泽东同志主办农民运动讲习所旧址—广州起义纪念馆和烈士陵园

35."百色起义·红色广西"精品线路

广西壮族自治区百色市田东县红军亭—百色市田东县右江工农民主政府旧址—百色市百色起义纪念馆—百色市红七军军部旧址（百色市右江区粤东会馆）—百色市右江百色起义纪念碑园—百色市乐业县红七军和红八军会师地旧址

36."血战湘江·突破包围"精品线路

广西壮族自治区桂林市全州县红军长征湘江战役纪念馆—桂林市全州县湘江战役大坪渡口—桂林市全州县湘江战役全州觉山铺阻击旧址—桂林市兴安县千家寺红军标语楼—桂林市兴安县红军长征湘江战役界首渡口遗址、界首红军堂、界首红军街—桂林市兴安县光华铺烈士墓—桂林市兴安县红军长征突破湘江烈士纪念碑园—桂林市灌阳县湘江战役灌阳新圩阻击战旧址

37."天涯海角·红色椰岛"精品线路

海南省海口市龙华区海南革命烈士纪念碑—海口市琼山区琼崖工农红军云龙改编旧址—定安县母瑞山革命根据地纪念园—琼海市红色娘子军纪念园—万宁市六连岭革命遗址—五指山市五指山革命根据地纪念园—三亚市梅山老区革命烈士陵园

38. "踏寻红岩足迹·感悟红岩精神"精品线路

重庆市渝中区《新华日报》营业部旧址—渝中区周公馆—渝中区桂园（1945年，毛泽东、周恩来等在国共两党谈判期间的主要活动场所）—渝中区化龙桥街道红岩村（红岩革命纪念馆、八路军重庆办事处旧址、"沁园春·雪"广场）—渝中区中国民主党派历史陈列馆—渝中区特园（抗战时期中共及各民主党派活动的重要场所）—沙坪坝区渣滓洞集中营—沙坪坝区白公馆监狱旧址—沙坪坝区蒋家院子（叶挺将军被囚处旧址）—重庆歌乐山烈士陵园—沙坪坝区红岩魂广场及陈列馆

39. "红军不怕远征难"精品线路

四川省雅安市宝兴县夹金山红军纪念碑—阿坝州小金县达维会师遗址—阿坝州小金县两河口会议旧址—阿坝州松潘县川主寺红军长征纪念碑园—阿坝州松潘县毛儿盖会议遗址—阿坝州若尔盖县巴西会议旧址—阿坝州若尔盖县包座战役遗址—阿坝州红原县瓦切红军长征纪念遗址—马尔康市卓克基会议旧址—阿坝州黑水县芦花会议会址—甘孜州泸定县红军飞夺泸定桥纪念馆—甘孜州泸定县磨西镇毛泽东住地旧址—阿坝州石棉县安顺场红军强渡大渡河纪念地—凉山州会理县会理会议遗址—凉山州会理县皎平渡红军渡江遗址—凉山州冕宁县彝海结盟遗址、红军长征纪念馆

40. "奇兵入川·铁血丹心"精品线路

四川省达州市红军文化陈列馆—达州市宣汉县红三十三军纪念馆—达州市万源市万源保卫战战史陈列馆—巴中市平昌县中国工农红军石刻标语园—巴中市通江县红四方面军总指挥部旧址纪念馆—巴中市通江县川陕革命根据地红军烈士陵园—巴中市巴州区川陕革命根据地博物馆—巴中市川陕苏区将帅碑林—巴中市南江县巴山游击队纪念馆—广元市剑阁县红军攻克剑门关遗址—广元市苍溪县红军渡纪念地—广元市旺苍县红军街—广元市旺苍县木门军事会议会址

41. "汶川抗震·众志成城"精品线路

四川省成都市"万众一心、众志成城"抗震救灾主题展览馆—都江堰市虹口深溪沟地震遗址纪念地—阿坝州汶川县映秀镇汶川地震震中纪念地—阿坝州汶川县水磨古镇（被联合国评为全球灾后重建最佳范例）—绵阳市北川羌城地震遗址博物馆—绵阳市北川县永昌镇（北川新县城）

42. "红色贵州·雄关漫漫"精品线路

贵州省黔东南州黎平县黎平会议旧址—遵义市红军山烈士陵园—遵义市遵义会议纪念馆—遵义市桐梓县娄山关景区—遵义市乌江渡景区—习水县青杠坡

战役遗址—习水县四渡赤水纪念馆—赤水市丙安红一军团陈列馆—赤水市赤水红军烈士陵园—遵义市苟坝会议旧址—毕节市金沙县钱壮飞烈士陵园—遵义市四渡赤水之南渡乌江渡口—贵阳市息烽集中营革命历史纪念馆

43."彩云之南·红色热土"精品线路

云南省昭通市威信县扎西会议纪念馆—曲靖市会泽县水城红军扩军旧址—昆明市禄劝县皎平渡—昆明市寻甸县红军长征柯渡纪念馆—楚雄州元谋县龙街红军横渡金沙江渡口—丽江市玉龙县石鼓红军渡口—迪庆藏族自治州香格里拉市独克宗古城红军长征纪念馆

44.弘扬"老西藏精神""两路精神"精品线路

西藏自治区昌都市江达县西藏解放第一村(十八军碉堡、十八军作战猫耳洞、十八军渡江口、十八军战斗遗址)—江达县岗托红旗广场(十八军军营旧址展览馆)—江达县十八军徒步翻越矮拉山遗迹—江达县同普洒咧营地—江达县邓柯十八军渡江遗址(十八军渡江索桥)—拉萨市青藏铁路拉萨站—拉萨市烈士陵园—拉萨市中央人民政府驻藏代表楼旧址

45."红色陕西·圣地延安"精品线路

陕西省西安市"西安事变"纪念馆—西安市八路军西安办事处纪念馆—铜川市陕甘边照金革命根据地旧址—照金薛家寨革命旧址—延安市南泥湾革命旧址—延安革命纪念地景区—延安市吴起县中央红军长征胜利纪念园—延安市甘泉县中央红军和陕北红军会师地旧址—延安市安塞区王家湾革命旧址—延安市延川县永坪镇革命旧址—延安市子长市瓦窑堡会议旧址

46."红军会师·征途在前"精品线路

甘肃省甘南州迭部县俄界会议旧址和茨日那毛主席旧居—甘南州迭部县腊子口战役遗址—白银市会宁县红军长征会师旧址—定西市岷州会议纪念馆—定西市通渭县榜罗镇革命遗址—陇南市宕昌县哈达铺红军长征纪念馆—平凉市静宁县中国工农红军长征界石铺纪念园—庆阳市华池县红色南梁大景区

47."壮怀激烈·初心不改"精品线路

甘肃省武威市古浪县红军西路军古浪战役遗址—金昌市永昌县红西路军永昌战役纪念馆—张掖市高台县高台烈士陵园—高台县中国工农红军西路军血战高台场景复原地—临泽县梨园口战役纪念馆

48."雪域高原·红色青海"精品线路

青海省西宁市中国工农红军西路军纪念馆—果洛州班玛县红军沟革命遗址—果洛州班玛县红二、四方面军临时指挥所—果洛州班玛县红军墓—果洛州

班玛县红军亭

49."红旗漫卷六盘山"精品线路

宁夏回族自治区固原市隆德县六盘山长征纪念馆—固原市西吉县兴隆镇单家集红军长征遗址—固原市西吉县中国工农红军长征将台堡会师纪念碑—固原市青石嘴战斗遗址—吴忠市同心县红军西征纪念园—吴忠市盐池县革命烈士纪念馆

50."革命记忆·新疆足迹"精品线路

新疆维吾尔自治区乌鲁木齐市八路军驻新疆办事处纪念馆—乌鲁木齐市革命烈士陵园—新疆维吾尔自治区博物馆—中国工农红军西路军总支队纪念馆—昌吉州新疆新辉红色记忆博物馆

51."爱国守边·青春无悔"精品线路

新疆维吾尔自治区伊犁州昭苏县灯塔知青馆—博尔塔拉蒙古自治州博物馆—博尔塔拉纪念园—塔城地区裕民县161团小白杨哨所—塔城市红楼博物馆—克拉玛依一号井—克拉玛依展览馆—阿勒泰地区吉木乃县186团吉木乃口岸—阿勒泰地区哈巴河县西北边境第一连

52."屯垦戍边·红色兵团"精品线路

新疆维吾尔自治区阿克苏地区阿克苏人民英雄纪念碑—阿克苏博物馆—阿拉尔三五九旅屯垦纪念馆—石河子市新疆生产建设兵团军垦博物馆—石河子市军垦文化广场—石河子市军垦第一连—五家渠市新疆兵团第六师五家渠市博物馆

二、走近大国重器、感受中国力量

53."科技之光·强国之路"精品线路

中国科学院大学"两弹一星"纪念馆—中国科学院力学研究所风洞实验室—中国科学院物理研究所党员教育基地—中科算维智慧科技馆—中国科学院力学研究所党建基地

54."盛世中国·奥运圆梦"精品线路

北京奥林匹克公园—北京奥林匹克森林公园—国家速滑馆"冰丝带"—延庆区国家高山滑雪中心—国家雪车雪橇中心—河北省张家口市崇礼区国家跳台滑雪中心—国家冬季两项中心（2022年北京—张家口冬季奥林匹克运动会项目比赛场馆）

55."千年大计·未来雄安"精品线路

北京大兴国际机场—雄安新区雄安高铁站—雄安新区规划展示中心—雄安

新区市民服务中心—"千年秀林"大清河片林一区

56."红色军工·太原力量"精品线路

山西省北方机械制造有限公司（国营第247厂）—太原市重型机械集团—太原市中国煤炭博物馆—太原钢铁集团—忻州市岢岚县太原卫星发射基地

57."共和国长子·新时代工业"精品线路

辽宁省沈阳市沈飞航空博览园—沈阳市中国工业博物馆—沈阳铁路陈列馆—沈阳新松机器人集团—抚顺市雷锋纪念馆—本溪钢铁集团—鞍山钢铁集团—鞍山市鞍钢化工总厂雷锋纪念馆—大连现代轨道交通有限公司电车工厂—大连船舶重工集团

58."民族工业·科技之星"精品线路

吉林省长春市长光卫星技术基地—长春汽车经济技术开发区—长春一汽红旗文化展馆—长春空军航空大学航空馆—长春电影制片厂

59."大国海陆空·科技向前冲"精品线路

上海市汽车博览公园—上海市洋山深水港—上海市商飞上海飞机制造有限公司浦东基地—上海市春秋航空模拟机基地（飞培中心）

60."数字科技·云上逐梦"精品线路

浙江省嘉兴市桐乡乌镇世界互联网大会会址—杭州市杭州湾跨海大桥—嘉兴市海盐县秦山核电科技馆—杭州市云栖小镇（浙江数字经济特色小镇）—杭州市城市大脑公司—杭州市未来科技城—杭州市梦想小镇

61."科技创新·驱动江淮"精品线路

安徽省合肥市京东方光电科技—合肥市包河区安徽创新馆—合肥市合肥科学岛（合肥现代科技馆、人造小太阳）—合肥市长鑫存储技术有限公司—芜湖市奇瑞智能网联"未来工厂"

62."福建发展·晋江经验"精品线路

福建省福州市福清核电站（第三代核电技术"华龙一号"全球首堆）—晋江市"晋江经验"馆—宁德市锂电新能源小镇（全球最大的聚合物锂离子电池生产基地）—上汽集团福建宁德生产基地（新能源汽车生产基地）—福安青拓集团（全球最大的不锈钢生产基地）

63."工业旅游·扬帆起航"精品线路

山东省青岛奥林匹克帆船中心（上海合作组织青岛峰会主会场）—青岛市青岛港工业旅游基地—青岛市海尔工业园—青岛市海信工业旅游基地—荣成市国家电投新能源科技馆—烟台市"耕海1号"海洋牧场

64. "南水北调·活水之源"精品线路

河南省温县南水北调中线总干渠—郑州黄河博物馆—南阳市淅川县南水北调中线渠首—湖北省丹江口市丹江口大坝—丹江口市南水北调纪念园—十堰市博物馆—十堰市东风工业遗产旅游区

65. "中国三峡·世纪工程"精品线路

湖北省武汉市汉阳区武汉长江大桥—荆州市公安县荆江分洪工程—宜昌市三峡工程展览馆—宜昌市三峡大坝旅游区—宜昌市三峡工程—重庆市万州区三峡移民纪念馆—重庆市白鹤梁水下博物馆—重庆市渝中区重庆中国三峡博物馆

66. "科技湖南·动力中国"精品线路

湖南省长沙中联重科麓谷工业园—长沙远大科技集团远大城—株洲动力谷（高铁机车、通用航空、新能源汽车相关产业展示）—衡阳工业博物馆—郴州宝山工矿

67. "奋进大湾区·逐梦新时代"精品线路

广东省广州市海珠区广州地铁博物馆—佛山市珠三角工匠精神展示馆—深圳市莲花山公园—深圳市博物馆—大亚湾核电站—大亚湾中微子实验室—港珠澳大桥

68. "航天文昌·飞天梦想"精品线路

海南省文昌航天发射基地—文昌航天科普馆—文昌航天主题公园—文昌龙楼航天小镇—文昌淇水湾

69. "两弹一星·大国重器"精品线路

四川省绵阳市梓潼县中国两弹城景区—雅安市石棉县双螺旋隧道（国际首创的双螺旋小半径曲线型隧道）—凉山自治州西昌卫星发射中心—攀枝花中国三线建设博物馆—攀枝花市开发建设纪念馆—攀枝花市大田会议纪念馆

70. "三线记忆·中国天眼"精品线路

贵州省六盘水三线建设博物馆—安顺三线贵州航空发动机厂旧址—三线贵州歼击机总装厂旧址—贵阳国家大数据（贵州）综合试验区展示中心—平塘县"中国天眼"景区—平塘县克度镇天文科普馆

71. "能源陕北·科技西安"精品线路

陕西省榆林市陕西北元化工集团—榆林市榆树湾煤矿—榆林市陕西未来能源化工—延安市延长县中国陆上第一口油井—西安市阎良航空科技馆—杨凌农业高新技术产业示范区—西安市西安交通大学西迁纪念馆

72. "神秘原子城·大国铸剑人"精品线路

青海省湟源县小高陵红色教育基地—海晏县原子城纪念馆—海晏县原子弹纪念碑—海晏县原子城遗址—221基地地下指挥中心

三、体验脱贫成就、助力乡村振兴

73. "生态蓟州·田园如诗"精品线路

天津市蓟州区下营镇常州村—蓟州区下营镇青山岭村—黄崖关长城—蓟州区下营镇郭家沟村—蓟州区下营镇团山子村—蓟州区穿芳峪镇毛家峪村—蓟州区穿芳峪镇小穿芳峪村—蓟州区穿芳峪镇东水厂村

74. "艰苦奋斗路·绿色塞罕坝"精品线路

河北省承德市滦平县金山岭长城—隆化县茅荆坝国家森林公园—围场县塞罕坝机械林场—御道口草原—丰宁县京北第一草原—千松坝国家森林公园—张家口市沽源县五花草甸—张北县德胜村

75. "脱贫攻坚·小康河北"精品线路

河北省保定市阜平县龙泉关镇骆驼湾村—阜平县龙泉关镇顾家台村—石家庄市平山县岗南镇李家庄村—西柏坡镇北庄村—石家庄市正定县塔元庄村—邢台市内丘县岗底村

76. "山西好风光·乡村奔小康"精品线路

山西省忻州市岢岚县宋家沟村—太原市娄烦县河北村—汾阳市贾家庄镇贾家庄村—孝义市新义街道贾家庄村—吕梁市离石区信义镇归化村—吕梁市柳林县三交镇三交村—吕梁市柳林县薛村镇军渡村—吕梁市临县碛口镇李家山村—吕梁市方山县北武当镇来堡村—吕梁市交城县庞泉沟镇苏家湾村

77. "绿色阿拉善·多彩额济纳"精品线路

内蒙古自治区阿拉善腾格里沙漠天鹅湖景区—阿拉善盟胡杨林旅游区—阿拉善盟额济纳旗黑城弱水胡杨景区—额济纳旗居延海景区—额济纳旗东风航天城

78. "兴边富民·辽吉风光"精品线路

辽宁省丹东市天华山森林公园—丹东凤城市大梨树村—丹东东港市獐岛村—通化市集安市太王镇钱湾村—吉林省延边州敦化雁鸣湖小山村—延边州汪清县大兴沟镇红日村—延边州和龙市东城镇光东村—延边州珲春市敬信镇防川村

79. "生态伊春·美丽乡村"精品线路

黑龙江省伊春铁力市年丰乡长山村—伊春市马永顺纪念馆—伊春市西岭森

林生态旅游度假区—伊春市永达木艺研学基地—伊春市森林博物馆—伊春市上甘岭溪水林场—伊春市丰林县五营镇平原社区—伊春市新青区松林户外风情小镇—伊春市嘉荫县红光乡休闲农业旅游度假区

80."一江两岸·别样水乡"精品线路

江苏省常熟市蒋巷村—无锡市阳山镇前寺舍村—溧阳市塘马村—盐城市大丰区新丰镇荷兰花海—盐城市恒北村—盐城市东台市弶港镇巴斗村

81."两山理念·振兴之路"精品线路

浙江省湖州市安吉县余村—安吉县目莲坞村—蔓塘里村—安吉县鲁家村—安吉县黄杜村—湖州市莫干山国家旅游度假区—杭州市西溪国家湿地公园—杭州市淳安县千岛湖景区—杭州市淳安下姜村—衢州市开化金星村

82."清新福建·脱贫攻坚"精品线路

福建省宁德市福鼎市赤溪村—宁德市寿宁县下党村—寿宁县斜滩镇车岭古道—南平市政和县石圳村—南平生态银行展厅—南平市延平区王台国家储备林基地—三明市沙县俞邦村（沙县小吃第一村）—三明市将乐县常口村"两山学堂"—三明市尤溪县半山村—厦门市同安区军营村—龙岩市长汀县水土保持科教园

83."古徽州·新农村"精品线路

安徽省六安市金寨县花石乡大湾村—黄山市翡翠新村—黄山市黟县宏村—黄山市黟县西递村—黄山市歙县雄村—江西省上饶市婺源县晓起村—上饶市婺源县江湾景区—上饶市婺源县篁岭

84."齐风鲁韵·魅力田园"精品线路

山东省淄博市中郝峪村—临沂市沂南县朱家林田园综合体—临沂市沂南县竹泉村—临沂市平邑县九间棚旅游区—临沂市兰陵县压油沟景区—临沂市兰陵县代村—临沂市兰陵县国家农业公园—枣庄市山亭区兴隆庄村

85."山乡巨变·美在中原"精品线路

河南省洛阳市嵩县天桥沟村—洛阳市栾川县重渡村—洛阳市栾川县抱犊寨—新乡市新乡县刘庄村—新乡市新乡县京华村—新乡市卫辉市唐庄—新乡市辉县市裴寨村—新乡市辉县市回龙村—新乡市辉县市郭亮洞—信阳市新县田铺大塆村—信阳市司马光油茶园和东岳村

86."土家风情·美丽恩施"精品线路

湖北省恩施盛家坝镇二官寨村—恩施白杨坪镇洞下槽村—宣恩伍家台—来凤杨梅古寨—咸丰马倌屯现代农业产业园—利川南坪乡营上村—利川东城办事

处白鹊山村—建始县龙坪乡店子坪村

87."精准扶贫·首倡之地"精品线路

湖南省湘西州花垣县十八洞村—吉首市矮寨奇观景区—湘西州乾州古城—湘西州泸溪县浦市古镇—湘西州凤凰县凤凰古城（包括老洞村、竹山村）—凤凰县菖蒲塘村

88."岭南文化·人文遗存"精品线路

广东省梅州市平远县仁居镇仁居村—梅州市平远县泗水镇梅畲村—梅州市梅县区雁洋镇长教村—梅州市大埔县西河镇北塘村—潮州市广济门城楼—潮州市广济桥—潮州市牌坊街—潮州市潮安区庵埠镇霞露村—汕头市侨批文物馆—汕头市开埠文化陈列馆—汕头市潮南区仙城镇波溪村

89."八桂大地·乡村欢歌"精品线路

广西壮族自治区柳州市融水县安锤乡江门村—柳州市梦鸣苗寨民俗文化体验园—河池市天峨县芭暮乡板么村—河池市巴马瑶族自治县那桃乡平林村—河池市环江县毛南族感恩教育中心—河池市金城江区东江镇里仁村—河池市宜州区中国村民自治展示中心—河池市宜州区刘三姐故里景区—河池市宜州区屏南乡合寨村—来宾市忻城县马泗乡马泗村—来宾市忻城县红渡镇六纳村—来宾市金秀县六巷乡大岭村—来宾市金秀瑶族自治县金秀镇六段村

90."热带海岛·热情海南"精品线路

海南省海口市海南农垦博物馆—海口市秀英区诗茶村—海口市琼山区橡胶林、红明荔海共享农庄—儋州市海南莲花山文化景区—儋州市蓝洋樱花乐园—澄迈县福山咖啡联邦小镇—临高县临高角解放公园—三亚市吉阳区博后村

91."旅游扶贫·渝乡成就"精品线路

重庆市巫山县竹贤乡下庄村—重庆市巫山县双龙镇白坪村、安静村—重庆市石柱县中益乡华溪村—重庆市酉阳县桃花源景区—重庆市酉阳县车田乡旅游扶贫示范基地—重庆市酉阳县龚滩古镇

92."壮美三峡·安逸乡村"精品线路

重庆市奉节县永乐镇白龙村—奉节县永乐镇大坝村—奉节县安坪镇三沱村移民文化墙—奉节县三峡原乡景区—奉节县兴隆镇陈家河观景平台—奉节县兴隆镇卡麂坪传统村落—奉节县兴隆镇金凤云海景区—奉节县青龙镇大窝景区

93."天府新貌·蜀道不难"精品线路

四川省成都市郫都区战旗村—成都市蒲江县明月村—成都市彭州市宝山村—眉山市丹棱县顺龙乡幸福村—乐山市峨边县黑竹沟镇底底古村—攀枝花市

米易县新山傈僳族乡新山村—凉山州昭觉县谷莫村—凉山州昭觉县阿土列尔村（悬崖村）—凉山州美姑县依果觉乡古拖村

94."多彩贵州·幸福苗侗"精品线路

贵州省遵义市播州区花茂村—遵义市播州区团结村—六盘水市盘州市岩博村—黔西南州兴仁市鲤鱼村—黔东南州从江县岜沙苗寨—黔东南州黎平县肇兴侗寨—黔东南州雷山县西江千户苗寨—黔东南州凯里市下司古镇—黔东南州丹寨县丹寨小镇

95."傈僳山寨换新颜"精品线路

云南省怒江州怒江大峡谷—怒江州福贡县匹河怒族乡老姆登村—怒江州贡山县丙中洛镇—怒江州贡山县独龙江乡

96."门巴风情·雪域欢声"精品线路

西藏自治区泽当景区—拿日雍措—百花滩景观台—门巴民族新村—岗亭瀑布—森木扎景区

97."体验关中民俗·品味陕西味道"精品线路

陕西省西安市鄠邑区甘亭镇东韩村—西安市周至县周至水街—咸阳市礼泉县袁家村—咸阳市兴平市马嵬驿—咸阳市泾河县茯茶小镇—宝鸡市岐山县西岐民俗村—宝鸡市陈仓区香泉镇大水川景区

98."治沙典范·生态甘肃"精品线路

甘肃省古浪县八步沙林场—临夏州布塄沟村—定西市渭源县元古堆村—武威市凉州区长城镇红水村—张掖市大漠紫光三万亩黑色食品产业园—武威市红崖山水库

99."脱贫攻坚·花儿最艳"精品线路

青海省海东市南门峡镇磨尔沟村—海东市互助县麻吉村—海东市互助县卓扎滩村—海东市互助县小庄村—海东市互助县班彦村—西宁市湟中县上五庄镇包勒村—西宁市湟中县拦隆口镇卡阳村

100."金沙滩·山海情"精品线路

宁夏回族自治区银川市永宁县闽宁镇原隆村—银川市永宁县棚湖湾树莓生态景区—银川市永宁县原隆村扶贫工坊—银川市永宁县赵家农民文化大院—银川市贺兰县四十里店村稻鱼空间生态园—宁夏生态移民就业创业示范基地广场

● **参考文献**

中华人民共和国中央人民政府.中共中央关于党的百年奋斗重大成就和历史经验的决议(全文)[EB/OL].(2021-11-11)[2021-11-16].http://www.gov.cn/xinwen/2021-11/16/content_5651269.htm.

第二节　红色精神

一、中国共产党人精神谱系[①]

（一）伟大建党精神

一百年前，中国共产党的先驱们创建了中国共产党，形成了坚持真理、坚守理想，践行初心、担当使命，不怕牺牲、英勇斗争，对党忠诚、不负人民的伟大建党精神，这是中国共产党的精神之源。

代表实践地点：一大会址。

中国共产党第一次全国代表大会会址主址位于上海市黄浦区兴业路。嘉兴南湖中共"一大会址"位于浙江省嘉兴市南湖区海盐塘路188号南湖景区内。南湖革命纪念馆，位于浙江嘉兴市南湖区烟雨路七一广场，基本陈列为"红船起航"主题展览，以中国革命红船起航为主题、以党的初心和使命为主线、以党的发展历程为脉络，聚焦中国共产党创建、特别是一大南湖会议，全面阐释一个大党与一条小船的关系，全面展现一百年来，中国共产党在初心使命的砥砺下，带领全国人民取得革命、建设和改革伟大胜利的光辉历史，特别是中国特色社会主义进入新时代取得的根本性变革和历史性成就。

（二）井冈山精神

坚定执着追理想、实事求是闯新路，艰苦奋斗攻关、依靠群众求胜利。

代表实践地点：井冈山革命博物馆。

井冈山革命博物馆，位于江西省井冈山市茨坪红军南路，是为了纪念中国共产党创建的第一个农村革命根据地——井冈山革命根据地而建立的。它是我国第一个地方性革命史类博物馆，也是首批83家国家一级博物馆之一。新馆共分为序厅、井冈山革命根据地的创立、井冈山革命根据地的发展、井冈山革命根据地的恢复、坚持井冈山的斗争、弘扬井冈山精神六部分。它主要担负井冈山革命斗争历史陈列展览、宣传井冈山精神、管理保护井冈山革命纪念地旧居

[①] 中国精神. [EB/OL]. https://www.12371.cn/special/zgjs/.

遗址等职责。

（三）苏区精神

坚定信念、求真务实、一心为民、清正廉洁、艰苦奋斗、争创一流、无私奉献。

代表实践地点：瑞金中央革命根据地纪念馆。

瑞金中央革命根据地纪念馆位于江西省瑞金市象湖镇，是一所为纪念土地革命战争时期中国共产党及其领袖毛泽东、朱德等直接领导创建中央革命根据地和中华苏维埃共和国而建立的纪念性博物馆，主要反映中央革命根据地以及中华苏维埃共和国波澜壮阔的革命斗争历史。

（四）长征精神

把全国人民和中华民族的根本利益看得高于一切，坚定革命的理想和信念，坚信正义事业必然胜利的精神；为了救国救民，不怕任何艰难险阻，不惜付出一切牺牲的精神；坚持独立自主、实事求是，一切从实际出发的精神；顾全大局、严守纪律、紧密团结的精神；紧紧依靠人民群众，同人民群众生死相依、患难与共、艰苦奋斗的精神。

代表实践地点：中央红军长征出发地历史博物馆、将台堡三军会师纪念园。

中央红军长征出发地历史博物馆位于江西省赣州市于都县，是目前全国唯一一处展示中央红军长征出发历史的主题性纪念馆。馆中陈列分为"中央红军长征的背景""中共中央秘密准备战略转移""中共中央和中央红军主力集结于都""中共中央和红军主力夜渡于都河出发长征""永远的长征"五个部分，展现了中央红军长征的背景、准备以及在于都集结出发的历史和于都人民无私奉献支援红军的鱼水之情。

将台堡三军会师纪念园位于宁夏固原市西吉县南部。1936年10月22日，中国工农红军一、二、四方面军在将台堡会师，标志着红军长征胜利结束。纪念园内设有三军会师展厅、建设成就展厅、将军翰墨碑林等。

（五）遵义会议精神

坚定信念、坚持真理，独立自主、团结统一。

代表实践地点：遵义会议纪念馆。

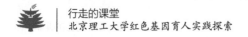

遵义会议纪念馆是中国革命纪念性博物馆，为纪念1935年1月中国共产党在遵义举行的中央政治局扩大会议而设立。遵义会议纪念馆以复原陈列为主，陈列内容有"红军长征，进军贵州""遵义会议""四渡赤水之战"三部分。

（六）延安精神

坚定正确的政治方向、解放思想实事求是的思想路线、全心全意为人民服务的根本宗旨、自力更生艰苦奋斗的创业精神。

代表实践地点：延安革命纪念馆。

延安革命纪念馆位于陕西省延安市宝塔区西北延河东岸王家坪，基本陈列"伟大历程——中共中央在延安十三年历史"主题展览，全面系统地展示了以毛泽东为核心的中共中央在延安和陕北领导全国革命走向胜利的光辉历史。

（七）抗战精神

天下兴亡、匹夫有责的爱国情怀，视死如归、宁死不屈的民族气节，不畏强暴、血战到底的英雄气概，百折不挠、坚忍不拔的必胜信念。

代表实践地点：中国人民抗日战争纪念馆。

中国人民抗日战争纪念馆位于北京市丰台区卢沟桥宛平城内，是全面反映中国人民伟大抗日战争历史的大型综合性专题纪念馆。

（八）红岩精神

坚如磐石的理想信念、和衷共济的爱国情怀、不折不挠的凛然斗志、坚贞不屈的浩然正气。

代表实践地点：红岩革命纪念馆。

红岩革命纪念馆位于重庆市嘉陵江畔，与红岩村13号、曾家岩50号、桂园、《新华日报》旧址毗邻，它们都是抗日战争时期中共中央南方局的活动基地，是我党在国民党统治区巩固和发展抗日民族统一战线、领导人民群众进行革命斗争的中心。

（九）西柏坡精神

谦虚谨慎、艰苦奋斗，实事求是、一心为民。

代表实践地点：西柏坡纪念馆。

西柏坡位于河北省平山县中部。1949年3月23日，中共中央和解放军总部离开西柏坡赴京。纪念馆辅助陈列，通过文物、文献、图片、资料，系统反映了中共中央和领袖们在西柏坡期间的革命实践活动。

（十）照金精神

忠诚于党的坚定信念、顽强斗争的英雄气概、扎根群众的工作作风。

代表实践地点：陕甘边革命根据地照金纪念馆。

陕甘边革命根据地照金纪念馆位于陕西省铜川市耀州区照金镇。纪念馆以陕甘边革命根据地历史为主线，用翔实的历史资料、图片、文物和各种现代化展陈技术，再现了创建以照金为中心的陕甘边革命根据地的艰难历程。

（十一）东北抗联精神

坚定的信仰信念、高尚的爱国情操、伟大的牺牲精神。

代表实践地点：东北抗联博物馆。

东北抗联博物馆位于黑龙江省哈尔滨市南岗区一曼街，是一座全面展现东北抗日联军十四年英勇战斗历程的综合性博物馆。

（十二）南泥湾精神

自力更生、艰苦奋斗。

代表实践地点：南泥湾革命旧址。

南泥湾革命旧址位于陕西省延安城东南45公里处，方圆百里，有当年开垦的大片梯田、南泥湾大生产运动展览馆、毛泽东视察南泥湾时的旧居、马坊抗日阵亡将士烈士纪念碑、九龙泉烈士纪念亭、桃宝峪干休所和延安炮校等。其中"南泥湾大生产运动展览馆"通过实物、图片详细介绍了当年南泥湾大生产运动的经过。

（十三）太行精神

不怕牺牲、不畏艰险；百折不挠、艰苦奋斗；万众一心、敢于胜利；英勇奋斗、无私奉献。

代表实践地点：八路军太行纪念馆。

八路军太行纪念馆是一座全面反映八路军抗战历史的大型革命纪念馆，主要由八路军抗战史陈列馆、八路军将领馆、百团大战半景画馆、窑洞战模拟景观、八路雄风碑林公园、八路军抗战纪念碑、八路军将领组雕《太行山》、

"和平颂"主题公园等景点组成。

（十四）大别山精神

坚守信念、胸怀全局、团结奋进、勇当前锋。

代表实践地点：大别山革命历史纪念馆。

大别山革命历史纪念馆位于安徽省六安市中心九墩塘畔，展示大别山区特别是皖西地区优秀儿女在各个历史时期不屈不挠、前仆后继的革命精神。

（十五）沂蒙精神

党群同心、军民情深，水乳交融、生死与共。

代表实践地点：华东革命烈士陵园。

华东革命烈士陵园位于山东省临沂市兰山区陵园前街，主体建筑有革命烈士纪念塔、革命烈士纪念堂、抗日战争纪念馆（沂蒙精神展馆）和解放战争纪念馆，是为纪念自第一次大革命时期至解放战争时期华东地区牺牲的革命先烈而修建的大型纪念性建筑群和纪念园林。

（十六）老区精神

爱党信党、坚定不移的理想信念；舍生忘死、无私奉献的博大胸怀；不屈不挠、敢于胜利的英雄气概；自强不息、艰苦奋斗的顽强斗志；求真务实、开拓创新的科学态度；鱼水情深、生死相依的光荣传统。

代表实践地点：革命老区。

中国革命老根据地简称革命老区或老区，是指土地革命战争时期和抗日战争时期，在中国共产党和毛泽东等老一辈无产阶级革命家领导下创建的革命根据地。它分布于我国的28个省（自治区、直辖市）的1 300多个县（市、区）。

（十七）张思德精神

全心全意为人民服务。

代表实践地点：张思德纪念馆。

张思德纪念馆位于四川省仪陇县新政镇春晖路，生动形象地再现了张思德同志平凡而光荣的一生，诠释了"为人民服务"的深刻内涵。

（十八）抗美援朝精神

祖国和人民利益高于一切、为了祖国和民族的尊严而奋不顾身的爱国主义精神，英勇顽强、舍生忘死的革命英雄主义精神，不畏艰难困苦、始终保持高昂士气的革命乐观主义精神，为完成祖国和人民赋予的使命、慷慨奉献自己一切的革命忠诚精神，为了人类和平与正义事业而奋斗的国际主义精神。

代表实践地点：抗美援朝纪念馆。

抗美援朝纪念馆位于辽宁省丹东市振兴区山上街，由纪念馆、纪念塔、全景画馆、国防教育园组成，全面、客观、真实地再现了伟大的抗美援朝战争和抗美援朝运动的光辉历史。

（十九）"两弹一星"精神

热爱祖国、无私奉献，自力更生、艰苦奋斗，大力协同、勇于登攀。

代表实践地点：中国科学院与"两弹一星"纪念馆，青海原子城。

中国科学院与"两弹一星"纪念馆是中国科学院利用怀柔火箭基地原址改造建立的，位于中国科学院大学雁栖湖校区后山半山位置，展出"两弹一星"研制过程中的照片和实物等。

青海原子城纪念馆位于青海省海北藏族自治州海晏县西海镇，全面、系统介绍中国核工业创建和发展历程，展示了中国第一颗原子弹和氢弹成功研制的伟大历程，是"两弹一星"精神的集中体现。

（二十）雷锋精神

热爱党、热爱祖国、热爱社会主义的崇高理想和坚定信念；服务人民、助人为乐的奉献精神；干一行爱一行、专一行精一行的敬业精神；锐意进取、自强不息的创新精神；艰苦奋斗、勤俭节约的创业精神。

代表实践地点：抚顺市雷锋纪念馆。

抚顺市雷锋纪念馆位于辽宁省抚顺市望花区雷锋路，原雷锋生前所在部队驻地附近，园区内主要有雷锋事迹陈列馆、雷锋墓、雷锋塑像、雷锋纪念碑和青少年教育活动设施等。纪念馆翔实、生动地再现雷锋的成长历程和新形势下雷锋精神的内涵。

（二十一）焦裕禄精神

亲民爱民、艰苦奋斗、科学求实、迎难而上、无私奉献。

代表实践地点：焦裕禄同志纪念馆。

焦裕禄同志纪念馆位于河南省开封市兰考县裕禄大道，纪念馆正门前的群雕为焦裕禄事迹群雕。群雕反映了焦裕禄同志在兰考心系百姓、根治"三害"的革命精神。馆内生动地展示了焦裕禄同志全心全意为人民服务，鞠躬尽瘁、死而后已的光辉一生。

（二十二）大庆精神、铁人精神

爱国、创业、求实、奉献。

代表实践地点：铁人王进喜纪念馆。

铁人王进喜纪念馆位于黑龙江省大庆市让胡路区中原路，整个陈列以铁人王进喜生平事迹为主线，以大庆石油发展历史为副线，集中展示了铁人王进喜的生平业绩及用终生实践所体现出的大庆精神、铁人精神。

（二十三）红旗渠精神

自力更生、艰苦创业、团结协作、无私奉献。

代表实践地点：红旗渠纪念馆。

红旗渠纪念馆位于河南省林州市太行路，是为了纪念林县（现林州市）人民为了改变缺水旧面貌，发扬"自力更生、艰苦创业、团结协作、无私奉献"修造红旗渠这一伟大创举而建立的，再现了当年10万大军战太行的震撼场景。

（二十四）北大荒精神

自力更生、艰苦创业、勇于开拓、甘于奉献。

代表实践地点：北大荒博物馆。

北大荒博物馆位于黑龙江省哈尔滨市香坊区红旗大街，是展示黑龙江垦区半个多世纪历史的综合博物馆。它呈现了北大荒作为共和国大粮仓在"率先实现农业现代化"的伟大征程中的磅礴气势，见证了昔日荒原成为共和国重要的商品粮生产基地、粮食安全战略储备基地和绿色食品出口基地的艰辛历程，彰显了北大荒人在共和国垦殖史上的英雄壮举。

（二十五）塞罕坝精神

牢记使命、艰苦创业、绿色发展。

代表实践地点：塞罕坝展览馆。

塞罕坝展览馆位于河北省承德市围场满族蒙古族自治县拓源路塞罕坝国家森林公园。它展示了塞罕坝机械林场从一棵松到一片林的艰苦创业历程。

（二十六）"两路"精神

一不怕苦、二不怕死，顽强拼搏、甘当路石，军民一家、民族团结。

代表实践地点："两路"精神纪念馆。

"两路"精神纪念馆位于西藏自治区交通运输厅机关大院内。展馆展陈修筑川藏、青藏公路等纪录片及大量图文视频资料，充分彰显了军民在修筑川藏、青藏公路中所体现的"两路"精神。

（二十七）老西藏精神

特别能吃苦、特别能战斗、特别能忍耐、特别能团结、特别能奉献。

代表实践地点：西藏军区军史馆。

西藏军区军史馆位于西藏拉萨市江苏路。军史馆从不同侧面、不同角度展示了西藏军区部队在进军西藏、解放西藏、保卫西藏、发展西藏等各个历史时期做出的历史性贡献，生动再现了雪域军民牺牲奉献、团结奋进的伟大精神。

（二十八）西迁精神

胸怀大局、无私奉献，弘扬传统、艰苦创业。

代表实践地点：交大西迁博物馆。

交大西迁博物馆坐落于陕西省西安交通大学兴庆校区。展馆以图文实物和多媒体等展陈形式溯源南洋、致敬西迁、向西而歌，集中体现西迁人"听党指挥跟党走""打起背包就出发"，筚路蓝缕西迁创业的艰苦历程和辉煌成就，展示以"爱国奋斗"为内核的西迁精神激励一代代知识分子奋勇前进的磅礴伟力。

（二十九）王杰精神

一不怕苦、二不怕死。

代表实践地点：王杰纪念馆。

金乡县王杰纪念馆位于山东省济宁市金乡县。1965年7月14日，王杰在江苏省邳县①张楼公社指导民兵地雷班训练时，炸药包意外发生爆炸，生死瞬间，王杰纵身一跃扑向炸药包，挽救了在场12名民兵和人武干部，献出了23岁的宝贵生命。

（三十）改革开放精神

解放思想、实事求是，敢闯敢试、勇于创新，互利合作、命运与共。

代表实践地点：深圳改革开放展览馆。

深圳改革开放展览馆位于广东省深圳市福田区福中路。展览馆运用照片、实物、视频、模型、场景、雕塑和高科技手段、互动体验项目，全面、生动和立体地展现广东改革开放40多年的壮阔历程和辉煌成就。

（三十一）特区精神

敢闯敢试、敢为人先、埋头苦干。

代表实践地点：厦门经济特区纪念馆。

厦门经济特区纪念馆位于福建省厦门市湖里区兴隆路，是为纪念改革开放30周年和厦门经济特区建设27周年而设立的。纪念馆分为"厦门经济特区开创阶段""厦门经济特区发展阶段""增创新优势阶段""新跨越阶段"等四个展馆。

（三十二）抗洪精神

万众一心、众志成城，不怕困难、顽强拼搏，坚韧不拔、敢于胜利。

代表实践地点：98抗洪广场。

98抗洪广场位于江西省九江市的浔阳西路长江畔，是为了纪念1998年抗击九江长江特大洪水而建立的。其建立目的是纪念在抗洪抢险中涌现出来的可歌可泣的英雄事迹，让人民永远铭记这惊心动魄、催人奋进的动人历史一幕，弘扬伟大抗洪精神。

（三十三）抗击非典精神

万众一心，众志成城，团结互助、和衷共济，迎难而上、敢于胜利。

---

① 邳县：今为邳州市。

代表实践地点：抗非典纪念馆。

2003年初春，SARS疫魔突如其来，人们的健康和生命安全面临着严重的威胁。为纪念2003年抗"非典"斗争胜利，弘扬"抗非精神"，广州医学院在校内建立抗非典纪念馆，以大量珍贵照片、实物展示了广医人"临危不惧、实事求是、无私奉献"的精神。

（三十四）抗震救灾精神

万众一心、众志成城，不畏艰险、百折不挠，以人为本、尊重科学。

代表实践地点：5·12汶川特大地震纪念馆。

5·12汶川特大地震纪念馆位于四川北川羌族自治县曲山镇任家坪。主体建筑名为"裂缝"，寓意"将灾难时刻闪电般定格在大地之间，留给后人永恒的记忆"。

（三十五）载人航天精神

特别能吃苦、特别能战斗、特别能攻关、特别能奉献。

代表实践地点：中国航天博物馆。

中国航天博物馆位于北京市丰台区东高地南街中国运载火箭技术研究院内，是展示中国航天科技与成就的专业博物馆。展区以中国航天的发展历程为主线，通过翔实珍贵的历史资料和丰富的实物与模型，以现代的展示手段生动地展示了中国航天事业的过去和未来。

（三十六）劳模精神

爱岗敬业、争创一流，艰苦奋斗、勇于创新，淡泊名利、甘于奉献。

代表实践地点：各地的劳模纪念馆等。

全国职工爱国主义教育基地，北京市长辛店二七纪念馆，天津市弘扬劳模精神劳动精神工匠精神教育展，辽宁省沈阳劳动模范纪念馆，黑龙江省哈尔滨工运历史展览馆、铁人王进喜纪念馆，上海市中国劳动组合书记部旧址陈列馆、沪西工人半日学校史料陈列馆、顾正红纪念馆，江苏省苏州全国劳动模范事迹馆，浙江省杭州工运史资料陈列室，福建省中央苏区工人运动史馆，江西省安源路矿工人运动纪念馆、中华全国总工会苏区中央执行局旧址，山东省劳模精神劳动精神工匠精神教育基地、光荣传统—胶东根据地工运陈列馆、红色工运史展览馆，河南省二七纪念堂，湖北省武汉二七纪念馆，湖南省水口山工人运动陈列馆、刘少奇工运历程专题馆、广东省全国第一次劳动大会旧址纪念馆、中华全国总工会旧址纪念馆、省港大罢工旧址纪念馆、陕西省中央职工运动委员会（陕甘宁边区总工会）旧址、赵梦桃纪念馆、甘肃省玉门铁人纪念馆。

（三十七）青藏铁路精神

挑战极限，勇创一流。

代表实践地点：中国铁道博物馆、拉萨火车站、青藏铁路沿线。

例如：中国铁道博物馆正阳门展馆位于北京天安门广场东南侧，是由原京奉铁路正阳门东车站旧址改建而成的，这里展现中国铁路130多年来的艰辛历程以及新中国成立以来中国和谐铁路建设的辉煌成就和美好前景；东郊展馆坐落于北京市朝阳区酒仙桥北侧，展厅展出了中国铁路不同时期不同类型及制式的机车车辆。

（三十八）女排精神

祖国至上、团结协作、顽强拼搏、永不言败。

代表实践地点：中国女排腾飞纪念馆。

位于福建省漳州市芗城区新华北路的女排腾飞纪念馆，通过一张张老照片、荣誉奖章、剪报、刊物、画册以及中国女排姑娘刻苦训练时使用过的部分实物等大量历史资料，让游客重温中国女排的拼搏历程和辉煌战绩。

（三十九）脱贫攻坚精神

上下同心、尽锐出战、精准务实、开拓创新、攻坚克难、不负人民。

代表实践地点：贫困村、多地的脱贫攻坚纪念馆等。

例如，百色脱贫攻坚展示馆位于广西壮族自治区百色市右江区城东大道百色起义纪念园内，展示从党的十八大以后的精准扶贫再到党的十九大以来的脱贫攻坚这一历程中的伟大实践与辉煌成就。

（四十）抗疫精神

生命至上、举国同心、舍生忘死、尊重科学、命运与共。

代表实践地点：全国多地建起抗疫纪念馆、举办专题展览。

例如，武汉革命博物馆，从2020年3月17日开始，积极开展抗疫物证征集工作，抢救性收藏了13 447件抗疫实物。每张图片都记录着生动的历史瞬间，每件物品都讲述着感人的故事,展示出战"疫"的艰辛,彰显着中国的力量。通过征集活动,留存社会集体记忆,弘扬抗疫精神,传承红色基因。

(四十一)"三牛"精神

为民服务孺子牛、创新发展拓荒牛、艰苦奋斗老黄牛。

代表实践地点:贯穿党的百年奋斗史中的纪念地。

(四十二)科学家精神

胸怀祖国、服务人民的爱国精神,勇攀高峰、敢为人先的创新精神,追求真理、严谨治学的求实精神,淡泊名利、潜心研究的奉献精神,集智攻关、团结协作的协同精神,甘为人梯、奖掖后学的育人精神。

代表实践地点:科学家故居等。

例如,浙江钱学森、竺可桢、苏步青、严济慈、屠呦呦、谈家桢等6位科学家的故居(旧居)、纪念馆;上海交通大学钱学森图书馆、西安科学家博物馆等。

(四十三)企业家精神

增强爱国情怀、勇于创新、诚信守法、承担社会责任、拓展国际视野。

代表实践地点:亚布力企业家博物馆,相关企业等。

亚布力企业家博物馆位于黑龙江省亚布力小镇,作为亚布力企业家论坛永久会址,以企业家精神为主题,梳理了1860年以来的优秀企业家代表。

(四十四)探月精神

追逐梦想、勇于探索、协同攻坚、合作共赢。

代表实践地点:中科院国家天文台等科研单位、科技展馆等。

(四十五)新时代北斗精神

自主创新、开放融合、万众一心、追求卓越。

代表实践地点:北斗系统建设发展成果展览展示等。

(四十六)丝路精神

和平合作、开放包容、互学互鉴、互利共赢。

代表实践地点:一带一路沿线地区展览馆、纪念馆等。

二、有关政策文件

序号	政策文件	发布时间
1	中华人民共和国中央人民政府中共中央办公厅,国务院办公厅.关于加强新时代关心下一代工作委员会工作的意见[EB/OL].（2022-02-09）.https：//www.gov.cn/zhengce/2022-02/09/content_5672756.htm.	2022-02-09
2	中华人民共和国中央人民政府国家文物局,财政部.关于加强新时代革命文物工作的通知[EB/OL].（2021-12-29）.https：//www.gov.cn/zhengce/zhengceku/2022-01/08/content_5667074.htm.	2021-12-29
3	中华人民共和国中央人民政府国家文物局.革命文物保护利用"十四五"专项规划[EB/OL].（2021-12-24）.https：//www.gov.cn/zhengce/zhengceku/2021-12/31/content_5665933.htm.	2021-12-24
4	中华人民共和国中央人民政府中共中央,国务院.关于新时代加强和改进思想政治工作的意见[EB/OL].（2021-07-12）.https：//www.gov.cn/zhengce/2021-07/12/content_5624392.htm?trs=1.	2021-07-12
5	中华人民共和国中央人民政府中共中央办公厅.关于在全社会开展党史、新中国史、改革开放史、社会主义发展史宣传教育的通知[EB/OL].（2021-05-25）.https：//www.gov.cn/xinwen/2021-05/25/content_5612097.htm.	2021-05-25
6	中华人民共和国中央人民政府文化和旅游部,中央宣传部,中央党史和文献研究院,国家发展改革委.关于发布"建党百年 红色旅游百条精品线路"的公告[EB/OL].（2021-05-14）.https：//www.gov.cn/zhengce/zhengceku/2021-06/01/content_5614610.htm.	2021-05-14
7	中华人民共和国中央人民政府国务院.关于公布第三批国家级抗战纪念设施、遗址名录的通知[EB/OL].（2020-09-01）.https：//www.gov.cn/zhengce/content/2020-09/03/content_5540097.htm.	2020-09-01
8	中华人民共和国中央人民政府中共中央,国务院.新时代爱国主义教育实施纲要[EB/OL].（2019-11-12）.https：//www.gov.cn/zhengce/2019-11/12/content_5451352.htm.	2019-11-12
9	中华人民共和国中央人民政府中共中央,国务院.新时代公民道德建设实施纲要[EB/OL].（2019-10-27）.https：//www.gov.cn/zhengce/2019-10/27/content_5445556.htm.	2019-10-27
10	中华人民共和国中央人民政府中共中央办公厅,国务院办公厅,中央军委办公厅.烈士纪念设施规划建设修缮管理维护总体工作方案[EB/OL].（2019-09-26）.https：//www.gov.cn/xinwen/2019-09/26/content_5433702.htm.	2019-09-26
11	中华人民共和国中央人民政府中共中央办公厅,国务院办公厅.关于深化新时代学校思想政治理论课改革创新的若干意见[EB/OL].（2019-08-14）.https：//www.gov.cn/zhengce/2019-08/14/content_5421252.htm?eqid=d65d762800036d8f000000066474b177.	2019-08-14

续表

序号	政策文件	发布时间
12	中华人民共和国中央人民政府中共中央办公厅，国务院办公厅.关于隆重庆祝中华人民共和国成立70周年广泛组织开展"我和我的祖国"群众性主题宣传教育活动的通知[EB/OL].（2019-05-19）.https：//www.gov.cn/zhengce/2019-05/19/content_5392994.htm.	2019-05-19
13	中华人民共和国中央人民政府中共中央办公厅，国务院办公厅.关于加强文物保护利用改革的若干意见[EB/OL].（2018-10-08）.https：//www.gov.cn/zhengce/2018-10/08/content_5328558.htm.	2018-10-08
14	中华人民共和国中央人民政府中共中央办公厅，国务院办公厅.关于实施革命文物保护利用工程（2018—2022年）的意见.[EB/OL].（2018-07-29）.https：//www.gov.cn/zhengce/2018-07/29/content_5310268.htm?ivk_sa=1024320u.	2018-07-29
15	中华人民共和国中央人民政府国务院.关于公布第二批国家级抗战纪念设施、遗址名录的通知[EB/OL].（2015-08-13）.https：//www.gov.cn/zhengce/zhengceku/2015-08/24/content_10118.htm.	2015-08-13
16	中华人民共和国中央人民政府国务院.关于公布第一批国家级抗战纪念设施、遗址名录的通知[EB/OL].（2014-08-24）.https：//www.gov.cn/zhengce/zhengceku/2014-09/01/content_9058.htm.	2014-08-24
17	中华人民共和国中央人民政府中共中央办公厅.关于培育和践行社会主义核心价值观的意见[EB/OL].（2013-12-23）.https：//www.gov.cn/zhengce/2013-12/23/content_5407875.htm.	2013-12-23
18	中华人民共和国中央人民政府中共中央办公厅，国务院办公厅，中央军委办公厅.关于进一步加强烈士纪念工作的意见[EB/OL].（2013-07-03）.https：//www.gov.cn/zhengce/2013-07/03/content_5407849.htm.	2013-07-03

第二章

行走的足迹

第一节　北京理工大学红色基因传承

一、红色基因内涵

北京理工大学1940年诞生于延安，是中国共产党创办的第一所理工科大学、新中国第一所国防工业院校，是党中央在1959年确定的首批16所全国重点高校之一，首批进入国家"211工程"和"985工程"，首批进入"世界一流大学"建设高校A类行列。学校在延安办学五年多的时间里，在人才培养、生产科研等方面密切服务抗日战争和边区建设，培养了大批"革命通人、业务专家"，成为"延安精神"形成的亲历者、参与者、见证者，也是受益者。学校大学精神文化的孕育与延安精神的形成肇始同步，标定了学校"延安根"的红色精神原点。1952年，学校受命成为新中国第一所国防工业院校，建设新中国第一批高等兵工技术专业，由此铸就了学校"军工魂"的精神品格。自然科学院开创了党领导高等自然科学教育的先河，是中国共产党历史的重要组成部分。2016年，学校党委凝练出学校"延安根、军工魂"红色基因内涵。"延安根、军工魂"红色基因在学校代代相传，形成了学校独特的精神气质和文化内核，是学校建设发展的动力源泉。

2020年，学校党委抓住建校80周年重要契机，在深刻认识和把握延安精神的丰富内涵的基础上组织开展"红色育人路——中国共产党创办和领导中国特色高等教育之路"专项研究，在国内高校率先创造性提出党办高等教育"红色育人路"概念，立足党创办和领导的中国特色高等教育之路，抓好学校办学发展是马克思主义中国化在中国高等教育领域的生动实践这一理论关键，全面总结凝练党领导下的高等教育成果。校庆前夕，学校组织实施"红色育人路"高等教育论坛，设主论坛和三个分论坛。围绕始终坚持党的全面领导等六个方面，归纳总结中国特色高等教育"红色育人路"的基本内涵、主要特征、独特优势，形成建立新时代立德树人落实机制的理论基础。"红色育人路"是学校新时期传承弘扬延安精神的重要成果，不仅深化了对办学治校的规律性认识，推动学校文化建设达到新高峰，更重要的是总结了党创办和领导中国特色高等教育的历史经验，丰富了传承红色基因、扎根中国大地办好世界一流大学的中国方案和模式。这从办学发展的高度上，为文化育人夯实了理论基础，指明了政治方向。有效推动文化育人在工作实践中认真落实党的教育方针，践行为党育人、为国育才的使命任务，将培养社会主义建设者和接班人作为目标。

北京理工大学红色育人路：

始终坚持中国共产党的全面领导，始终坚持以马克思主义为指导，始终坚持立德树人根本任务，始终坚持教育报国的价值取向，始终坚持理论联系实际的优良学风，始终坚持艰苦奋斗、创新包容的办学风格。

2019年3月，学校在全校范围内开展了"北京理工大学精神"大讨论活动，经过在校生、毕业校友、教授学者们的热烈讨论，遵循红色根脉，将"红色育人路"研究成果列入学校精神文化体系，在丰富发展了大学精神文化体系的同时，进一步夯实了精神文化体系的理论基础。2021年年初，凝练出以延安精神思想内涵为基础的"北京理工大学精神"，经学校第十五次党代会讨论正式通过并发布。

北京理工大学精神：

政治坚定、矢志强国的爱国精神，实事求是、追求卓越的科学精神，艰苦奋斗、开拓进取的创业精神，淡泊名利、坚韧无我的奉献精神，不辱使命、为国铸剑的担当精神。

学校精准凝练了学校红色基因的内涵和新时代表达，以"学校精神"为核心，以"延安根、军工魂"红色基因为内核，以校训、校风、学风为主体，以"延安精神""徐特立教育思想""红色育人路"研究为理论基础，特色精神文化体系与时俱进、持续完善，得到广大师生校友的一致认同，是文化育人工作的精神锚点。

二、红色基因育人平台

（一）建成红色文化育人智库平台

学校党委与中国延安精神研究会共同建设"延安精神和中国青年研究会"，作为研究、宣传、践行延安精神的学术性组织，建设国内一流的红色文

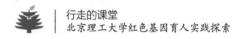

化育人智库，打造中青年学者研究宣传阐释延安精神、研究中国青年问题的高端平台。同时，在校内设立延安精神研究会、徐特立教育思想研究会、军工文化教育研究中心，积极组织开展传承弘扬延安精神相关的学术研究，逐渐形成了整合各方面力量共同研究探索体现党的领导优势、彰显红色基因优良传统的办学模式——"把服务国家作为最高追求"的"红色育人路"。

（二）获评"全国普通高校中华优秀传统文化传承基地"

多年来，学校坚持传承弘扬中华优秀传统文化，并立足在设计艺术领域专业优势，聚焦设计与艺术类高层次人才培养，积极开展传统手工艺术教学与研究工作，成立传统工艺美术系，建立起门类齐全的传统工艺美术专业，并组建了一批学生社团和兴趣小组，通过"第二课堂"构建中华优秀传统文化的育人阵地。2019年，学校传统手工艺术传承基地成为教育部"全国普通高校中华优秀传统文化传承基地"25家被认证单位之一，也是2019年北京市唯一一家入选单位。

目前，基地已拥有陶艺工作室等多个实验与展示平台，以及多个校外合作研究实践基地，成立了文化遗产研究中心等多个专业研究机构，并且与清华、央美、国博、故宫、休斯敦大学等建立了合作关系，曾获得文化部[①]、财政部"文化产业创业创意人才扶持计划"等荣誉。近年来，在创新理念驱动下，国家艺术基金、北京文化艺术基金、中国陶瓷印艺术研究等一大批项目应运而生，北京地铁、城市壁画、产学研基地等一系列合作纷至沓来。学校还投入400余万元，建设多功能艺术馆和手工艺术信息资料数据库等，走出了一条理工科大学传承与发扬中华传统文化的特色道路。

（三）建成"虚拟仿真思政课体验教学中心"

学校自2009年起开始探索思政课与信息技术的融合与创新，在全国最早利用信息技术研发思政课体验教学新载体。近年来，学院依托学校领先的虚拟现实教学科研团队，坚持促进信息技术与思政教育教学高度融合的理念，推出的思政课VR沉浸式体验教学成果入选国家级虚拟仿真实验教学项目、国家级一流本科课程，得到了教育部、北京市政府等的表彰和推广，VR"重走长征路"受到中央电视台新闻联播、焦点访谈、人民日报等主流媒体的关注报道。

---

① 文化部：今为文化和旅游部。

2021年，学校党委专项划拨专用场地，立足学校马克思主义学院在VR思政教学方面取得的工作优势，建成全国高校范围内首个虚拟仿真思政课教学体验中心，推出国内高校首个VR思政教学3.0版，即思政课VR沉浸式体验教学模式。当前，学院建设的思政课VR沉浸式体验教学成果向40多所学校推广应用，接待百余所院校机构来校交流学习。学院被设为教育部虚拟仿真实验教学创新联盟马克思主义理论类工作委员会主任单位，马克思主义学院院长担任主任委员。

（四）建成红色文化育人空间群落

多年来，学校高度始终将蕴含红色基因的高水平文化基础设施建设作为文化育人工作的重中之重，大力实施校院两级文化平台和文化空间建设，形成红色文化育人空间群落，提升校园文化品质，形成良好的文化辐射带动作用。近五年来，学校相继建成1 500余平方米的新校史馆、566平方米的数字化科技成果展厅、315平方米的国防科技历史成就展厅、300余平方米的艺术馆、3 200余平方米的国防文化主题广场。2020年，投资4亿元，启动建设彰显红色基因的文博中心和新艺术馆，与地方政府合作建设国防文化主题公园，并获批北京市爱国主义教育基地。学校还建设有多个文化演出场馆，总容量7 000人，建有970余平方米的大学生媒体中心、380平方米的学生社团文化广场、2 000平方米的学生社团文化空间和500平方米的大学生职业生涯教育主题空间。学校积极实施"基层文化空间支持计划"，营造红色基因育人的有利环境，打造出"兵器精神"爱国主义教育展厅、"追梦者"赛车文化创意空间、"珍贵历史机床及机械加工文化"专题展览、"珍贵历史物理实验教具及物理实验文化"专题展览等20个特色文化空间，建成总面积3 700平方米的5大书院文化空间。高水平红色文化育人空间群落的建成，为传承红色基因、涵育时代新人，提供了重要基础。

（五）建成红色基因校园景观群落

多年来，学校注重将红色基因融入校园环境建设，坚持红色文化"见人、见物、见细节"，持续建设"浸润式"育人环境，大力推进以"延安根、军工魂"红色基因为内涵的校园文化景观建设，完善催人奋进、昂扬向上的特色文化景观群。打造出以校徽广场、校风广场、延安精神石、校训广场等为代表的文化"中轴线"，建设以徐特立老院长雕像等为代表的中心花园精神文化核心区。不断提升北湖区域文化品质，打造校史步道，形成良乡校区北湖生态文化区。落成首个以科学技术成就为主题的校园景观"大型天象仪"，建成一批在教育、科研领域贡献卓著的大师铜像。结合毕业季、迎新季、国庆、校庆等重大活动，建立起校园临时性文化地标布设工作模式，让"红色基因"滋养校园每一寸土地、浸润学生每一步成长。

（六）建成办学旧址精神文化传承教育基地

学校遵循红色根脉，高度重视提升办学旧址的文化育人功能，每年组织大批师生赴延安等办学旧址开展爱国主义教育、理想信念教育和校史校情教育，通过举办"旧址课堂"，落成红色育人实践基地、劳动教育基地等，打造多个红色教育"凝结点"。重点与办学旧址所在地政府、企业加强沟通，推动建设体现学校红色基因的精神文化传承教育基地群落。2020年，学校延安办学旧址被列为陕西省重点文物保护单位。2021年，积极配合北京市"1+9"红色场馆提升工程，将学校一处办学旧址改造成为市马克思主义早期传播的专题展馆，并获批市爱国主义教育基地。学校科学布局，多点培育，将红色校史"凝结点"连接成"红色育人路"的成长"轨迹线"，为建设独具一格的红色文化生态圈奠定良好基础。

（七）建成校园媒体融合传播平台

为适应思想政治工作新形势，学校坚持把牢舆论导向作用，不断推进校园媒体融合发展，提升校园媒体传播能力。一是做优校园主网站。学校网站荣获首届全国高校名站名栏评选活动"全国高校优秀网站"称号（全国仅20所高校获奖），2019年，推出媒体融合理念的新版学校官方网站、新闻网和图库平台，打造"融媒聚焦"传播模式。二是做强新媒体矩阵。建立官方微信、微博、抖音、B站、央视频、强国号等为核心的官方新媒体矩阵；创立"微党课""微故事""微心声""微团队""微阵地"为体系的"五微一体"网络思想政治教育新模式；在两校区食堂建设校园多媒体信息屏播放系统，形成了网上网下、传统媒体与新媒体融合发展的校园媒体平台。三是做精校史校情资源库。依托"红色校史育人工程"的丰硕成果，建成学校"媒体资源中心站"，实现校史资料、校园图片资源、视频资源等师生共享，促进师生学、知、贯、通，将红色基因落在心中、用在日常。

三、红色校史工程

2017年起,学校大力实施"红色校史工程",深入挖掘、整理红色校史,积极构建校史育人工作体系,创新方式方法,策划推出一大批优秀校史文化育人作品,推动红色基因入脑入心,为培养堪当民族复兴重任的时代新人注入文化动力,夯实立德树人坚实根基。

(一)深挖红色校史,传承红色基因

学校自延安创校以来,经历了80年的办学历程,在党的领导下,在不同历史时期,为新中国的诞生、建设和发展做出了巨大贡献,也形成了珍贵的红色校史资源,成为传承红色基因、充分结合师生身份特点又触动师生心灵的"最佳教材"。

一是全面完成校史资料数字化抢救工程,为新时代开展红色校史育人构建信息化、数字化工作基础。完成《校史丛书》(9册225万字)、报刊报道历史资料(6册153万字)、708余期老校报、12万分钟视频资料、25 000余张历史图片的校史资料数字化工作。二是全面实施学科(专业)发展史编纂工程,充分发动基层力量,推动校史研究凸显学科专业特色。各学院全面推进和启动学科专业史研究工作,凝练学科、学院精神文化,累计出版学科专业史研究专著8册,共计379万字。三是系统实施了校史"口述史"采集工程。运用科学化、规范化手段,采集保存校史资料,构建鲜活生动的校史育人资源库;连续投入100万元,邀请社会化专业力量对亲历我校各个发展阶段的老教师、老领导和老校友进行采访记录,抢救、挖掘宝贵的校史资料,完成了70余人15 058分钟的口述史视频采集,并出版口述文集2册。四是大力挖掘修复见证学校发展、成就的珍贵校史文物。组织专业力量修复并重点展示,打造一批立德育人的优秀文化载体;累计投入450万元,相继修复了"新中国第一辆伞兵突击车"、见证新中国第一个坦克专业建设的8辆珍贵历史坦克,一批珍贵历史机床和珍贵物理实验教具等校史文物,并设置专用场地,面向全校师生进行展览展示。

(二)建强育人阵地,讲好红色校史

学校立足红色校史,大力加强文化平台建设,形成了以学校引领、学院补充、融入环境、遵循轨迹、拓展线上的红色校史育人平台体系,对师生形成沉浸式、全维度的辐射影响。

一是抓好课堂主渠道和入学入校关键环节，构建覆盖全体师生的校史教育工作体系。学校结合思政课程和课程思政建设，大力推动红色校史进课堂，将以党史为重点的"四史"教育与红色校史教育相结合，用学科（专业)史研究成果支撑课程思政建设。每年新生入学教育均设置校史教育环节，组织新入职教师赴延安开展"延安寻根计划"培训活动，在办学旧址开展情景式校史教育。

二是重点建设红色校史展示教育平台，打造代表性红色地标，全面有力地向师生开展红色校史教育。投资2 000万元，建成1 591平方米的新校史馆，建成315平方米的国防科技历史成就展厅，建成3 765平方米国防文化主题广场，共陈列展示7台国产、苏制、美制和日制坦克车辆，与地方政府合作建设国防教育主题公园。2021年，学校获批北京市级爱国主义教育基地。在徐特立图书馆常设老院长生平展。

三是加强红色校史校园文化景观建设，积极构建沉浸式红色校史育人的良好文化氛围。经过多年建设，学校在中关村校区形成了红色校史文化"中轴线"，设立新中国第一台大型天象仪雕塑，建设了以徐特立老院长铜像为代表的中心花园精神文化核心区，建立了一批学校学科奠基人"大师铜像"。学校还遵循办学"红色轨迹"，积极与地方政府、企业合作，做好办学旧址的保护修复工作。2020年，学校延安办学旧址被评为陕西省省级文物保护单位；2021年，学校一处办学旧址被列为中国共产党早期革命活动旧址，并被评为北京市爱国主义教育基地。

（三）推出精品力作，打造优质教材

学校注重深化校史研究，持续凝练、培育优秀的校史研究成果，为红色校史育人提供优质生动教材。

一是组织力量加强研究培养类校史研究成果，编纂出版校史系列文化丛书，构建红色校史育人系列读本。再版印刷了于20世纪90年代出版的《校史丛书》，为师生系统学习校史提供权威读物。出版《待到山花烂漫时——丁儆传》等校史人物传记类书籍。出版《奋进在红色征程上——学校精神笔谈》《京工岁月稠——"画报"1955—1960》等8部系列文化丛书。出版涵盖宇航、兵器、机械、信息等学科的7册学科（专业）发展史丛书。出版学校志第三卷（2006—2019）。

二是充分运用电视艺术手段，策划制作红色校史大型纪录片和系列专题片，打造红色校史育人视频资源库。2019年，为了迎接建党100周年和建校80周

年，学校精心筹划，邀请中央新闻电影制片厂，历时一年拍摄了三集大型纪录片《红色育人路》，用直观生动的形式，全面展示了学校在党的领导下80年发展办学历程。2021年，结合党史学习教育，学校组织全校师生集中观影。组织拍摄了《精工》《盛典》《回家》校庆专题片"三部曲"，《第一》《进京》《徐特立：人民之光 我党之荣》迎接建党百年"三部曲"，形成了具有特色的校史宣传教育模式。

三是推出师生共同演绎的校史文化艺术作品，通过演校史、唱校史，教育引导师生深刻理解红色校史，传承红色基因。2020年9月19日，学校举办了80周年校庆大型晚会《光荣与梦想》，晚会由学校和中国东方演艺集团联合创作，1 000多名参演人员全部由学校师生校友组成。晚会以中国共产党创办和领导中国特色高等教育的实践为主线，诠释了学校建校80年来学校在"红色育人路"上的不懈探索和奋斗实践，传递出浓浓的家国情怀、大学使命、青年责任、时代担当，成为一堂穿透时空、振奋人心的思政教育大课。

（四）创新传播方式，营造良好氛围

学校紧抓新时代媒体传播特点，不断创新传播方式，依托官方新媒体矩阵，加强媒体融合建设，提升校史文化传播能力建设，持续营造良好的校史文化氛围，增强红色校史育人的成效。

一是注重运用新媒体传播手段，针对青年学生特点，重点创作优秀校史文化新媒体作品。2020年以来，学校官方微信平台策划推出了《"混知"画说BIT，这所硬核却"低调"的大学比你想象中还要强！》《T34老坦克跑起来！铿锵"校宝"轰隆出世！献礼校庆》等一批"10W+"优秀新媒体作品。学校结合校史"口述史"采集，策划推出9期《学校故事》系列新媒体作品。这些优秀新媒体有力传播了学校的红色校史，在广大师生中营造了良好的文化氛围。

二是发挥社会媒体传播作用，加强研究凝练和组织策划，扩大学校红色校史传播范围，提升传播质量。学校在《人民日报》《光明日报》等积极刊发关于红色校史的研究成果和重点报道，积极配合中央电视台、北京市电视台等，参与《军迷行天下》《瞬间中国》《山河岁月》《校史中的红色党史》等节目的拍摄，将红色校史积极融入主流媒体宣传作品。

三是精心策划展览展示，统筹校内外优质资源，打造红色校史育人的展览精品。近年来，学校立足校史研究成果，结合重要时间节点，及时推出《学校改革开放40周年图片展》《新华社镜头下的学校》《为抗战吹响号角》《庆祝

中国共产党成立100周年党建与思想政治工作专题展》等反映红色校史的专题文化展览，并积极组织广大师生参观学习，感悟红色校史，汲取奋进力量。

四是建设网上红色校史文化资源库，依托网络信息技术，实现校史资源共享，为师生提供便捷文化服务。学校依托校史资料数字化抢救工程，建成"红色基因文化资源库"，通过专业化文献管理系统，将数字化的校史文献资料、校报、校史图片等在网上面向师生开放，实现资源共享，为广大师生提供便捷网络文化服务，有效支撑了思政课程、课程思政和校史教育的开展。

学校通过实施红色校史育人工程，为立德树人根本任务提供了有力支撑，将红色基因注入师生思想之中，提升了一流大学文化建设水平，在探索实践中形成了具有学校特色的红色校史文化育人工作模式。

四、大学生红色基因传承实践活动

学校党委坚持传承延安时期以徐特立老院长为代表的党的革命家、教育家的办学思想，如"教育中心论""群众本位论""创造教育观"的教育科学思想体系，以及教学、科研、经济"三位一体"的教育科学发展观，将全面贯彻党的教育方针落实在与时俱进、不断完善的特色办学道路中，逐步形成了"价值塑造、知识养成、能力锻炼"的三位一体人才培养模式。"延安根、军工魂"是学校永恒不变的红色基因，学校把培养又红又专人才作为第一使命，紧紧围绕立德树人根本任务，努力培养担当民族复兴大任的时代新人。

一是抓好抓实红色校史育人，把记录着延安精神的校史校情教育作为新生入校、新教师入职的"进校第一课"。学校将校史教育，特别是将延安精神和国防教育作为新生入学教育的重点，结合军训等工作，积极组织学生聆听校史讲座、观看校史视频、参观校史馆等，实施校史教育"全覆盖"。组织新入职教师开展"延安寻根计划"，深入红色场馆和办学旧址，通过实景教学、重温入党誓词等行走式、沉浸式的特色学习，传承延安精神，注入红色基因，上好"入校必修课"。

二是将"延安根、军工魂"红色基因融入课堂教学。学校注重把红色基因同教学紧密结合，纳入思政课和课程思政教学体系，明确要求思想政治课要结合"延安根、军工魂"的校史校情开展案例教学，专门聘请校史专家、徐特立教育思想研究专家为学生讲授校史、徐特立生平事迹和教育思想；将校史军工史纳入《中国近现代史纲要》，将体现延安精神的具体人物和事例融入《毛泽东思想和中国特色社会主义理论体系概论》，将军工企业发展案例纳入《马克思主义基本原理概论》相关章节。学校还积极组织国防类相关专业课程教师，充分挖掘各学科专业、各类课程蕴含的"延安根、军工魂"思想政治教育资源，大力开展课程思政，与思政课同向同行，形成协同育人合力。

三是充分发挥第二课堂作用，用红色基因滋养大学生心灵。学校经过多年的实践和积累，形成了"百家大讲堂""将军论坛""聆听智慧""共青讲堂""名家讲座""时事论坛"等系列第二课堂教育品牌和活动精品，邀请战斗英雄、航天员、功勋科学家、院士等举行报告会；每年评选学生最高荣誉"徐特立奖学金"，设立教师"懋恂终身成就奖"（徐特立，原名懋恂），用榜样力量感染大学生，用崇高精神塑造大学生；学校在延安大学建立"思想政治理论课社会实践联合教育基地"，充分发挥延安红色资源优势，积极传承红色基因；学校所有学院均设立学生理论社团，锻炼学生对马克思主义理论的学习和实践能力，培养学生具有坚定正确的理想信念；利用多种渠道在教学实践和暑期学生实践活动、学生社团建设等多方面宣传延安精神和军工文化，加强对学生政治素质的培养，树立良好的道德风范；每年坚持组织师生赴办学旧址和红色场所，开展"学史明志""延安寻根计划"等师生学习实践活动，组织思政课教师"重走长征路"，构筑师生精神高地；在党史学习教育中，专门设置"知红色校史"板块，在全国高校首家推出《红色育人路》专题纪录片。

四是爱国主义教育入脑、入心。学校党委围绕立德树人根本任务，坚持把爱国主义教育作为人才培养的重中之重。自2018年以来坚持每年在全校开展"担复兴大任，做时代新人"主题教育活动，探索构建抓在经常、融入日常的新时代爱国主义教育长效机制，将"举一面旗帜、树一种信仰、走一条道路、叫一个名字、圆一个梦想"目标贯穿始终，通过学习、讨论、实践、宣讲等环节压茬推进，让新时代爱国主义教育有机融入人才培养各方面、全过程，带领学生实现"四个正确认识"，坚定"四个自信"，努力探索培养担当民族复兴大任的时代新人的特色方案。2019年，"担复兴大任、做时代新人"主题教育活动获得首都大学生思想政治工作实效奖特等奖。

经过多年的探索实践，学校已经建立起覆盖全体师生员工的校史校情育人体系，形成了特色做法。学校用校史中创造了新中国科技史上多个"第一"的"首创精神"教育激励师生，发扬学校自延安时期以来"想国家之所想、急国家之所急、应国家之所需"的优良传统，瞄准科技前沿和关键领域，努力攻克"卡脖子"技术难题。学校连续18年开展"德育答辩"，连年面向全校学生组织开展"担复兴大任、做时代新人"主题教育活动，牵头9所诞生于延安的高校发起成立"延河联盟",建立红色育人基地,探索协同育人新范式。通过这样一些人人讲育人、事事为育人的理论与实践探索,带领学生立大志、明大德、成大才、担大任,成长为"胸怀壮志、明德精工、创新包容、时代担当"的领军领导人才,争做堪当民族复兴重任的时代新人。

2015年年底,学校党委做出在大学生中开展红色实践教育的工作部署,深化学生对党史、国史了解,学习革命文化,弘扬北理工"延安根、军工魂",传承红色基因,深化"红色实践"的内涵,培育师生高度的文化自觉和文化自信。打通"红色实践"上下游"产业链"的实践探索,提供了大学生红色实践系统性方案,扩大学生参与的覆盖面,加强理论指导,让更多学生能在"红色实践"中传播红色文化、传扬红色传统、传承红色基因,帮助学生从认知到思想,从价值到行为的逐渐转变,引导学生不断树立"四个正确认识",坚定理想信念。每年暑期组织大学生深入革命老区、爱国主义教育基地开展红色实践,旨在让学生走进革命先辈战斗生活过的地方,深入学习革命历史、感受红色文化,继承北理工人矢志国防的情怀与品质。组织师生传唱校歌,编排延安题材、军工题材的话剧,举行红色经典歌曲歌咏比赛,在校园中处处回荡着昂扬向上的文化主旋律,引导学生正确认识时代责任和历史使命,树立担当民族复兴大任的崇高理想,做新时代的红色基因传承人。

学校以"追寻习近平总书记的红色足迹""探寻延安根 筑牢军工魂"为主线,先后在安徽金寨、贵州遵义、陕西延安等地建立11个大学生红色实践教育基地,并以"文化浸润、情境体验、国情体察、精神传承"为理念,依托红色实践基地,着力打造了"学史建碑""学史明志""德学先锋"三个红色实践品牌,组织开展了系列学生红色实践活动,年均参与2 000余人次。运用当地的红色教育资源、将学校的"延安根、军工魂"的红色基因有机融入学生红色实践过程,与基地共同开发系统化定制实践方案,制定了系统规范的红色实践指南,让学生走进老区和故里,用前导化的理论指导、定制化的课程学习、沉浸式的情景体验、全系列的实践活动,将教育影响从实践周期贯穿至学生全学年,将历史文字转化为生动故事,用微课堂讲、用红歌唱、用文化作品演……运用鲜活形式抓住学生的关注点、兴奋点,更加入脑入心入情,同时辐射到更多学生,解决了社会实践大规模覆盖和有效指导之间的矛盾,增加了实践育人效果的持续性。

例如:2017年,以"星火燎原,薪火相传"为主题的学生实践团赴江西开展红色实践活动,在中国人民解放军建军90周年之际,走进江西井冈山、南昌，探寻革命烽火岁月，践行强军强国之梦；2018年，学生实践团赴福建省开展"探访扶贫之路，担当复兴大任"主题红色实践，通过开展实地调研、问卷调查、座谈访谈等方式，围绕"中国扶贫第一村"赤溪村，对"精准扶贫"进行深入调研。"学史明志"和"德学先锋"两个品牌实践团的实践成果出版《学史明志》《德学先锋》等书籍。

（一）建基地，重体验，红色实践入脑入行

在已建立的17个北京理工大学学生党员社会实践基地基础上，组织学生组建实践团，开展大学生红色主题实践，了解红色故事，感受红色文化、传承红色精神。下文重点介绍几处。

1. 陕西延安

2010年7月19日，北京理工大学在延安大学操场上举行了"北京理工大学—延安大学大学生思想政治教育社会实践联合基地"挂牌授旗仪式，开展了学生红色实践，学习延安精神，回溯党史校史，关注社情民生，传承精神命脉。每年暑期，学校组织学生党员红色实践团，赴延安学党史、知校史，传承学校"延安根"。老一辈革命家在延安生活战斗了十三个春秋，领导了抗日战争和解放战争，培育了延安精神。实践团成员踏访延安革命根据地，重温红色记忆，寻访革命故事，更加坚定理想信念，勇担时代使命。通过了解北理工创建史，切身感受北理工"延安根，军工魂"的精神，实践团成员学习和继承先辈们开拓创新、积极探索、勇于进取的科学精神和崇高理想。

2. 河北井陉

2011年6月25日，建党90周年之际，北京理工大学学生党员社会实践基地在学校办学旧址——井陉矿区第一小学揭牌。学生党员骨干培训班多次组织学生前往学校旧址开展实践活动，让学生了解学校办学历史、肩负时代使命。

3. 河北张家口

2011年6月30日，建党90周年之际，北京理工大学学生党员社会实践基地在学校办学旧址——张家口第九中学揭牌。学生党员开展了系列红色实践教育活动。

4. 四川仪陇

2016年4月26日，北京理工大学学生党员实践团来到"两德故里"四川省仪陇县，为北京理工大学学生红色实践教育基地挂牌，并开展"党的宗旨教育"主题教育实践活动。四川仪陇党员红色实践团分"走访学习""主题教

育""专题党课"三个模块开展学习实践。"走访学习"模块包括走访张思德纪念馆、朱德故里和纪念馆、邓小平故里和纪念馆、川陕革命根据地博物馆、红军石刻陈列园进行学习;"主题教育"模块设计了向朱德元帅铜塑敬献花篮、重温入党誓词、"两学一做"知识竞赛、实践成果汇报会主题教育活动;"专题党课"模块由实践基地专家讲授三堂专题党课。

5. 山西武乡

2016年5月26日,北京理工大学学生党员实践团来到山西省武乡县,为北京理工大学学生党员红色实践教育基地挂牌。学校每年组织学生赴武乡开展太行精神教育实践活动。实践内容涵盖纪念馆旧址参观、专题党课学习、历史情景剧再现、八路军战斗体验和实践成果汇报演出等,引导学生党员切身体会学习"抗战圣地,八路之都"的红色人文历史、武乡在抗战时期杰出的贡献、百折不挠的太行精神。

6. 兴国官田兵工厂旧址群

2016年6月15日,北京理工大学学生红色实践团赴江西省兴国县官田兵工厂旧址群,为北京理工大学学生党员红色实践教育基地揭牌。这里是人民军事工业的发源地,也是人民兵工精神的诞生地,学生在此学习感受学校"军工魂"的精神文化基因。

7. 江西瑞金

2016年6月16日,北京理工大学学生红色实践团来到江西省瑞金市为北京理工大学学生党员红色实践教育基地揭牌。实践团成员开展了"追寻共和国足迹"的主题教育实践活动,聆听专题讲座,亲手制作红军饭,参与红军服军威展示、小推车运送物资、用担架运送伤员等环节……重温历史,感受革命先辈艰苦奋斗的精神。

8. 安徽金寨

2017年7月4日,北京理工大学在安徽金寨干部学院举办"学生党员红色实践教育基地"揭牌仪式并开展红色实践。安徽金寨红色实践团沿习近平总书记考察路线进行社会调研,参观金寨县革命博物馆、金寨县烈士纪念馆、洪学智将军纪念馆等,走访红色老区,旨在通过探寻红色历史足迹,追忆革命先辈,激发爱国情怀,感悟革命精神。通过对金寨当地的走访,对金寨革命老区代表性人物事迹进行挖掘,了解革命时期洪学智及其他将军事迹,探索金寨红军和金寨人民矢志不渝、百折不挠、不怕牺牲、勇往直前、艰苦奋斗、勇于奉献的金寨精神。无论是战争时期,抑或是和平年代,金寨精神同井冈山精神、延安精神、雷锋精神、焦裕禄精神等伟大精神一样都是永放光芒、取之不尽的宝贵精神财富。

9. 贵州遵义

2017年7月18日，北京理工大学学生党员红色实践团赴贵州，在遵义会议纪念馆为北京理工大学学生党员红色实践教育基地揭牌并开展红色实践。参观遵义会议会址纪念馆，追寻红色足迹，赴绥阳实地走访，开展民生调研。

10. 井冈山

学生党员实践团以"牢记时代使命——书写青春华章"为主题，通过现场参观走访、党课教育、主题调研、理论宣讲、交流研讨等形式感染实践团成员，让学员在实践中感悟，在行动中反思，弘扬爱国奋斗精神，勇担民族复兴大任，在新时代建功立业，做好"延安根、军工魂"的"新时代表达"。

（二）精指导，强协同，扩大红色实践教育效果

自2018年以来，北京理工大学坚持每年在全校开展"担复兴大任、做时代新人"主题教育活动，将爱国主义的主题主线贯穿始终，让新时代爱国主义教育有机融入人才培养各方面、全过程，以实际行动表达对习近平总书记和党中央关于"培养担当民族复兴大任的时代新人"时代命题的北理工回应。学校将红色实践作为主题教育活动的重点内容，着力加强校院协同，通过学院自主申报的方式，让红色实践覆盖更多学生。2018年，围绕"追寻习近平总书记的红色足迹"的主题，各学院组织学生组建实践团，在全国范围内分赴不同的红色教育地点开展了大学生红色主题实践，了解红色故事，感受红色文化，传承红色精神；2019年，以"不忘初心，牢记使命"为主题，继续组织大学生深入革命老区、爱国主义教育基地开展红色实践，深化学生党员及积极分子对党史、国史的了解，学习革命文化，加强学生党员及积极分子实践教育，强化学生党员身份意识和责任意识，弘扬北理工"延安根、军工魂"，引导学生正确认识时代责任和历史使命，树立担当民族复兴大任的崇高理想，做新时代的红色基因传承人；2021年，以"永远跟党走、奋进新征程"为主题，按照"走访革命旧址""专题实践调研""专题党课宣讲"模块开展，通过实践传承北理工"延安根、军工魂"红色基因，引导学生正确认识时代责任和历史使命，树立担当民族复兴大任的崇高理想，做新时代的红色基因传承人，以实际行动庆祝中国共产党成立100周年；2023年，以"凝心铸魂强党性 砥砺奋进新征程"为主题，引导学生党员学思用贯通、知信行统一，以实际行动践行党的

二十大精神。

学生首先通过自由组队或者公开招募等不同方式组建实践团,在指导教师的指导下制定红色实践方案,在大的主题背景下选择实践地、确定具体实践主题,例如传承延安精神、重走长征路等。然后制定成员分工,前期准备行程路线、成果形式、安全预案、财务管理等详细计划,联系实践基地,确定时间和日程安排。在实践过程中,注意安全、保险、控制预算,统一队服、队旗等标识,每日记录实践情况及心得体会、做好行程通信等。从实践地返回后,完成实践成果整理,包括文字、图片、影像,撰写收获感悟、实践调研报告、红色故事,制作微视频、微电影等。最后总结实践经验,形成一份可供其他团队学习参考的实践指南;提炼教育内容,结合实践地内容,形成一堂专题党课,在实践队员所在党支部开展宣讲;寻找红色故事,结合自己的学习工作实际,创作一篇红色故事,汇编形成一本红色故事阅读材料。

(三)纪念日,爱国情,强化主题红色实践

2016年,即红军长征胜利八十周年,"探长征路,铸信仰魂"德学先锋暑期实践团赴陕西省延安市吴起镇,宁夏回族自治区吴忠市同心县,固原市泾源县六盘山、青石嘴,西吉县将台堡、单家集,甘肃省平凉市静宁县界石铺、白银市会宁县等地实践。实践团通过访谈、座谈、参观、问卷调查等形式开展了调研活动,深入农村走访当地了解长征历史的老人,寻访不为大众所知的长征历史故事,感悟长征带给当地人民的精神力量,了解当地人民群众对长征精神的认识。实践团成员在实践中感悟到了红军战士自强不息的长征精神,思考了长征精神的时代内涵,并总结发布调研成果,以此号召广大青年学生树立坚定理想信念、思考当代青年责任,以实际行动为实现中国梦贡献力量。

2019年,为庆祝中华人民共和国成立70周年,学校选拔优秀红色实践团队奔赴祖国各地,追寻红色记忆,探索复兴之路,阐述时代新人的担当。实践活动分"行万里路:走访革命旧址,追寻红色记忆""读万卷书:专题党课教育,强化理想信念""立强国志:主题教育活动,我的祖国我奋斗""铭爱国情:专题调研走访,走入社会进基层"四个篇章展开。学生红色社会实践团寻初心、明使命,用青春与激情,追寻革命先辈的足迹,学以明志,行而笃实,在实践中学习和传承革命精神,树立起担当民族复兴大任的崇高理想,用青春奋斗为祖国母亲的生日献上自己最真挚的祝福。

2020年,实践团结合北京理工大学80周年校庆开展特色实践活动,分"寻

初心故事""探迁移道路""讲奋斗历程""融北理工精神""担时代重任""北理工重庆创新中心"篇章，讲述北理工在延安的初心故事，寄情校史，砥砺初心。

2021年中国共产党成立100周年之际，为庆祝党的百年华诞，学校组织学生党员红色实践团深入革命老区、爱国主义教育基地开展红色实践，引导学生党员正确认识时代责任和历史使命，树立担当民族复兴大任的崇高理想，做新时代的红色基因传承人。以革命旧址走访、专题讲座学习、实地考察调研等丰富形式为载体，带领学生党员深刻回顾党的光辉历程，真切感受革命精神，传承红色基因，坚定理想信念，强化根本信仰，践行为民宗旨，锤炼坚强党性，学思践悟守初心，砥砺前行担使命，切实把学习内化于心、外化于行、实化于为，以实际行动庆祝中国共产党成立100周年，为实现中华民族伟大复兴中国梦凝聚正能量。

（四）挖内涵，提质量，不断提升教育成效

北京理工大学以构建起的学生党员实践教育长效机制与大学生革命传统和爱国主义教育长效机制为基础，不断深化红色实践规范化指导长效机制。一是将"四个正确认识"全面融入大学生红色实践全过程，进一步厚植学生爱国主义情怀，树立学生对人民的情感、对社会的责任、对国家的忠诚。二是加强规范性和传承性，形成教育实践教材，深度体验学习和专业特色有机融合；加强启发、学习、体验、讨论等主要环节的理论指导，将红色实践和思政课教育教学环节贯通，扩大受教育覆盖面，让学生实践收获发挥持续性作用；根据学生的特点，定制教育实践主题和内容，让学生更全面建立对党和人民的情感。三是拓展红色教育实践的深度、广度，加强对红色实践地点的经济、社会、历史、文化背景的了解，发挥服务社会的作用，搭建高校与革命老区的共建平台，为学生深入基层、深入社会、锻炼实践能力创造条件，服务老区建设，实现"走出去+请进来"的校地互动式红色实践教育活动，持续深化教育效果，延伸教育范围，帮助更多学生从中国革命、建设和改革的历史进程中收获精神滋养，使红色基因渗进血液、浸入心扉，代代相传，在奋进中华民族伟大复兴中国梦的壮阔征程中拥有源源不断的坚定力量，让更多的学生不仅成为践行者，更成为一个个"红色的种子"，成为积极传播者，红色代言人。

同时，注重引导学生充分发挥专业优势开展特色红色实践。学生红色实践团队深入农村、社区、企业与基层，结合服务首都"四个中心"功能建设等，

通过共同学习、共同宣讲、共同实践，开展形式多样的实践活动；充分发挥专业优势，积极参与基层建设发展，投身基层实践；积极参加生态环境保护的社会公益活动，参与生态文明实践活动等，全面展示新时代大学生的良好风貌。例如，四川南部县红色暑期实践团赴大王镇羊角山村开展乡村振兴实践调研活动，完成《基于党建帮扶的工信部定点帮扶县——南部县乡村振兴调研》实践立项，开展"实践+党建"红色"1+1"联学共建活动，进行乡村振兴调研、支部联学共建、科普宣讲及助学帮扶，深入引导青年学生党员走出校园，深入社会、服务社会，服务并巩固拓展脱贫攻坚成果，为乡村振兴做贡献。

"北理π计划"数学与统计学院学生党员暑期红色实践团结合"追忆百年路""宣传新思想""振兴新农村"三项主题，开展"追忆红色峥嵘"建党百年红色专项实践、党史学习教育宣讲实践、"乡村振兴、青年有为"服务三农专项行动。实践团成员充分发挥数学专业特色，前往贵州省市、县、镇、村，对偏远地区中小学生数学学习现状和对数学的学习兴趣情况进行乡村振兴调研，开展数学文化宣讲活动，进行数学科普教育，为农村中小学生提供形式多样、内容丰富的数学教育，为更有针对性地提升青少年基础学科学习兴趣、提升学习能力提供参考依据。

法学院研究生党员暑期红色实践团，追寻进京"赶考"足迹，助推乡村法治进程。通过重走西柏坡—保定—北京的进京"赶考"路、走访革命旧址，回顾中国共产党领导中国人民夺取全国胜利和党中央筹建中华人民共和国的光辉历史，感悟老一辈无产阶级革命家为夺取新中国的胜利所付出的艰辛。深入革命老区农村，展开农村法治状况主题调研，开展"送法下乡"活动，调研基层法治现状，分析当前农村法治进程面临的困境，采取发放传单、问卷调查、采访等方式开展垃圾分类、社会治安、交通安全、文物保护、环境等普法宣传，为营造农村良好的法治氛围建言献策，从法治的角度出发助力乡村振兴。

知艺书院学生党员实践团以"走红色路线，延红色基因，绘红色地图"为主题，探访首都的红色基地，重忆革命历史，让知艺书院学生党员及积极分子在行走中听学悟；传承红色基因，通过"沉浸体验式、深度讲解式、故事表现式"等形式讲好红色故事，让广大时代青年投身到为群众办实事的实践中去；绘制红色地图，在充分的调研、实践后，发挥书院学子专业所长，凝练出有代表性的红色点位，通过手绘地图方式进行成果展示，为广大师生群众利用红色资源开展学习体验活动提供参考。

五、红色基因育人成果

（一）思想引领有力，科技报国成效显著

学校将红色基因融入办学实践各个方面，经过多年思想引领探索，逐步凝聚起师生"国家利益高于一切"的思想共识。学校在机动突防、精确毁伤、绿色能源、复杂信息系统等领域代表了国家水平，在智能仿生机器人、现代通信、工业过程控制等军民两用技术方面具有明显优势。在历次大阅兵中，学校参与装备研制的数量与深度均居全国高校首位。学校深度参与国家深空探测工程，全力保障国庆、冬奥等国家盛典。"十三五"期间，学校科技投入经费共计182亿元，年均增长16.79%，牵头获国家科学技术奖21项，并实现一等奖三年"不断线"。

（二）红色氛围浓厚，矢志报国信念坚定

在浓厚的红色文化影响下，学生传承红色基因，爱党、爱国、爱社会主义的情感真诚、丰沛，做中国人的志气、骨气、底气明显增强。学生自愿参与服务保障庆祝中华人民共和国成立70周年系列活动"七大任务"5 058人，参与服务保障中国共产党成立100周年庆祝活动达1 000人。在历次重大服务保障活动中，大批学生踊跃递交入党申请书，一堂堂生动的思政"大课"为青年学生成长成才注入红色动力。近年来，在中国国际"互联网+"大学生创新创业大赛中，我校学子三年两夺总冠军。以学校智能车、节能车、方程式赛车等"三车"为代表的双创团队斩获多个大奖，并实现了从创新到创业的转化；"飞鹰队""机器人队""航模队"在国际双创赛场连续四年夺魁，青年学生展现出矢志科技报国的良好精神风貌。毕业生中到世界500强企业、国家重点单位就业人数占直接就业人数的60%以上，赴基层就业人数逐年攀升，他们的青春闪耀在了祖国最需要的地方。

（三）红色底蕴深厚，立德树人成果丰硕

近年来，学校传承红色基因，大力弘扬中华优秀传统文化、革命文化和社会主义先进文化等，形成了深厚的红色底蕴，文化育人成果显著，文明创建成绩突出。2020年，学校举办的"红色育人路"高等教育论坛获工信部、北京市委教育工委、中国高等教育学会及兄弟高校广泛关注，论坛研讨成果获《中国

高等教育》《人民日报》等刊发，相关工作简报获教育部刊载推广。学校打造的思政工作品牌"担复兴大任、做时代新人"获得2019年首都大学生思想政治工作实效奖特等奖。2019年，学校获评"全国普通高校中华优秀传统文化传承基地"。2020年，学校获批北京市首批重点马克思主义学院建设，着力建强马克思主义学科；学校获评第二届"全国文明校园"。2021年，学校获评"北京市党的建设和思想政治工作先进普通高等学校"，获评北京市爱国主义教育基地。

第二节　北京理工大学大学生红色实践项目案例

北京理工大学红色实践以习近平新时代中国特色社会主义思想为指导,全面贯彻落实习近平总书记关于实践育人的重要论述,将学校"延安精神""军工文化"等丰富的红色教育资源作为学生思想引领的最鲜活的教材,走进老区和故里,依托当地红色教育资源,建设高水平的学生党员红色实践基地。每年制定北京理工大学年度暑期学生党员红色社会实践工作方案,组织学生深入革命老区、爱国主义教育基地开展红色实践,在实践中受教育、长才干、做贡献,切实将党史学习教育成效转化为具体行动。

一、工作基础

学校全面贯彻党的教育方针,坚持社会主义办学方向,落实立德树人根本任务,坚守为党育人、为国育才,培养德智体美劳全面发展的中国特色社会主义建设者和接班人。从2010年开始,打造了"学史建碑""学史明志""德学先锋"等红色实践品牌,目前已建设17个北京理工大学学生党员社会实践基地。学校每年结合主题教育、重大活动等制定年度实践主题。

二、组织机构

学生工作部、教务部、校团委、各学院(书院、研究院)对暑期社会实践工作进行指导,办公室设在学生工作部。

三、实践时间、地点

实践时间:5—10月

实践地点(包括但不限于以下北京理工大学学生党员红色实践教育基地):陕西延安、贵州遵义、四川仪陇、山西武乡、江西瑞金、江西兴国、安徽金寨、河北井陉、河北张家口、江苏沙家浜等地。

四、实践形式

红色社会实践结合"走访革命旧址""专题实践调研""专题党课宣讲"

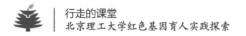

等形式开展，通过实践传承北理工"延安根、军工魂"红色基因，引导学生正确认识时代责任和历史使命，树立担当民族复兴大任的崇高理想，做新时代的红色基因传承人。实践团须完成以下成果：

（1）心得感悟。实践期间，实践团团员每日记录实践情况及心得体会，完成心得感悟。

（2）专题党课。根据资料收集和实践学习，提炼教育内容，结合要求，形成适用于党课讲授的讲义及PPT。实践团员在其所在党支部至少开展1学时专题党课。

（3）红色故事。在实践期间挖掘当地红色故事，原创一篇红色故事，汇编形成一本红色故事阅读材料。

（4）实践调研。在实践过程中，自选主题开展实地调研，落实"我为群众办实事"实践活动，结合专业特长服务社会，完成实践调研报告。

（5）实践指南。总结实践经验，形成一份可供其他团队学习参考的实践指南。

（6）其他实践成果。根据自身实践内容和特点，形成能够体现特色的实践成果。

（7）实践总结。制作微信图文总结实践成果，重点展示团队实践成果、团员心得感悟、专题党课等内容，学生工作部公众号进行宣传，营造浓厚氛围，激励学生党员以实际行动践行使命担当，扩大实践育人成果。

五、工作机制

（1）以学院（书院、研究院）为单位选拔优秀学生党员及积极分子组成实践团申报，也可以本单位某一党支部为主进行申报，实践团人数不少于8人。

（2）根据申报预算进行调配，为实践团提供相应启动资金。实践团由老师全程带队参与，按照学校要求统一安排购买保险、发放服装。

（3）在学校范围内广泛宣传、营造氛围，将暑期红色社会实践工作作为实践育人的重要抓手，强化政治引领，明确目标定位，严格过程管理，加强资源统筹，突出特色、注重实效，加强红色社会实践顶层设计，总结提炼实践品牌。

案例一

2021年暑期学生党员红色社会实践项目申报书

学院（书院、研究院）：精工书院

<table>
<tr><td rowspan="5">实践团队情况</td><td>团队名称</td><td colspan="3">行走百年党史，奋斗正当其时
——精工书院赴福建古田社会实践</td></tr>
<tr><td>团队总人数及构成</td><td colspan="3">学生党员16人 带队教师2人 共计18人</td></tr>
<tr><td>实践地点</td><td>福建古田</td><td>起止时间</td><td>2021/7/12-2021/7/18</td></tr>
<tr><td>实践团负责人</td><td>曹俊维</td><td>联系方式</td><td></td></tr>
<tr><td rowspan="2">是否已经联系实践基地</td><td rowspan="2">是</td><td>单位名称</td><td>古田红色教育服务中心</td></tr>
<tr><td>联系人及职务</td><td>魏巧玲 副主任</td></tr>
<tr><td>实践形式</td><td>实践形式</td><td colspan="3">参观访谈、走访调研</td></tr>
<tr><td rowspan="4">带队老师</td><td>老师姓名1</td><td>×××</td><td>学院
（书院、研究院）</td><td>精工书院</td></tr>
<tr><td>职务</td><td>专职辅导员</td><td>联系方式</td><td></td></tr>
<tr><td>老师姓名2</td><td>×××</td><td>学院
（书院、研究院）</td><td>精工书院</td></tr>
<tr><td>职务</td><td>专职辅导员</td><td>联系方式</td><td></td></tr>
</table>

①实践团主题以"主标题——副标题"的形式命名，主标题体现实践特色，副标题体现实践信息。如以"实践绘就青春梦想——××学院赴××地社会实践"的形式命名，务求全面直观，不可过于笼统。
②活动起止时间精确到日，格式如20217/8—2021/7/15。
③年级/类别示例：2019级本、2020级硕、2021级博。
④带队老师按照要求不超过3名，根据实际情况填写。
⑤申报书请勿随意更改格式。

续表

	姓名	学号	性别	单位名称	年级/类别	政治面貌	联系方式
团队成员			女	精工书院	2019级本	预备党员	
			女	精工书院	2019级本	预备党员	
			女	精工书院	2019级本	预备党员	
			男	精工书院	2019级本	预备党员	
			男	精工书院	2019级本	预备党员	
			男	精工书院	2019级本	预备党员	
			男	精工书院	2019级本	预备党员	
			女	精工书院	2019级本	预备党员	
			男	精工书院	2019级本	预备党员	
			男	精工书院	2019级本	预备党员	
			男	精工书院	2019级本	预备党员	
			女	精工书院	2019级本	预备党员	
			男	精工书院	2019级本	预备党员	
			男	精工书院	2018级本	党员	
			男	精工书院	2018级本	预备党员	
			女	精工书院	2018级本	预备党员	
实践基地介绍	福建省古田红色教育服务中心面向全国开展爱国主义教育、红色文化活动、红色文化研究和推广。2009年中心成立至今，已累计承接班次突破4 000个，培训学员突破20万人。中心依托闽西现存的100余处革命旧址、10个国有博物馆（纪念馆）及各县（市、区）邓子恢、张鼎丞、刘亚楼等闽西籍将军专题馆(室)以及江西瑞金几十处红色教学点，不断创新教学模式，一方面深入挖掘古田会议的精神内涵以及闽西红色资源，另一方面把学员所在单位的系统属性和苏区精神、古田会议精神、红色教育结合起来，与时俱进、开拓创新，形成独特的红色情景教学模式。 课程设计采用现场教学、微党课教学、专题教学、激情教学、体验教学、拓展教学等多种教学形式有机结合，让学员"扮演一名红军战士、深入一处历史现场、缅怀一次革命先烈、尝试一回革命壮举、体验一天苏区生活、担任一回苏区干部、参与一堂红色课程"，使学员在历史现场中多角度地深刻体验先辈们在闽西革命时期的历史壮举和革命精神。						

续表

实践项目概述（实践主题及意义）	为引导书院学生党员积极参与投入2021年暑假社会实践活动，巩固和拓展"四史"学习教育成果，筑牢理想信念，强化初心使命，将爱党爱国爱社会主义之情转化为砥砺奋进的自觉行动，精工书院在继承和发扬"行走的党课"优势经验的基础上，通过实地走访考察，开展沉浸式的"四史"学习教育主题实践。 精工书院品牌活动"行走的党课"主要面向入党积极分子和党员，利用周末及寒暑假时间，通过外出参观体验，开展积极分子、学生党员教育培养。本期暑期社会实践"行走的党课"在继承原有专题和优势之上，结合建党一百周年及"永远跟党走 奋进新征程"主题教育活动，将"行走的党课"划分为四个部分，分别为"走在峥嵘岁月中"党史实践团、"走在五星红旗下"新中国史实践团、"走在春天田野间"改革开放史实践团、"走在复兴之路上"社会主义发展史实践团。 此次福建古田红色社会实践作为精工书院暑期社会实践"走在峥嵘岁月中"党史实践团的重要部分之一，面向精工书院七个党支部招募优秀学生党员，通过参观走访名人故居、烈士陵园等，重走中国近代老一辈革命家的革命历程，追忆革命历史丰碑，传承高尚革命精神，增强学生对中国历史的认同感，激发学生的时代责任感和爱国主义精神。
日程安排	7月12—13日，北京—上饶—古田，高铁G169 09：38—19：41，D2325 08：01—09：45。 7月13日，古田红色教育服务中心：开班仪式、主题讲座、讨论学习。 7月14日，现场教学（古田旧址群）、专题教学：古田会议精神专题。 7月15日，才溪乡调查专题讲座、情景教学（红色话剧）、实践调查—提马灯入户调查。 7月16日，参观闽西革命历史博物馆、邓子恢纪念馆，向革命英雄烈士碑献花圈。 7月17日，松毛岭访谈教学：访问革命后代、重走红军路（烈士墓到指挥所）。 7月18日，古田—北京，高铁G304 12：42—21：14。
预期目标及成果	1. 创新学生党员培养模式，带领党员们"走出去"。"行走的党课"作为精工书院党员再教育的重要组成部分，在传统课堂授课模式的基础上，采取理论与实践相结合的方式，带领学生"走出去"上党课，是课堂思想政治教育的延续，是课程形态的创新。 2. 探索理想信念教育路径，鼓励党员们"讲起来"。精工书院依托"精工训练营"中"思想高度和理论深度"板块面向全体精工书院学生开展以提高思想高度、拓宽理论深度为主要内容的思想引领相关活动。"行走的党课"作为其重要组成部分，在学生党员触摸历史、感受征途过程中开展潜移默化的理想信念教育的同时，通过参与党员自己讲解、现场互动分享、提交心得等方式，鼓励学生将所感所想"讲起来"，在活动中深化"学思践悟相统一"的教育培养长效机制。 3. 深耕书院制内涵发展特点，引导党员们"自己选"。精工书院立足学校育人理念，着眼书院学生"价值塑造、知识养成、实践能力"，七个党支部内部制定不同"行走的党课"方案，力求把蛋糕做大，汇集更多资源，引导学生"自己选"。通过模块化教育，培养学生基础底蕴和独立思辨能力，进而提升其选择能力，为其下一步开展课程选择、专业选择、生涯规划奠定基础。 4. 丰富书院品牌文化成果，动员党员们"做出来"。精工书院"行走的党课"已经举办有两年的历史，已经形成了文字、视频等大量成果。结合此次"四史"实践团等实践调研材料，计划发表1~2篇研究论文、出版1本图书。

续表

安全预案	1. 前期准备：为全体实践团员购买保险，并做好行前培训工作；不要携带贵重物品及大量现金，以免丢失。 2. 纪律要求：所有活动前后，各组负责人应清点人数，确保无人失去联系。队员应一切行动听从指挥；全程按照行程安排，统一进行集体活动；全体学员须统一随队出发与返回。 3. 行为规范：尊重当地的干部群众，尊重当地人民的生活习惯和风俗；按时作息，保持良好的精神状态；言行得体，时刻维护集体的形象；参加集体活动时严禁吸烟，整个出行活动中，严禁酗酒；任何情况下都不得出入不健康的娱乐场所。
经费预算	交通费用：去程火车：831.5×16=13 304（元） 返程火车：776×16=12 416（元） 住宿费用：250×6×8=12 000（元） 培训费用：30 000（元） 设计印刷费：300（元） 总计：68 020（元）

案例二

2021年暑期学生党员红色社会实践项目申报书

学院（书院、研究院）：化学与化工学院

<table>
<tr><td rowspan="5">实践团队情况</td><td>团队名称</td><td colspan="3">"化"说湘中红色事——化学与化工学院赴湖南社会实践团</td></tr>
<tr><td>团队总人数及构成</td><td colspan="3">1名带队老师，17名实践团员，共18人</td></tr>
<tr><td>实践地点</td><td>湖南</td><td>起止时间</td><td>2021/07/15-2021/07/21</td></tr>
<tr><td>实践团负责人</td><td>吴楠</td><td>联系方式</td><td></td></tr>
<tr><td rowspan="2">是否已经联系实践基地</td><td rowspan="2">否</td><td>单位名称</td><td></td></tr>
<tr><td>联系人及职务</td><td></td></tr>
<tr><td>实践形式</td><td>实践形式</td><td colspan="3">调研考察</td></tr>
<tr><td rowspan="6">带队老师</td><td>老师姓名1</td><td>×××</td><td>学院（书院、研究院）</td><td>化学与化工学院</td></tr>
<tr><td>职 务</td><td>学工办主任、团委书记</td><td>联系方式</td><td></td></tr>
<tr><td>老师姓名2</td><td>×××</td><td>学院（书院、研究院）</td><td></td></tr>
<tr><td>职 务</td><td></td><td>联系方式</td><td></td></tr>
<tr><td>老师姓名3</td><td>×××</td><td>学院（书院、研究院）</td><td></td></tr>
<tr><td>职 务</td><td></td><td>联系方式</td><td></td></tr>
</table>

①实践团主题以"主标题——副标题"的形式命名，主标题体现实践特色，副标题体现实践信息。如以"实践绘就青春梦想——××学院赴××地社会实践"的形式命名，务求全面直观，不可过于笼统。
②活动起止时间精确到日，格式如20217/8—2021/7/15。
③年级/类别示例：2019级本、2020级硕、2021级博。
④带队老师按照要求不超过3名，根据实际情况填写。
⑤申报书请勿随意更改格式。

续表

	姓名	学号	性别	单位名称	年级/类别	政治面貌	联系方式
团队成员		3120201312	女	化学与化工学院	2020级硕	党员	
		3120201386	男	化学与化工学院	2020级硕	党员	
		3220191151	男	化学与化工学院	2019级硕	党员	
		3220191155	女	化学与化工学院	2019级硕	党员	
		3120201353	女	化学与化工学院	2020级硕	党员	
		3220201238	女	化学与化工学院	2020级硕	共青团员	
		3120201390	女	化学与化工学院	2020级硕	党员	
		3120201342	女	化学与化工学院	2020级硕	党员	
		3220201303	男	化学与化工学院	2020级硕	党员	
		3120201375	男	化学与化工学院	2020级硕	党员	
		3120201326	女	化学与化工学院	2020级硕	共青团员	
		3120201287	女	化学与化工学院	2020级硕	党员	
		3120201311	女	化学与化工学院	2020级硕	共青团员	
		3120205608	男	化学与化工学院	2020级博	党员	
		3120195645	女	化学与化工学院	2019级博	党员	
		3120191311	男	化学与化工学院	2019级硕	党员	
		3120205618	男	化学与化工学院	2020级博	党员	

实践基地介绍	"半部近代史，一群湖南人。"近现代百余年间，中国内乱不绝、外患频仍，逢此多难之秋，一大批湖南人挺身而出，成就了"湘省士风，云兴雷奋""举世无出其右"的景象。放在百年党史上，湖南更是举足轻重、功不可没。湖南是伟人故里、将帅之乡、红色圣地，是中国共产党初心的重要萌发地和创建的重要策源地，是中国革命的重要战略转折地，是中国共产党精神的重要锻造地，是党的实事求是思想路线的策源地，也是"精准扶贫"的首倡地。湘中儿女积极投身革命，既有秋收起义开辟新道路，更有拱卫中国抗战胜利的"南天一柱"，写就"日寇何足惧，湘人不可侮"的苦难辉煌。朴实本分的湖南人民奋斗不息，前有雷锋精神，后有袁隆平院士毕生致力于杂交水稻研究，强化国民对粮食安全与国家稳定的信心。敢为天下先的湖南人积极响应改革开放的号召，国企改革率先行，海关开放不落后。进入新时代以来，2013年习近平总书记在湘西土家族自治区十八洞村首倡"精准扶贫"，如今，摆脱千年贫困的苗家山寨十八洞村，已经走上乡村振兴的大路，正朝着"产业兴旺、生态宜居、乡风文明、治理有效、生活富裕"的目标昂首阔步。

续表

实践项目概述（实践主题及意义）	以百年党史划分的四个历史时期——新民主主义革命时期、社会主义革命和建设时期、改革开放和社会主义现代化建设新时期、中国特色社会主义新时代为时间线索，分别对应各历史时期的长征和秋收起义、雷锋和袁隆平、国企改革、十八洞村精准扶贫等典型事件及人物，展现"中国共产党在不同历史时期为人民谋幸福的初心和使命"的总主题。化学与化工学院优秀党员及积极分子代表组成"化说湘中红色事——化学与化工学院赴湖南社会实践团"，前往湖南党史陈列馆、雷锋纪念馆、十八洞村、沙洲村（"半条被子"事件发生地）、秋收起义纪念馆、隆平水稻博物馆、岳麓书院、华菱集团等展开实地考察调研，形成党课PPT、微党课视频、"我为群众办实事"、心得感悟等一系列调研成果。此次社会实践一方面可以在过程中锻炼党员及积极分子的党性修养，另一方面形成的调研结果可以在学院各支部展开学习。通过前往湖南实地调研考察，实践团成员体会、讲述、继承中国共产党人的初心和使命，不忘初心、牢记使命，用忠诚和实干庆祝党的百年华诞，创造更加美好的未来。
日程安排	第一天（北京—长沙）：到达长沙，参观橘子洲。 第二天（长沙）：参观湖南党史陈列馆、雷锋纪念馆。 第三天： 一队赴秋收起义文家市会师纪念馆，录制秋收起义微党课； 二队赴沙洲村，参观"半条被子的温暖"旧址及专题陈列馆； 三队赴十八洞村，参观十八洞景区。 第四天： 一队采访馆长、工作人员，走访当地居民，采访参观游客的心得体会； 二队采访沙洲村党支部书记朱向群及徐解秀老人的亲属了解半条被子的故事； 三队参观精准扶贫广场、大姐红色文化之家、精准扶贫之路展厅、金兰蜂蜜合作社、秋妃苗绣坊等代表性红色景点。 第五天： 一、二队返回长沙，前往华菱集团参观； 三队开展"我为群众办实事"实践活动，返回长沙。 第六天：参观岳麓书院、湖南大学、隆平水稻博物馆；前往韶山，观看《中国出了个毛泽东》演出。 第七天（韶山—北京）：整理实践材料，返回北京。
预期目标及成果	赴湖南党史陈列馆、雷锋纪念馆、十八洞村、沙洲村（"半条被子"事件发生地）、秋收起义纪念馆、隆平水稻博物馆、岳麓书院、华菱集团等展开实地考察调研，形成党课PPT、微党课视频、心得感悟等一系列调研成果。预计制作微信推送1篇，撰写实践报告1篇、心得感悟17篇、红色故事集1本、微党课1节，剪辑实践视频1个等。
安全预案	1. 前期动员团员尽量全部接种疫苗，做好个人疫情防控工作； 2. 准备晕车药、藿香正气水、跌打损伤等应急药物，以便及时处置伤病情况； 3. 尽量乘坐公共交通工具； 4. 进行团员安全意识培训。

续表

	项目名称	单价/元	人数	总价/元
经费预算	往返车票	322.5+649	18	17 487
	一队往返行程车票	74	7	518
	二队往返行程车票	424	4	1 696
	三队往返行程车票	413.3	6	2 480
	门票	40	18	720
	演出门票	208	18	3 744
	住宿（每人每晚100元标准）	100×6	18	10 800
	应急药品等			100
	宣传、打印费用			2 500
	共计40 045元			

可行性分析	本次实践团由学院学工办主任、团委书记侯明佳老师亲自指导、2名兼职辅导员带队，经学院报名及筛选，共计选出15位优秀党员及积极分子构成队伍，团员均具有丰富的社会实践经验、公文写作及摄影、视频剪辑等能力。目前实践团已完成详细的实践行程安排、人员分组及任务安排等多项工作，且已构思完成实践活动时间线索、总主题，申报成功后可立即进一步着手安排路程、住宿等详细计划。
所在单位意见	（基层党委盖章） 年　月　日

第三节　北京理工大学大学生红色实践纪实

穿过峥嵘岁月，探寻红色江西

2016年北京理工大学学生党员江西红色社会实践纪实

2016年8月5日，追寻着红色足迹，北京理工大学学生党员红色实践团五十余名师生党员奔赴孕育了中国革命星星之火的江西赣州，开始了为期6天的学习实践活动。实践活动由学生工作处组织开展，学生工作处处长郭彦懿带队。实践团以"穿过岁月来看你"为主题，分为"我来到你的城市""走过你来时的路""聆听你过往的事""接过你手中的旗"四个篇章，开展了丰富多彩的实践活动。

我来到你的城市

实践团的红色旅程在5日下午拉开了帷幕。出征仪式上，实践团从郭彦懿手中接过了鲜红的团旗，唱着由实践团员自己作词谱曲的团歌《穿过岁月来看你》，带着"受教育、长才干、做贡献"的目标，奔赴江西开展实践活动。

实践团成员在开往红色江西的列车上成立临时党支部，以一种特别的形式

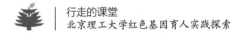

向党致敬。党支部第一次会议选举产生党支部书记、组织委员和宣传委员。

走过你来时的路

6日下午,全体实践团成员来到赣州市委党校,从"做一名红军战士"的体验开始紧张的学习实践生活。实践团成员从了解红军的历史开始,学习了整理着装、军容军纪,模拟当年红军的建制选举了各团的主要干部。

实践团沿着红军的足迹,先后参观了苏维埃临时政府旧址、大柏地战役遗址、沙洲坝革命旧址群、中华苏维埃临时中央政府(二苏大召开地)旧址、中国革命根据地博物馆、官田兵工厂旧址群等地,身临其境地体验中国共产党领导中国工农红军在革命道路上艰苦卓绝的奋斗历程。

本次红色实践活动的开展采用了丰富多样的形式,突出实践团成员的参与和体验。亲手做一餐"红军饭"、"五公里定向越野"、体验战地运输、模拟大柏地战斗等活动生动再现了红军在革命路上做出的重大牺牲与贡献,在实践团成员心中铭刻下不可磨灭的印记,同时锻炼了实践团成员的动手能力,深化了艰苦奋斗的精神。

聆听你过往的事

除了生动的体验活动之外,实践团员们进行了认真的理论学习。实践期间,实践团员们聆听了潘九根教授题为"学党章党规学系列讲话做合格党员——'两学一做'学习教育专题辅导"的专题教学、胡玉春主任关于"兵工厂与苏区干部好作风"的报告。通过这些专家教学，实践团成员深刻地学习了"两学一做"系列精神，深刻地认识了一名合格党员的责任与义务。

专家教学令团员受益匪浅。学习实践过程中，实践团成员也收集整理了许多关于红军的令人动容的小故事。"军爱民，民爱军，军民鱼水一家亲"在这些故事中得到了淋漓尽致的展现，实践团员们在这些故事中得到了深刻的教育。

接过你手中的旗

学习过程中，实践团成员用自己的方式表达了对中国共产党的敬意与对革命先烈的缅怀。

红军烈士纪念塔前，团员们沿着"踏着先烈血迹前进"八个苍劲的大字，为因革命牺牲的红军战士献上亲手制作的花圈；官田兵工厂工人俱乐部的戏台

上,团员们编演情景剧,用自己的创意演绎了当年兵工厂工人的刻苦钻研;精彩纷呈的文艺汇演中,团员们表演了《吃水不忘挖井人》诗朗诵、《军民一家亲》情景剧等节目,以此对革命先烈致敬。

6天的学习实践结束了,实践团员站在中央红军长征出发纪念碑前庄严宣誓:"少年智则国智,少年富则国富,少年强则国强,少年独立则国独立,少年自由则国自由,少年进步则国进步,少年胜于欧洲,则国胜于欧洲,少年雄于地球,则国雄于地球。"

铮铮誓言回响在雨中,苍穹之下北理工学子坚定地接过前辈的旗帜,挥舞着它划过华夏大地。

在短短一周的学习中,实践团成员们深刻认识到党自成立以来的艰辛与不易,并将在以后的学习生活中践行革命的优良传统,秉持坚定的理想信念,向着中华民族的伟大复兴前进!

探寻长征精神

2017年北京理工大学学生贵州红色社会实践纪实

为了深入开展大学生红色实践教育，感受红军长征精神，党委学生工作部与物理学院联合组织了来自物理学院、信息与电子学院、管理与经济学院的九名同学组成实践团，于2017年7月24日至7月28日在贵州省遵义、赤水进行"探寻长征精神"红色实践活动。此次实践活动以浏览长征纪念馆、参观红军战斗遗址、向红军纪念碑宣誓、对当地人民进行访问等多种红色调研活动展开，旨在通过重走红军长征路，加深当代大学生对顽强拼搏、团结一致的红色精神的领会。

遵义会议始转折　四渡赤水出奇兵

实践团成员参观了遵义会议遗址并认真聆听了讲解员对于遵义会议以及长征的介绍。实践团成员跟随讲解员详细了解了红军四渡赤水的起因、发展、过程和结果。成员纷纷表示为红军长征的不畏困难以及英雄主义气魄所触动。

雄关漫道真如铁　而今迈步从头越

娄山关位于遵义市汇川区，自古以来便是川黔交通线上的重要关口。历史上娄山关爆发过多次军事战役，其中最为著名的便是红军1935年的娄山关大捷。实践团抵达娄山关后，前往了大尖山与小尖山，寻访了当年红军娄山关战斗的遗址。青绿的崇山峻岭间只有一条狭窄的通道，大家纷纷感慨娄山关地理位置的险要。随后实践团参观了娄山关战役的纪念馆，对娄山关大捷有了更深的了解。

古镇走访询老人　　得知红军当年事

实践团在本次实践活动中探访了复兴古镇、丙安古镇、大同古镇三个古镇。在镇上,实践团成员沿老街一路前行,在街上了解当地盐运与革命的历史。

丙安古镇在四渡赤水战役期间是红军的渡口之一。实践团成员走过悬索桥,一同参观了红一军纪念馆。馆内保存着当年红军的大量宝贵历史资料,队

员们认真参观了该馆,感慨颇多。实践团成员还到访了大同古镇中的中共赤合特支旧址。

北理工从延安一路走来,与红军长征精神一脉相承。通过本次实践,实践团成员体会到了长征精神:把全国人民和中华民族的根本利益看得高于一切,坚定革命的理想和信念,坚信正义事业必然胜利;为了救国救民,不怕任何艰难险阻,不惜付出一切牺牲;坚持独立自主、实事求是,一切从实际出发;顾全大局、严守纪律、紧密团结;紧紧依靠人民群众,同人民群众生死相依、患难相共、艰苦奋斗。当代大学生肩负传递红色精神的责任,必将不负党和国家的期望,将长征精神传递、传承下去。

追寻红色记忆，我与祖国共奋进

2019年北京理工大学学生暑期红色社会实践纪实

不忘初心，星火燎原，理工学子奔赴祖国各地，躬身实践砥砺行；牢记使命，切身探寻，时代新人追寻红色记忆，誓与祖国共奋进。

为了弘扬"延安根、军工魂"，坚持立德树人根本任务，从党和学校的红色历史和优良传统中凝聚力量，培养有理想有担当的社会主义建设者和接班人，从2016年起，学生工作部连续四年组织暑期红色社会实践，30余支红色实践团、700余名学生党员和入党积极分子奔赴祖国各地，深入了解学习党史、国史，在亲身实践中学习革命文化，感受革命精神，传承红色基因，强化身份意识和责任意识。

2019年，伟大的祖国母亲将要迎来七十岁华诞。这个夏天，胸怀壮志的北理工学子，踏上了追寻红色记忆、探索复兴之路的旅程。他们用青春奋斗阐述时代新人的担当，为祖国母亲献上自己最真挚的祝福。

行万里路：走访革命旧址，追寻红色记忆

从打响武装斗争第一枪的南昌到革命圣地延安，从"两德故居"仪陇到革

命旧址大别山，北理工学子深入革命旧址，聆听革命故事，缅怀革命先烈，高唱革命歌曲，学习革命精神。他们在历史的长廊中，寻找那些伟大而平凡、鲜活而壮烈的红色印迹。

求是书院"追寻求是初心"红色社会实践团，回到革命圣地延安，探求"实事求是"的真意。在枣园、杨家岭和南泥湾寻找革命初心，在自然科学院旧址追寻北理工的"延安根"，在梁家河知青旧居感悟党的为民情怀。学生工作部"不忘初心，牢记使命"红色实践团在井冈山黄洋界哨口高唱《我和我的祖国》；在南昌八一起义纪念馆，踏着革命先辈们的足迹，回顾那段不惧牺牲、艰苦奋斗的历史，感受那段激情澎湃的峥嵘岁月。机械与车辆学院赴毛泽东与第一师范纪念馆实践团，踏上当年毛主席的奋斗之路，感受伟人青年时期的豪情壮志。北京书院赴瑞金实践团，在苏维埃革命旧址群，聆听革命故事，缅怀革命先辈，牢记"吃水不忘挖井人"。

读万卷书：专题党课教育，强化理想信念

以思想引导行动，用学习强化信念。在实践期间，各红色实践团在不同红色教育基地开展专题党课教育。学党史国史，传承发扬革命精神；学伟人事迹，感受革命先辈的万丈豪情；读经典文章，强化意识、坚定信仰；学新思想，树立远大理想、认定前行方向。大家在实践中学习，也将所学知识付于实践。

精工书院赴四川仪陇实践团的入党积极分子在张思德干部学院,通过一堂丰富精彩的党课,深入学习"两德"文化;通过朗读经典文章,感受共产党人的平凡而伟大,学习革命根据地的光辉历史,了解朱德总司令的戎马一生,体会习近平总书记的人民情怀和中国共产党全心全意为人民服务的伟大宗旨。物理学院、求是书院及数学与统计学院组成的联合实践团,为遵义人民带来了以延安自然科学院创办背景改编的舞台剧《红色传承》,用话剧表演重现革命历史,让遵义会议精神永放光芒。

立强国志:主题教育活动,我的祖国我奋斗

实现中华民族伟大复兴,是中华民族近代以来最伟大的梦想。中国梦是国家的梦、民族的梦,更是广大青年的梦。

为了追寻人民海军七十年来的艰苦发展之路,党委武装部国防实践团奔赴东北各地,以强军报国为己任,深入探索,回顾历史,了解现实,展望未来。光电学院赴井冈山、南昌实践团,在革命摇篮井冈山,回望那段艰辛的"创业史",感受振奋人心经久不衰的井冈山精神;结合现实,阐述青年如何在"两个一百年"奋斗进程中,胸怀家国勇担复兴大任,在新时代书写青春华章。

铭爱国情：专题调研走访，走入社会进基层

七十年的奋斗之路，中国实现了从站起来到富起来再到强起来的伟大腾飞。党的十八大以来，中国实现了深层次、根本性的历史性变革，取得了历史性突破，中国特色社会主义进入了新的发展阶段。在实践过程中，各实践团根据专业特点与当地情况，设计开展实践调研，通过科考调查、专题座谈、问卷调查等方式，走进社会，走近群众；调动自身专业优势与特长，探求复兴与腾飞背后的点滴感动。

生命学院大别山生态科团，结合自身专业特点在河南省信阳市新县开展调研，与当地政府和企业开展积极沟通交流，深入实地了解现状，探求在乡村振兴战略背景下新农村如何将生态建设、文化建设和经济建设有机结合，化生态优势、文化优势为产业优势，实现文化保护和脱贫致富，切实感受到将绿水青山化作金山银山。学生工作部"不忘初心，牢记使命"红色实践团，针对井冈山地区的实际情况，制作关于"井冈山精神"和"精准扶贫"调查问卷，在井冈山地区开展广泛调研，了解精准扶贫在基层开展的具体情况。

北理工红色社会实践团九个团队奔赴祖国各地寻初心、明使命，用青春与激情，追寻革命先辈的足迹，学以明志，行而笃实，在实践中学习和传承革命精神，树立起担当民族复兴大任的崇高理想。

美丽乡村感受生态文明，红色老区厚植爱国情怀

2019年北京理工大学生命学院河南红色社会实践纪实

2019年7月7日至7月13日，北京理工大学生命学院大别山红色实践团以"大别山里看乡村振兴，红色老区树坚定信念"为主题赴河南省信阳市新县开展实践，分别走访新县部分政府部门、特色村落、革命旧址、生态保护区等地，带领同学们学习革命历史、感受乡村振兴、坚定理想信念。

自五月份启动，经前期策划和招募，生态科考团选拔来自生命学院、自动化学院和求是书院共8名表现优秀的科考队员组成实践团。之后，实践团便进入筹划和培训阶段，成员在老师指导下完成了科考课题的规划和修改以及实践具体行程规划和前期联络问题解决，筹备工作井然有序，成员配合默契无间，为实践的顺利进行打下坚实基础。行前的发团仪式上，由生命学院院长罗爱芹、副书记副院长郭惠芝、指导老师杨勇飞和带队辅导员代佳欢对全体团员强调实践要求，明确实践目的和任务，鼓舞士气。2019年7月7—13日，实践团在河南新县开展实践活动。

信念如山，精神永恒。实践团开展了一系列红色实践活动，先后前往鄂豫皖苏区首府烈士陵园、志仁小道、鄂豫皖苏区首府革命博物馆、鄂豫皖苏区将帅馆、中共中央鄂豫皖分局旧址、红四方面军总部旧址、郑维山将军故里、箭厂河革命旧址群和红安七里坪长胜街，体会新县"把红色资源利用好、把红色传统发扬好、把红色基因传承好"的使命感和责任担当，学习弘扬大别山精神，坚定理想信念，研究和弘扬红色文化，提振精神力量。贯彻"深入基层、实地调研、专题教学、实践体验"十六字方针，实践团对新县"以旅游激活乡村用绿色改变贫困"绿中掘金发展新路进行了深入而细致的考察研究。

在实践中，为了解新县经济建设和生态保护的相关政策举措，实践团成员先后对新县文化广电和旅游体育局、林业和茶产业局、扶贫办、生态环境局等政府部门进行访谈，并受到了相关工作人员的热情招待。通过专题座谈，实践团成员对新县旅游开发建设、林茶产业发展现状、脱贫攻坚和生态保护与环境监测的相关工作有了更加深入的了解。

在新县乡村振兴战略背景下，余河村、王楼村、西河古村落将生态建设、文化建设和经济建设有机结合，化生态优势、文化优势为产业优势，实现文化保护和脱贫致富。余河村通过铁皮石斛生产带领村民发家致富，打赢脱贫攻坚战；王楼村内荷塘粉翠相映，更是发展旅游观光、实现乡村振兴的重要支柱；在西河古村落，一座座明清古建筑群配合农家乐等现代化旅游设备，使得传统文化更显生机与活力。

实践团成员为探索新县绿中掘金发展模式，先后对信阳羚锐生态农业有限公司中药材及油茶示范基地、绿达山茶油股份有限公司进行专题采访，并对新县水塝村、潢河以及香山湖水库南北两侧四大采样点进行水质和土质的综合检测。通过相关调研、科考团成员对信阳羚锐生态农业有限公司绿色发展模式以及新县生态保护的卓越成果有了具体而深刻的感知。

虽然只是短暂的7天，但实践团取得了丰硕的科考成果，圆满地完成了实践任务。团员们上山下乡，亲身实践，深入基层，在前行路上增长才干，克服各种困难与挑战，提高了应对突发状况的能力，更加明确了身为青年学子肩上的服务国家的责任感与使命感。

实践团在河南新县开展红色实践，学习革命精神，感知生态中国的新发展，探索自然，创新实践。实践团也将在未来奔赴更多地方，感受祖国大好河山，用脚步丈量美丽中国，用智慧建设生态文明，做建设美丽中国的行动者！历史的接力棒交到青年一代的手中，作为青年学子定会不忘初心、继续奋斗，走好新的长征路，谱写出属于新一代人的奋斗篇章。

● **实践感悟**

此次是一个任务繁多密集，并且需要丰富的应急处理经验的实践活动。在实践过程中，每一位队员，不论是负责文稿，还是负责拍照，又或者是团队的组织者，都曾经在一次次的结果"上交—打回—再上交"的循环中抱怨过、无奈过，也再一次打起精神投入修改和经验总结中。这是一个痛苦的过程，但是当一切都结束，再回头看看，这似乎又并没有当时那么艰难，是因为我们经历了、成长了，曾经犯过的错误和走入的误区，在现在看来已经是一个小问题了。

——高玉洁

红田背后惨烈悲壮的故事向人们诉说着大别山革命斗争的残酷，讲述着革命烈士舍生取义的英雄事迹和不屈精神。在这块鲜血浸透泥土的红色土地上，斑斑血迹今犹在，个个英烈永长存。雨中，我们所有人不约而同地收起雨伞，向战士们鞠躬，致以最诚挚的怀念和敬意，我想这幅画面会永远留存在我的心中。

——唐佳鑫

郑维山将军敢于承担责任的精神也是我们需要学习和发扬的，我们青年人是未来国家的栋梁，也是民族复兴的新生力量。我们要勇于承担时代赋予我们青年的责任和义务，这样我们才能把中华人民共和国建设成一个更加富强、民主、文明、和谐、美丽的社会主义国家，我们的人民才能过上更好的生活！

——杨佳奇

在"大众创业，万众创新"的潮流下，周董事长这种首创精神和敢闯敢拼的精神值得我们青年一代学习。我们生在建设现代化强国的新时代，就要强化深入基层、服务社会的意识，发挥好大学生社会实践根植于现实、服务于社会的现实意义，并将其转化为以后学习工作中的重要经验。

——穆红波

经过这几天的实践，我对大别山革命老区的历史和精神都有了深刻的认识和理解。在了解了无产阶级政权建立初期的艰辛后，我的思想有了明显的升华。"坚守信念、胸怀全局、团结一心、勇当前锋"的大别山精神将铭记在我心中。

——罗晓凡

实地的考察，实时的沟通，让我体验到了各项国家政策举措给人民生活带来的巨大变化，人民幸福指数提高不再是一句话、一串数字，而变成了我亲身感受、反复思考的具化物像，这更加坚定了我作为一名时代新人、入党积极分子的信念。

——赵秀桢

使命在肩，奋斗有我

2020年北京理工大学学生江苏红色实践纪实

"希望老师和同学们，首先做好个人疫情防护和自身安全保护，在确保安全的前提下，更好地观察社会、体验民生、了解国情、知行合一、实践创新，更直观地深化对课本理论知识的理解和运用，更深刻地领悟中国精神、中国力量，强化'四个正确认识'，坚定'四个自信'，我在学校等老师和同学们回家！"在江苏暑期红色社会实践团发团仪式上，北京理工大学党委副书记包丽颖通过线上视频的形式，向实践团送去了学校的关怀和期望，令实践团成员深受鼓舞。

使命在肩，奋斗有我。在这个特殊的暑假，学生工作部组织了数支团队开展红色社会实践，长久未见的同学们就近相聚在家乡开启实践旅途，寻初心故事、探迁移道路、讲奋斗历程、融北理精神、担时代重任。

在学生工作部的指导下，为充分做好"思政课程"和"课程思政"，发挥教师育人功能，实践团成员多次与指导老师——物理学院党委副书记、副院长王晶晶探讨、沟通，并邀请专业教师王菲参与实践。在两周的精心策划准备之后，7月26日，由物理学院承办的江苏暑期红色社会实践团在江苏省溧阳市长三角物理研究中心举行了发团仪式,溧阳市副市长周晟、研究中心主任李泓、物理学院党委书记姜艳为实践团授旗,勉励实践团同学们在实践中成长,在实践中收获,增长知识才干,增强身份意识,加强品德修养,争做时代先锋。实践团发出了实践倡议:"2020年的这个夏天,让我们北理工青年一起用青春的足迹丈量伟大祖国之辽阔,用青春的激情感受民族复兴之脉搏,用青春之智慧探索强大国家之梦想。时代新青年,共筑中国梦,让我们在实践中挖掘一个典型案例、参与一场劳动实践、讲述一段感人故事、感受一次成长历练、涵养一份家国情怀,用奋斗的青春,书写时代担当!"

不负韶华,感受先辈奋斗精神

"过去,延安自然科学院的青年学子们不负韶华,将青春奉献给了那一片黄土大地;而今,我们在进行社会实践,只为不忘北理人的初心,让经历过的峥嵘岁月成为我们接过先辈们火炬的动力。"实践团成员大学一年级的陈照欣身临其境感受到北理工先辈的奋斗精神。

7月28日,在常熟市沙家浜镇,实践团参观了沙家浜革命纪念馆。人物介绍墙上有时任延安自然科学院的院长——李强,借此机会,指导老师王晶晶为大家讲解了我校延安自然科学院时期的历史,与大家进行了一次实践探讨,深化了对"延安根、军工魂"的认识,并决心向一代代的北理前辈学习,成为真正"胸怀壮志、明德精工、创新包容、时代担当"的领军领导人才。

以行促知，参与一场实践体验

实践团成员换上新四军的服装，乘坐手摇船，穿过当年士兵栖身的芦苇荡，在荡漾的水波和船夫的歌声中抵达目的地，随后团队开始合力制作芦荡烽火餐。从准备配菜到使用土灶台炒菜，再到刷碗洗锅，大家感受到了当年新四军条件的艰苦，切实体会到了革命先辈们的困境，同时也更加理解如今美好生活的来之不易。

忆古思今，讲述一段感人故事

在烽火之中孕育诞生的延安自然科学院，在冶金、纺织、玻璃制造、陶瓷生产、肥皂生产、石油生产、酒精生产、薄荷油提炼等多方面，为边区做出巨大贡献。虽然条件艰苦，但自然科学院仍然在困境中成为当时中国弘扬科学精神、普及科学知识和培养科技人才的重要力量。在短短半个小时内，校史馆馆长王民与实践团同学们视频连线,向实践团成员讲述了这一段峥嵘岁月。忆古思今,开创未来,八十载栉风沐雨,八十载立德树人,八十载创新不辍,八十载号角激昂,八十岁的北理工,生日快乐!

躬行践履,感受一次成长历练

不忘初心,牢记使命。实践团成员在叶飞将军题词的照壁前,认真聆听新四军东进的背景和沙家浜发展壮大人民抗日武装力量的意义;在广场烈士雕像前,向革命先辈敬献花篮,表达内心的无限敬意;在沙家浜革命历史纪念馆,借助图片文字、实物展示和视频影像等资料,重温了那段革命军依靠当地人民群众的支持,利用芦苇荡地区天然条件,与日伪顽匪斗智斗勇、开展艰苦抗日斗争的历史,深切感受军爱民、民拥军的鱼水深情。

"在社会实践活动中,行动可能只是点滴,但'获得感'将什么是'青年服务国家'的重大责任写在了青年的心中。"在实践路上,这种"获得感"将渐渐明晰为"青年服务国家"的责任!

使命在肩,涵养一份家国情怀

实践团成员来到溧阳市长三角物理研究中心,先后参观了新能源科技馆与基础研究产业中心和天目湖先进储能技术研究院。实践团成员在研发人员的讲解下,加深了对产业创新的理解和对锂电池生产制造的了解,并在实验室近距离观看了老师们操作SEM和XCT设备以及锂电池的组装,甚至亲自动手

实践参与锂电池组装过程。创新发展是民族希望,也是时代脉搏,在实践路上,实践团成员们更加清晰地认识到自身发展定要融入社会发展需要、祖国建设需要中去。

"读万卷书,行万里路",只有亲历祖国的大好河山,身体力行地参与实践,在国史国情大课中受教育、长才干、做贡献,才能真正明白使命与奋斗的真正内涵。"使命在肩,奋斗有我"并不是口头的一句标语,星星之火可以燎原,国家的发展和未来正在召唤新一代的青年们接过接力棒,创造青年一代的荣光。所以,北理工青年们,怀揣着梦想,大胆实践吧!

一代北理工人有一代北理工人的长征

2020年北京理工大学明德书院红色实践纪实

为深入贯彻落实党的十九大精神、积极践行社会主义核心价值观，庆祝北京理工大学建校八十周年，传承"德以明理，学以精工"的北理工校训，明德书院在学生工作部的指导下，在"就地就近，确保安全"原则指导下，以线上和线下结合的形式，开展"一代北理工人有一代北理工人的长征"系列暑期社会实践活动，共组建25个红色实践团，涉及2018、2019两个年级，遍及陕西延安、重庆、山东沂蒙、湖南长沙、贵州遵义、河北西柏坡等地。

重回延安　踏寻初心

"我们的意志比钢铁还坚强。为了祖国的新生，为了民族的解放，任何困难也不能把我们阻挡。"这首当年流传在延安自然科学院的小诗，令明德学子为之动容。

8月11日，明德书院暑期红色实践团来到北京理工大学的诞生地——延安自然科学院遗址，开展暑期社会实践活动。

延安自然科学院是中国共产党创立的第一所理工科大学。在这里，明德学子看到艰苦环境下国家对于教育的重视，近距离感知了学校历史，切身感受到延安这片沃土所承载的红色基因。北京理工大学从延安走来，延安精神不仅孕育北理工人团结勤奋的品格，也铸就北理工人的红色基因。

初心引领　使命传承

"通过阅读徐特立先生的生平事迹表,我们感受到了徐老光荣又坎坷的一生",明德学子李彦沨在徐特立老先生故居直播时讲到。

7月28日,明德党支部实践团来到徐特立老先生的故居,通过哔哩哔哩直播微课,带领线下同学一同探寻徐老校长生活足迹。徐特立老先生作为北京理工大学的奠基者之一,为我校发展壮大做出了巨大的贡献。在前往徐特立故居前,实践团成员查阅大量徐老校长相关事迹,多次召开准备工作会议,反复讨论直播流程、直播内容以及互动形式。

在这里,明德学子看到了过去,体会到了在艰苦环境下老校长艰苦创业、敢于创新的革命精神;看到了现在,明确了青年一代北理工人的担当与责任;看到了未来,立志将红色基因代代相传,在新时代奋力走好属于北理工人的长征。

传承有我　明德先行

"我看到你们年纪轻轻就出来重走长征,希望你们真真切切地有收获,把长征精神一代代传下去!"在重走长征路的过程中,同行的前辈叮嘱明德学子。

8月5日,明德学子重温长征路线,他们穿上军装,扛起钢枪,真切感受革命前辈在长征时的种种艰辛与不易；8月11日，在红军长征胜利纪念馆内，一群小学生讲解志愿者用稚嫩的声音讲述着英雄故事，弘扬着红色文化，深深感动了大家。知所从来，思所将往，明德学子体验长征经历，感悟长征精神，思考未来发展。

读万卷书以明理，晓社会事以通情。明德书院一直重视引导学生走出校门、走向社会、接触社会、了解社会。党员干部和专兼职教师发挥先锋模范作用，带领明德学子深入领会革命精神，勇担历史使命，走好新时代长征路。明德书院将进一步创新工作模式，整合社会资源，拓宽实践平台，结合新时代爱国主义教育，逐步完善以思想教育、服务社会、创新就业、劳动奉献为导向的暑期社会实践体系，做好学校与社会育人的有效联动，将理论知识与实际生活相融合，鼓励学生在社会实践中"担复兴大任，做时代新人"，在奋斗中谱写新时代的青春之歌！

跟党走，忆初心，担使命

——追溯延安根，砥砺新征程

2021年北京理工大学学生陕西延安红色社会实践纪实

延安是中国革命的摇篮，也是北京理工大学的诞生之地。党中央在延安的13年，是中国共产党革命斗争中最关键和艰苦的时期。延安水土孕育了北理人团结勤奋、求实创新的品质，延安精神铸就了北理人自力更生、艰苦奋斗的脊梁。

为引导大家走出校园、深入社会，在实践中受教育、长才干、做贡献，教育培养青年学生铭记历史、不忘初心，传承"延安根、军工魂"红色基因，学生工作部组织了数支团队开展红色社会实践，其中光电学院成立"跟党走，忆初心，担使命——追溯延安根，砥砺新征程"红色社会实践团，赴延安开展暑期红色社会实践，团队成员由光电学院党员骨干和学生骨干组成。

追忆峥嵘岁月，坚定理想信念

在实践团的开班仪式上,延安大学纪委副书记韩卿元为同学们致欢迎辞,辅导员黄颖进行了动员讲话,要求所有学员遵守纪律、遵守学校要求并鼓励学员在实践过程中认真看、认真学,争取更大收获。

中国延安干部学院的程伟教授为实践团带来专题党课"中国共产党的百年辉煌历程",延安大学王东维教授讲授了实践党课"知青情 知青理 知青魂"。学员们重温党史,感受艰苦奋斗、自力更生的延安精神,更加坚定了理想信念,激发了学员们的爱党爱国情怀。

赓续红色血脉,传承红色基因

登临宝塔山,将延安城尽收眼底。走进凤凰山、杨家岭、枣园以及王家坪革命旧址,参观陕甘宁边区政府旧址,实践团成员为老一辈革命家"独立自主、自力更生、艰苦奋斗、奋发图强"的革命精神深深折服。庄严肃穆的礼堂、飘扬的党旗,一幅幅图片讲述着艰苦奋斗的岁月,激励着我们传承和弘扬革命精神,走好奋斗之路。

踏入延安自然科学院旧址,感受老一辈无产阶级革命家开拓创新、积极探索、勇于进取的精神。作为延安自然科学院的继承人,实践团成员倍感亲切和激动,自发唱响了校歌《延河情》和《国际歌》。珍惜韶华,努力学习,奋发图强,建设祖国,实践团成员将此铭记在心。

回顾延安记忆，领悟延安精神

走进中国人民抗日军政大学纪念馆、延安革命纪念馆、中央西北局革命纪念馆，观看大型红色历史舞台剧《延安保育院》，重温了一段段筚路蓝缕的奋斗历程，一篇篇感人肺腑的英雄壮丽史诗。一个个名字、一张张照片，书写着顽强奋斗的苦难辉煌，深化了实践团成员爱国爱党的思想，激发了勇担使命的责任感。

脚踏实地前进，服务人民群众

实践团成员满怀尊敬与敬仰，在"四·八"烈士陵园缅怀先烈，向革命先烈敬献花圈；在张思德纪念广场诵读毛主席《为人民服务》全文，坚定精神信仰，向张思德同志学习。革命壮烈的生平事迹和英雄事迹，让在场的成员感受到了共产党人敢于斗争、不怕牺牲、艰苦奋斗、不断前进的精神。

走进北京知青博物馆，回望当年北京知青上山下乡接受贫下中农再教育的历史，实践团成员对知识青年服务人民、报效祖国有了更加深刻和具体的理解。

回望红色足迹，不忘初心使命

历史川流不息，精神代代相传。通过参观学习，"追溯延安根，砥砺新征程"红色实践团回顾了中国共产党的延安十三年光辉历史，重温了延安时期革

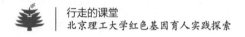

命岁月。

时间和历史都会铭记一代代共产党员为了国家和人民做出的贡献和牺牲。一代代无产阶级革命者前仆后继用血肉换取和平和解放，为人民生活得幸福安定而努力奋斗、奉献终身。

百年恰是风华正茂，百年仍需风雨兼程。我们这代人也应挑起历史的重担，努力为人民的事业奋斗和拼搏。伟大的延安精神，时刻激励着我辈继承共产党人艰苦奋斗的意志，永远把延安精神传承下去、发扬光大。我们将为实现中华民族伟大复兴的中国梦不懈奋斗！

党领导人民在过去的100年里写下光辉篇章，我们坚信也一定能够在未来继续写出更加壮丽的篇章。

行走百年党史,奋斗正当其时

2021年北京理工大学学生福建古田红色实践纪实

在庆祝中国共产党成立100周年之际,为引导青年学子走出校园、深入社会,在实践中受教育、长才干、做贡献,不断推动青年学子以实现中华民族伟大复兴为己任,增强做中国人的志气、骨气、底气,教育培养青年学子铭记历史、不忘初心,传承"延安根、军工魂"红色基因,学生工作部组织了数支团队开展了暑期红色社会实践。

精工书院在继承和发扬"行走的党课"品牌活动的基础上,以"走在峥嵘岁月中""走在五星红旗下""走在春天田野间""走在复兴之路上"为主题,组织开展沉浸式的"四史"学习教育主题实践。7月12—17日,精工书院成立由学生党员组成的红色社会实践团,深入革命老区闽西,探访红色热土,重温峥嵘岁月,感悟苏区精神。

学习红色历史，传承革命精神

7月13日下午，实践团邀请闽西革命历史博物馆馆长邓泽村带来"古田——党和军队建设史上的里程碑"专题党课。邓老师将那段人民军队建设历史娓娓道来，聚焦古田会议精神的历史意义和时代价值，深入解读古田会议精神。实践团成员仿佛穿越时空回到过去，和革命先辈们展开了现场对话，参与古田会议。

在专题教学结束后，实践团成员分别围绕"古田会议精神对我们的启示""古田全军整治工作会议的重要意义"等进行深入讨论与交流，探析新时代下如何弘扬古田会议精神。通过党课学习，实践团成员进一步认识到伟大时代赋予自己的使命，坚定决心沿着先辈探寻真理的足迹不断前行，接过先辈的火炬，传承精神，迈步未来！

追寻历史足迹，触摸红色记忆

为加强党史学习教育成效，更深一步了解古田会议历史背景，感悟古田会议精神，实践团分别于7月13日和14日前往古田会议旧址及"新泉整训"旧址参观学习。

伴随着一路红旗飘扬，同学们进入会场旧址（原廖氏祠堂），"古田会议永放光芒"八个红色的大字在阳光之下闪闪发光。这座坐落在荷花池之上，背靠参天古木林的庄严祠堂内,向我们讲述当年的红色往事。

在这片红色圣地,学生党员重温入党誓词,重燃革命激情,传承红军精神。在旧址旁的毛主席纪念园内,实践团成员拾级而上,怀着崇高的敬意,向毛主席的雕像敬献花篮,深切缅怀老一辈革命家的丰功伟绩。

在新泉万人整训纪实展览纪念馆内,实践团成员进一步了解了新泉整训的经过和闽西革命历史,深入理解了新泉整训的历史重要性和社会主义新时代赋予的使命感。

7月14日下午,实践团成员走进长汀中复村,来到红军桥、观寿公祠,进一步触摸红色记忆,感受红军与百姓的真挚情谊。展板文字饱含百姓对红军浓浓的情谊,充盈百姓与红军无法割舍的情感!

7月15日,实践团来到客家家训馆及邓子恢纪念馆参观学习。在客家家训馆,聆听《廉政家风》微党课,学优秀家风、听家规家训、读廉情寄语,进一步了解闽西这片红色土地上的客家文化。在邓子恢纪念馆内,一张张图片、一件件实物,展示了邓子恢在漫长的革命生涯中为壮大革命武装力量所做出的艰苦卓绝的奋斗。革命先辈们绘制了蓝图,积蓄了时代发展的不竭动力,新时代的我们更要不忘初心、牢记使命,为民族复兴铺路架桥,为祖国建设添砖加瓦!

探访红色传承，领悟振兴战略

在参观学习的途中，实践团中的两个调研小组开展了独立的调研任务。这也是加强实践与理论相结合，保证更加全面了解当地文化及发展现状的必经途径。

红色文化调研小组以"闽西红色文化的教育与传播途径"为研究内容，通过问卷以及访谈的形式，进行调查研究。调研对象，有切身经历红色故事的烈

士后辈，有发扬传播红色故事的讲解员，有生活在红色氛围中的当地居民，也有前来感受红色文化的各地游客，同学们记录了一个个闽西人民的红色故事，感受了一份份独一无二的闽西情。

乡村振兴调研小组以"红色老区乡村振兴发展模式调研"为方向，对当地村落贫困户、扶贫干部、商店销售人员、农场经理等进行访谈。

调研小组走过带动全村一起富起来的新型农庄，走过随处可见扶贫项目的旅游景区，走过古色古香重视"崇文重教、耕读传家"的人文古村落，通过访谈深入了解了不同地区因地制宜的乡村振兴发展模式以及各地扶贫政策实施情况，切实感受各项扶贫政策和措施在打赢脱贫攻坚战、带领人民走向富裕与幸福中发挥的显著作用。

蹄疾步稳，踏石留印，抓铁有痕，精工学子在实践中学百年党史，悟奋斗初心。未来，将把在闽西地区学习到的革命精神与优秀品质融入个人发展，听党话、跟党走，为国家富强、民族复兴贡献自己的一份力量！

"化"说湘中红色事

2021年北京理工大学学生湖南红色实践纪实

在庆祝中国共产党成立100周年之际，为引导青年学子走出校园、深入社会，在实践中受教育、长才干、做贡献，不断推动青年学子以实现中华民族伟大复兴为己任，增强做中国人的志气、骨气、底气，教育培养青年学子铭记历史，不忘初心，传承"延安根、军工魂"红色基因，学生工作部组织了数支团队开展了暑期红色社会实践。

化学与化工学院"'化'说湘中红色事"暑期红色社会实践团队（由1名带队老师、15名学生党员、2名入党积极分子共计18人组成）以新民主主义革命时期、社会主义革命和建设时期、改革开放和社会主义现代化建设新时期、中国特色社会主义新时代四个不同的历史时期为时间线索，前往湖南长沙、浏阳、郴州、湘西土家族苗族自治州、韶山五地，开展了以"学习红色党史，了解乡村振兴，争做优秀党员"为主题的暑期红色社会实践活动。

麓山巍巍，湘水悠悠。湖南自古有"惟楚有材，于斯为盛"之誉。百年的峥嵘岁月里，无数仁人志士汇聚于此，燃烧如星火般的生命，点燃革命的燎原烈焰。毛泽东、刘少奇、任弼时、彭德怀等无产阶级革命家，为创建中国共产党、缔造中华人民共和国做出了卓越贡献，湖湘人才联袂而起、灿若星河。湖南是一片红色的沃土，革命先烈群星璀璨，红色资源得天独厚。

在湖南省浏阳市文家市镇秋收起义纪念馆，实践团成员通过"一场危机、一面旗帜、一条道路、一支军队、一部史诗"的主题展览，了解了毛泽东同志

率领湘赣边界秋收起义部队向浏阳文家市集结的情景,深刻感受到了当年那段惊心动魄的烽火岁月。

实践团队第一分队和来自湖南省某市公安局的党员同志们、湖南工学院社会实践团队以及当地小学生自发组成的小小义工团等一起参观学习,还交流分享了学习体会。同时,还与秋收起义纪念馆一线工作人员陈思怡同志进行了座谈式采访。她分享了选择这份职业的初衷后,还为青年党员学习百年党史提供了宝贵的建议:"青年党员应该通过书籍、影视剧作品、实地走访调查等多种形式,努力挖掘更多红色故事,学习先辈们敢为天下先的精神,奋发努力、积极向上,为未来之中国做出更大贡献。"

"学习雷锋好榜样,忠于革命忠于党。"一首耳熟能详的歌曲让雷锋同志的形象深入人心。实践团成员前往了雷锋纪念馆,通过"平凡的人生""伟大的精神""永远的榜样"三个部分学习了雷锋同志的事迹,深入学习领会雷锋精神。在参观学习中,从雷锋同志使用过的一件件物品中,从雷锋同志亲朋好友的一份份手写信中,团队成员深刻感悟雷锋同志始终都以崇高的理想和坚定的信念引领自己,自觉服从党和人民的需要,以奉献、敬业、创新、创业的精神和行动报效祖国、服务人民。团队成员纷纷表示要在日常的学习生活中向雷锋同志学习,砥砺前行,时刻勉励自己做一颗永不生锈的螺丝钉。

实践团成员前往湖南长远锂科股份有限公司进行交流学习。湖南长远锂科股份有限公司,是世界500强企业中国五矿集团有限公司直管企业,专注于高端锂离子电池和镍氢电池正极材料的研发。公司党委组织部(人力资源部)副部长彭彬先生向大家展示了公司生机蓬勃的发展历程、全自动式高水平技术生产

线。谈到国有企业改革带来的影响时,他分享通过改革,公司贯彻两个"一以贯之",把党的领导内嵌入公司治理结构,把党的建设深度融入生产经营各个环节,促进企业以持续不断的生机活力冲向全国乃至国际市场。

在橘子洲景区,实践团队通过瞻仰青年毛泽东雕像,感受了青年毛泽东胸怀国家的情怀。参观期间,一位佩戴着光荣在党50年纪念章的老人吸引了团队成员的注意。这位来自湖南省永州市江永县的、有着55年党龄的党员欧阳德良同志给团队成员讲述了其入党经历,也带领着团队成员重温了入党誓词。"我志愿加入中国共产党……随时准备为党和人民牺牲一切,永不叛党。"这铮铮誓言中是对革命前辈的缅怀,也是对青年服务国家的庄严承诺。临走时,这位老人还拉着团队成员董安旺的手亲切地嘱托要积极工作,年少有为,好好为人民服务，表达了自己对青年一代的殷切期望。

实践团二队成员到达沙洲村的当晚刚好遇上了汝城县第四届奈李文化旅游节开幕。台上村官直播带货、种植大户登台比拼、明星献歌助力销售；台下摊位铺开，现场游客络绎不绝。仅一晚，该活动就取得了与13位客商签约、销售奈李6.5万千克、网络带货15万千克的喜人成就。农民幸福则乡村振兴，乡村振兴则国家富强。乡村的振兴需要村民吃苦耐劳，也更需要越来越多具有"半条被子"奉献精神的党员和党员干部将农民的幸福放在心中，将振兴工作落在实处。我们青年党员，更要怀有"半条被子"奉献精神，在党和人民需要的时期，到党和人民需要的地方去。

聚焦脱贫攻坚，心系乡村振兴

2021年北京理工大学学生河北红色实践纪实

北京理工大学生命学院赴河北阜平县红色实践团由徐特立学院、睿信学院、生命学院的学生组成，指导老师为生命学院辅导员徐帼缨、李文宣。实践活动得到了阜平县委宣传部办公室何新凯主任的大力支持。从2021年6月20日立项开始，在指导老师的带领下，经过6次线上会议讨论，完成了个人课题确定、团队课题确定、实践地联系、安全预案准备、物资购买等工作。赴阜平红色实践活动为期5天，围绕阜平脱贫攻坚的历程、乡村振兴的未来规划、红色老区的文旅发展及生态科考等课题，以社会调查、采访调研、体验观察、生态科考等形式，调研阜平县的脱贫攻坚历程及取得的伟大成果，助力阜平县乡村振兴持续发展。同时结合该地区块特色，按城中、城南、城北、城东、城西的顺序走访调研。

阜平县地理位置特殊、历史文化丰富、革命历史悠久，是华北地区发展旅游度假、休闲观光的胜地之一。结合实际情况与调研需求，实践团走访了文化广电和旅游局，参观了位于城南庄镇的晋察冀边区革命纪念馆和花山村的毛主

席故居、位于史家寨乡的晋察冀边区机关旧址和晋察冀革命历史陈列室、位于龙泉关镇的顾家台村和领袖小院,追寻红色足迹,走访革命旧址,不仅在实践中学习党史、淬炼党性、坚定信仰,而且对阜平旅游发展战略规划有了全面了解。自脱贫攻坚工作开展以来,旅游业一直是带动全县经济发展的引擎。阜平打造了天生桥、晋察冀边区革命纪念馆等精品旅游景区,重点发展了骆驼湾、顾家台、平石头、花山等12个"乡村旅游示范村",带动村民提高经济收入。

"原味"旧址述初心

史家寨乡的晋察冀边区机关旧址,分布在史家寨及其附近村庄山坡上,一排排窑洞便是当年边区机关工作的地方。从雷堡村至史家寨大东沟,从红土山村至史家寨村下漕沟,17道山沟中,共挖有石窑洞400多个,建土坯楦窑100多个。绿水青山与红色记忆相互交融,原汁原味的露天景色让人流连忘返,历史的余香从这里散发,吸引着大批游客的到来。

城南庄红色小镇的旅游开发也十分具有特色,建有晋察冀边区革命纪念馆。纪念馆分为展览区、室外雕塑区、后山旧址区和生态休闲区,日均客流量可达2 500人次,做到了特色旅游吸引游客、品质服务留住游客,助推景区周边经济发展,助力全县旅游产业大升级。

S382省道是古代帝王到五台山进香朝圣的古御道,而位于古御道旁的领袖小院里的老松散发着清香,墙角的水缸封存着历史的记忆,墙上的枪带与战略图述说着革命的故事,门口的红纸黑字"传承红色基因,涵养高尚品德"彰显着当代建设者对老一辈革命家的深切崇敬与缅怀。

圆梦小镇谱新篇

顾家台村和骆驼湾村共同构成了圆梦小镇。小镇按照"宜农则农,宜林则林,宜牧则牧,宜游则游"的十六字方针,大力发展乡村旅游,主要景点有圆梦大道、亲民小院、招提寺、食用菌产业园、藏粮沟古村落酒店等。旅游向休闲度假转变,成为扶贫开发试验田。

旅游具有内生的创新引领性、协调带动性、开放互动性、环境友好性、共建共享性,与创新、协调、绿色、开放、共享五大发展理念高度契合。旅游业已成为阜平的综合性大产业、幸福产业,贯彻落实了"旅游兴县"的发展战略规划。阜平县通过"企业+基地+农户"的带贫模式,依托太行山食用菌研究院、阜平产业研究院和太行山农业创新驿站的科技支撑,因地制宜发展了现代食用菌、高效林果、中药材、规模养殖、家庭手工业、生态旅游六大产业，形成了"长短结合、多点支撑、绿色循环"的扶贫产业体系。实践团在相关部门领导的带领下走访参观了乡村振兴局、农业农村与水利局、供水管理站、城南庄镇政府、史家寨乡政府、顾家台村政府、阜东开发区、服务外包产业基地、香菇养殖基地、菌棒生产基地、肉鸡养殖基地、硒鸽养殖基地，全面了解了阜平产业发展，洞悉了产业就业扶贫的真实面貌。产业就业一直是拉动阜平经济发展的有效推手。在产业就业的推动下，2019年年底全县164个贫困村全部脱贫出列，2020年2月阜平退出贫困县序列，2020年年底剩余贫困人口全部稳定脱贫。

现代产业引领就业潮

阜平在脱贫攻坚阶段大力发展了家庭手工业，插花、纸盒、手工编织等"小手工活"进农户项目3 245户，覆盖113个行政村，小手工活项目人均年增收3 000元。而后大抓现代化产业发展，阜东开发区的建立、阜平服务外包产业基地的引进便说明了这一点。阜东开发区内的沙盘里展示着阜东的美好未来，荷马金桥外包基地埋头苦干的青年彰显着阜平年轻一代的生机与活力，相信阜平的年轻人必将创造美好的阜平、建设美丽的阜平。阜平县坚持以市场为导向、以农民为主体，以全县的贫困村和易地扶贫搬迁小区为主战场，以增收致富为目标，通过"政府支持、企业运营、农民参与"的模式，引进并大力发展多类产业增加就业，现已取得明显成效。

生态富县

阜平县从自发实施"生态富县"战略到自觉践行"绿水青山就是金山银山"的理念，坚持一张蓝图绘到底、一届接着一届干、一锤接着一锤敲，把生态建设作为重中之重的工作来谋划、作为责无旁贷的政治责任来落实。实践团在相关人士的带领下走访参观了史家寨乡晋察冀边区机关旧址、花山村向日葵园、大道农业林果园区、阜平汲水阁旁水库、龙泉关镇天生桥景区，了解到阜平生态建设情况，感受到阜平青春与绿色的气息，相信阜平的绿水青山必将变成金山银山，在乡村振兴阶段带领阜平实现新的发展。良好的自然环境为发展生态旅游、康养旅游等旅游产品提供了重要支撑。

结合阜平优美的生态环境，实践团在花山村、鹞子河等地开展了水质、土壤取样检测和环境考察。物理学院韩俊峰老师团队研发的纸微流控芯片为水质检测提供技术支持。通过计算机学院研发的手机App对纸芯片检测区域拍照，进行图像处理，实时获取检测结果，使用方便，成本低，省时省力。实践团对相关工作人员展示纸芯片的使用方法和检测效果，将高校先进技术应用于地方发展和生态环境保护，践行"我为群众办实事"，助力革命老区生态文明建设。

学焦裕禄精神，做新时代青年

2021年北京理工大学学生河南红色实践纪实

2014年3月17日，习近平总书记把群众路线教育实践活动的考察地点选在了兰考。在这里他进入普通农户家中了解情况，与基层党员群众座谈交流。

1962年，河南兰考内涝、风沙、盐碱"三害"肆虐，粮食产量降到历史最低水平，临危受命的焦裕禄来到这里担任县委书记，为战胜"三害"忘我工作，直至生命最后一刻。生命学院红色实践团由6名本科生组成，为期5天，围绕焦裕禄精神对乡村振兴的影响、兰考红色旅游业的发展状况与影响、兰考林业发展现状等课题，参观焦裕禄同志纪念馆，与兰考县水利局和兰考电子商务公共服务中心进行交流，探寻屹立的焦桐背后的故事，解读新时代红色基因传承下兰考的新篇章，做新时代的红色基因传承人。

重温红色记忆——焦桐常青，精神长存

不忘初心，牢记使命。7月10日，实践团来到兰考，一起重温那段红色记

忆，感受焦裕禄同志的坚强党性和公仆情怀。实践团分别来到新老两个焦裕禄纪念馆，通过馆内展览板、雕塑、绘画等深入了解了焦裕禄同志为人民服务、鞠躬尽瘁、死而后已的光辉一生。馆内有很多还原焦裕禄同志生活工作场景的实体景观，栩栩如生，恍若身临其境，令人动容。在新馆不远处，实践团参观了焦裕禄同志亲手栽种的焦桐，进一步理解了焦裕禄精神的意义。焦裕禄精神是不会在这片土地消亡的，它会不断迸发出新活力，随着这座城市发展下去。

7月11日，实践团成员前往焦裕禄精神体验基地和四面红旗纪念馆进行参观学习，进一步认识焦裕禄精神的本质。"韩村的精神、秦寨的决心、赵垛楼的干劲、双杨树的道路"——这是焦裕禄书记当年在兰考树立的"四面红旗"。通过详尽的文字介绍、生动的图片和实物展示，团队成员了解了他们的先进事迹和张庄村群众治沙的故事，深刻感受到当年兰考人民战天斗地的革命热情。

在焦裕禄精神体验基地，实践团成员再一次感受并深刻理解焦裕禄精神。设置了"挖渠排涝"项目的"赵垛楼的干劲"体验区，让参观者感受到赵垛楼迎难而上、务实创新的干劲；设置了"堆草垛"体验项目的"韩村的精神"感悟区，让参观者在实践过程中更加深入地学习韩村人面对困难时自力更生的精神品质；回顾了我国的历史和近现代的发展历程的"秦寨的决心"体验区，让参观者在感受当今中国迅猛发展的同时，也带给参观者对于当下、未来发展的思考和坚定前行的决心和动力；能够体验"翻淤压沙"的治沙策略的张庄治沙体验区，让参观者切身体会到治沙的不易，也强化了参观者对于焦裕禄精神的理解。

探寻兰考发展——初心不改，使命不怠

实践团来到"梦里张庄"，探寻脱贫后兰考农村的发展变化。干净的街道，大范围的绿化面积，种类繁多的花草，成片的农田，葱葱郁郁的果树林，新修的水渠，这些都是张庄的建设成果。曾经这里灾害频发，有80多个风口，大的决堤就有10多次。风沙大的时候，漫天黄沙，难以出门。粮食被流动的沙丘掩埋，几乎没有可以耕作的土地。在焦裕禄书记的带领下，当地人通过"翻淤压沙"的方法来治沙。如今，张庄已经看不到当初恶劣环境留下的痕迹，人们平淡而幸福地生活在这里。红色引领、文化做魂、水为灵气、绿色衬托、农民主导，这就是梦里张庄。

实践团前往兰考县农林大厦，与兰考县水利局办公室主任肖显明和兰考林业中心办公室主任李辉进行交流，从更专业更全面的角度了解兰考林业和水利方面的政策和建设成果。兰考县水利局在省、市有关部门的指导下，按照"利用水资源，治理水环境，营造水生态，发展水生态"的总要求，为实现黄河水"引得来，留得住，用得好，排得出"的目标，打造"河相通，渠相连，沟相接，旱能浇，涝能排"的水利建设体系，在各方面已经取得了成功。现在，兰考水系发达，干渠支流繁多，已经连接万亩良田。兰考以泡桐闻名，曾获得河南第一批森林城市称号，这与兰考的林业发展息息相关。防风固沙是兰考森林建设中最核心的部分，目前已卓有成效，大范围风沙在兰考已经绝迹。泡桐是一种经济价值较高的树种，可供建筑、家具、人造板和乐器等用材，在兰考已经有几十年的种植历史。林业发展亦为脱贫分忧，生态护理员为贫困家庭提供工作岗位，经济作物为农家增收。

实践团来到兰考电子商务公共服务中心，实地了解了兰考的电商产业和物流仓储企业。兰考县电子商务公共服务中心就是唯一一个县级电子商务公共服务平台。在县委县政府的领导下，兰考县电商务领域工作依托兰考县生态、产业等资源优势，大力推动电子商务与传统行业渗透融合，更好地为兰考产业发展助力。

近几年，兰考县把强县和富民统一起来，坚持全产业链发展，形成品牌家居、绿色畜牧、循环经济等特色主导产业，带动更多群众增收致富。而兰考也重点引进行业龙头企业、上市公司，恒大、正大、禾丰、格林美、富士康等一大批龙头企业相继在产业园区开工建设。产业扶贫是稳定脱贫的根本之策，也是巩固脱贫成果和牢固防返贫防线的关键举措。未来，兰考的产业还会继续发展，向共同富裕的目标迈进。

实践团成员在参观走访中学习红色精神、了解生态建设、感受山乡变化，在国情大课堂中收获思考和成长，扎下了用知识服务社会的思想之根。

重回燎原故土，再觅星火起源

2021年北京理工大学学生延安红色实践纪实

　　本次赴延安红色实践团由生命学院2020硕士第二党支部成员（包括李泽宇、赵俊天、姚韵楚、梁钰、李晓雅、刘梦瑾、李佳雨）及物理学院2021级研究生白江跃组成，指导老师为生命学院团委书记陈曼。社会实践为期5天，以延安精神的继承与传承、习近平总书记在梁家河的知青岁月及生态文明建设等为主题，以走访革命旧址的形式，学习党的历史、淬炼党性、坚定信仰。

知校史，用红色基因熔铸理想信念

　　6月30日，实践团成员前往学校校史馆参观学习，回望北京理工大学的发展史，行程万里，不忘来路，饮水思源，不忘初心。北理工"延安根，军工魂"的红色基因早已刻在每个北理工学子的心里。

　　陕西延安，是北京理工大学的前身"延安自然科学院"的诞生地。作为中国共产党创办的第一所理工科大学，从诞生之日起，北京理工大学就与祖国同呼吸、共命运，走出了一条为国家培养红色工程师的育人之路。生命学院学生红色实践团重回燎原故土,再觅星火起源,与先行者对话,感悟红色革命岁月,做新时代的红色基因传承人。

7月5日,实践团举行发团仪式。"欲知大道,必先为史。"对共产党人来说,党史是最好的教科书,是最好的营养剂。党员干部要认真学习党史、借鉴党史,在感悟百年历程、伟大成就、优良作风和宝贵经验中汲取智慧、提高能力。以此为重要指导思想,发团仪式上,实践团成员观看了北理工大型原创电视纪录片《红色育人路》。北京理工大学是中国共产党创办的第一所理工科大学,《红色育人路》站在中国共产党创办和领导中国特色高等教育的高度上,聚焦北京理工大学80年辉煌的办学实践,在不同历史时期,不忘立德树人初心,牢记为党育人、为国育才使命,服务党和国家重大战略需求,最终走出一条"红色育人路"。

学党史,以红色文化涵育时代新人

实践团第一站为北京理工大学的前身"延安自然科学院",这是一所诞生在烽火岁月的高校。站在伟人丰碑前,实践团成员肃然起敬,誓言吾辈必当坚定正确的政治方向,做新时代的红色基因传承人。

之后,实践团参观了枣园革命旧址,了解了全党的整风运动和解放区军民的大生产运动以及中国共产党第七次全国代表大会的历史;参观五大书记旧

居，感悟时代伟人在艰苦年代勤俭节约、自力更生的生活作风；在南泥湾大生产展览馆见证了当年艰苦奋斗的峥嵘岁月，深受感染并在南泥湾党徽广场庄严宣誓；在延安革命纪念馆，重走老一辈革命家的曲折革命道路……今日的幸福生活来之不易，我辈更当不忘来路，担大任、行大道。

传精神——让红色记忆激发使命担当

实践团与陕西省延安市延安精神研究会开展了关于延安精神的传承与发展座谈会。出席本次座谈会的有研究会综合科科长王璟、编辑部科长苗生顺、宣教科科长牛娜、副研究员高慧琳、课题科副研究员刘小龙等。在本次座谈会上，延安精神研究会向我们充分讲述了延安精神的具体内涵和时代意义，并赠送了研究会出版的系列读物。

仰望巍巍宝塔山，俯瞰滚滚延河水，实践团成员在中国革命母亲河之上寻找红色印记，缅怀党中央在延安的革命足迹。追寻习近平总书记的脚步，来到延安市延川县梁家河，追忆习近平总书记的七年知青岁月。

办实事——高校技术助力老区生态环境建设

在习近平生态文明思想的指引下，延安市的生态文明建设从认识到实践发生了历史性、转折性、全局性变化。延安市坚决推进"碧水、蓝天、青山、净土"保卫战，打好打胜污染防治攻坚战，用生态环境建设助力经济高质量发

展。实践团来到南泥湾,调研千亩稻田;登上乾坤亭,眺望黄河古道;丈量延河东流之路,接受中国革命"母亲河"精神的涤荡。队员们在南泥湾、梁家河、乾坤湾清水湾、延河等地方开展了水质、土壤取样检测和环境考察。物理学院韩俊峰老师团队研发的纸微流控芯片为水质检测提供了技术支持。通过计算机学院研发的手机App对纸芯片检测区域拍照,进行图像处理,实时获取检测结果,使用方便,成本低,省时省力,结果准确。实践队员还对当地工作人员展示纸芯片的使用方法和检测效果,将高校先进技术应用于地方发展和生态环境保护,践行"我为群众办实事",助力革命老区生态文明建设。

做采访——党的领导指方向,延安精神放光芒

实践团还在延安街头进行了街采活动,了解当地群众对延安精神的理解。张思德消防服务队队员说:"群众有危难,有困难的时候我们及时地伸出援助之手冲锋在前,为人民服务。"眼科医生说:"虽然我是一名眼科医生,但是我也是一名共产党员,在我的工作中践行全心全意为人民服务的精神,最重要的是做好自己的本职工作,锻炼自己的技术能力,其次是做好对病人的人文关怀,帮助病人早日康复。"一位老革命家说:"希望你们能够早早学会两种本领。一种本领就是松树的本领,松树,特别是高山上的松树,不怕刮风下雨,

冬天也巍然直立,四季长春。再一个是柳树的本领,柳树是插在哪里就在哪里活,走到夏天,生长茂盛,十分的可爱。希望你们能够早点学会这两种本领,为人民服务。"

谈收获——忆峥嵘岁月,做时代新人

刘梦瑾:2021年7月5日我们满怀欣喜与期待,踏上了延安这片土地,开启了我们为期五天的难忘旅程。在延安的这几天,我参观了延安自然科学院、南泥湾、枣园、延安革命纪念馆、杨家岭等多个革命旧址,对延安精神有了更加深刻的认识。我深深地感受到了这里的红色氛围,街上随处可见飘扬的五星红旗,来自全国各地的旅客来这里参观学习。延安这座坐落在西北黄土高原的古老城市,因为在中国革命史上的神圣地位被永远载入中国革命史册,老一辈革命家和老一代共产党人在延安留下的优良传统和作风培育形成的延安精神,是我们党的宝贵精神财富。作为新时代的青年,我们更要好好地理解和传承这份精神,好好学习,坚定理想信念,担当时代重任。

姚韵楚:延安之旅,收获颇丰。我们初到延安,对这里的一切充满未知。我们一起在《延安,延安》大型情景剧演出中为共产党的信仰而落泪;我们一起领略了枣园革命旧址的风貌,了解那段党中央在陕北的艰苦岁月;我们一起采访延安老党员,与延安精神研究会展开座谈会,一起学习延安精神;我们在杨家岭参观中共中央七大会址,了解那段大生产运动历史;我们参观习近平总书记知青旧居,了解梁家河精神与习近平总书记的爱民情怀……延安精神,将在未来融入自己的学习工作中!

白江跃:短短的五天行程,从延安自然科学院旧址到革命纪念馆,再到杨家岭旧址、枣园旧址以及南泥湾、乾坤湾、梁家河……这一个个历史丰碑,篆刻着伟人们为新中国奋斗的痕迹,仿佛把我的思绪拉回到那个遥远的年代,使我在心灵上有了很大的触动,在思想上有了提高。告别革命圣地,辗转深思,作为新时代的青年党员,我们更应该脚踏实地,一步一个脚印,通过不懈努力,把每一项工作任务做好、做细、做实。正如习近平总书记指出:"青春由磨砺而出彩,人生因奋斗而升华。"

李泽宇:"几回回梦里回延安,双手搂定宝塔山。"这是诗人笔下的延安,同时也牵动着每一个共产党人的心。此行前往延安,亲身体会到了延安浓郁的革命文化,也体会到了延安人民的纯朴热情。在各个革命旧址中追寻老一辈共产党人在延安的脚步,也在街头小巷看到了新时代延安新风貌。这里孕育

的延安精神是中国共产党人的精神谱系的重要组成部分，是每一个共产党人都应传承和弘扬的精神。重回延安自然科学院，学习校史；走进知青旧居，传承知青精神。作为北理工的一名学子，必坚定理想信念，提高政治觉悟，刻苦钻研，为祖国科技发展助力。

李佳雨："愿以党心照我心，不负家国不负卿。"五天的社会实践让我学到了很多，感触颇深。在这样一个遍地红色传承的城市里，我看到各色各样的人用行动和话语践行着延安精神；在满城红色精神的熏陶下，我学到了"艰苦奋斗、自力更生"的创业精神、"全心全意为人民服务"的服务精神以及"解放思想、实事求是"的实干精神。遥想当年无数革命先辈心向党徽，无坚不摧地从这片土地上崛起，带着赤诚的革命之魂向祖国各地播撒希望和奋斗的种子；如今，星星之火，足以燎原，我辈青年秉持希望的火种重归故里，瞻仰来时的坎坷曲折，更加坚定内心的追求向往。生不逢革命岁月，亦有壮志报华夏；一人力虽轻且薄，也全心全意求无愧于心、无愧于党。

梁钰：在建党百年的今天，回眸党史，展望未来，深感延安精神的伟大意义，也深感延安在新时代弘扬延安精神的重要使命。延安精神是北理工的红色基因，我们要通过学习，不断去激活它，使延安精神内化于心、外化于行，大力传播、积极践行。作为中国共产党创办的第一所理工科大学，我们更应响应新时代的号召，将科研与国家发展计划紧密结合，向先辈致敬，为中国特色社会主义事业献出自己的力量。

赵俊天：此次延安之行，是我们北理学子的寻根之旅，更是寻找自我之行。延安杨家岭是党中央领导人在延安居住时间最长的地方；延安枣园，见证中国革命的胜利征程；参观延安革命纪念馆，感受中国革命的不易。延安行中，我们在杨家岭邂逅了一位九十多岁老党员，在子女的陪伴下四十多年后重新回到了杨家岭，这位老党员希望我们青年党员具有松树精神和柳树精神。延安之行使我们受到了一次生动的党性教育。艰苦奋斗，不忘初心，牢记使命，为人民服务。

踏寻红色足迹

2023年北京理工大学学生辽宁红色实践纪实

为深入学习贯彻习近平新时代中国特色社会主义思想，以实际行动践行党的二十大精神，化学与化工学院共产主义学习实践会赴大连红色社会实践团依托大连红色资源，开展"踏寻红色足迹"暑期社会实践活动，意在通过重走红色足迹追溯红色记忆、挖掘红色故事、体悟红色文化。本次实践通过亲临革命旧址、学习革命事迹、寻访革命故事、共建学生党员红色教育基地以及志愿服务等方式，深入了解大连的红色脉络，讲好大连的红色故事和传承大连的红色精神。与此同时，我们要紧跟党的步伐，用耳朵倾听人民呼声，用内心感应时代脉搏，发扬中国精神，厚植对祖国血浓于水、与人民同呼吸共命运的情感，在与现实相结合的"大思政课"中"受教育、长才干、做贡献"，让红色基因、革命薪火代代传承。

一、实践调研背景

大连作为一座有着悠久革命历史的城市，其红色基因已经深深融入这座城市的血脉。学习党的二十大精神，奋进新征程，我们将具有众多红色教育基地的大连作为实践地点，追寻革命先辈的红色足迹，汲取红色力量，传承革命先烈们的精神血脉。

今天的大连是一座不断发展进步的城市，具有得天独厚的地理优势和丰富的自然资源。大连是我国北方重要的港口、工业、贸易、金融和旅游城市，是东北对外开放的龙头和窗口。与此同时，我们也不能忘记流淌在这座城市的红色血脉。大连市内四处分布着历史革命旧址，例如大连中华工学会旧址、毛泽东历史珍藏馆以及旅顺万忠墓纪念馆等。这些红色景点是我们汲取红色力量的源泉，也是我们学习革命精神最有力的教材。为此，化学与化工学院共产主义学习实践会赴大连红色社会实践团，选择大连市作为"教书先生"，在这片大地上追寻先辈的红色足迹。

二、实践调研内容

（一）开展社会调查和志愿服务

通过查阅资料，我们了解到，大连红色景点有大连中华工学会旧址、大连博物馆、毛泽东历史珍藏馆、旅顺日俄监狱旧址、旅顺万忠墓纪念馆、旅顺博物馆、苏军胜利塔、中苏友谊塔以及关向应纪念馆等。实践团选择了其中的多个红色景点进行调研学习，做志愿服务。

1. 大连中华工学会旧址

大连中华工学会旧址位于大连市沙河口区西安路街道黄河路658号，为一幢二层红砖楼房，建筑面积266.21平方米，是新民主主义革命时期中国共产党领导工人运动的重要史迹。

工学会旧址共分为五个展厅四部分内容，分别是"工人阶级的诞生与马克思主义在大连的传播（1880—1923年）""党团组织的建立与工人运动的蓬勃发展（1923—1927年）""前赴后继在白色恐怖下艰难奋进（1927—1937年）""英勇不屈抗日烽火再现燎原之势（1937—1945年）"。

令我们印象深刻的是在其中一个展厅看到的书本上的革命先辈。如团结工人，一心向党，坚贞不屈的傅景阳，纵观他的一生：风华正茂的青年傅景阳为中国的革命事业和民族的解放斗争奋不顾身，视死如归；而立之年的傅景阳被日军监视软禁，直到生命最后，仍不忘党组织和革命事业。再例如思想先进，忠于革命，扎根前线的关向应，他是从大连这片热土走出来的老一辈无产阶级革命家。虽然他已经离开我们半个多世纪，但那矢志不渝、追求革命真理的坚定信念，那热爱人民、忠于人民、献身人民解放事业的革命精神以及那襟怀坦白、严以律己的宽阔胸怀和党性修养，汇聚成红色文化基因无限的力量始终激励着我们不断前行。

实践团在党建辅导员潘萌老师的带领下，在工会旧址重温了入党誓词。实践团成员纷纷表示要发扬革命先辈的优良传统和作风，延续革命先辈们的红色血脉，深入党史学习，汲取红色力量，坚定理想信念，用知识武装头脑，在历史的新起点上开启祖国建设新征程！

实践团成员还作为志愿者，为前来参观的游客进行了讲解。

2. 万忠墓纪念馆

万忠墓纪念馆位于大连市旅顺口区白玉山东麓九三路北侧23号，是为纪念

1894年甲午战争中惨遭日军屠杀的中国同胞建立的，是全国重点文物保护单位和爱国主义教育示范基地。纪念馆陈列有史实照片、文献资料、历史文物、复制场景、青铜浮雕、电控景画等，其基本陈列主题为"旅顺万忠墓"，包括"甲午战争前的旅顺口""战云密布""旅顺口陷落""血腥屠城""人民抗争""永矢不忘祭奠忠魂"六个部分。

万忠墓纪念馆墙壁上镌刻着一句话："一座骇人听闻的城，一座尸积如山的城，一座鲜血凝固的城，一座殊死抗争的城。"从甲午战争前的旅顺口概貌到旅顺口的老城楼，从清政府修建的旅顺船坞到旅顺"海军公所"的彩绘大门，从北洋旅顺口鱼雷营学堂历届毕业生名单到驻扎旅顺口的清军兵力情况表，从日军入侵旅顺线路图到日军随军画家描绘的日军侵入旅顺市街的情景……实践团成员从这些史料中深入地了解了这段极其悲壮而深刻的近代史实。

实践团成员韩玉鑫作为志愿者，疏导游客有序进馆参观。实践团成员翁文瓦作为讲解志愿者，给前来参观的学生团队讲述了旅顺大屠杀幸存者王宏照的故事。

血泪斑斑的甲午痛史让实践团成员深刻地体会到，只有繁荣富强才能捍卫国家的独立和民族的尊严。

调研学习接近尾声，我们为惨死在日军屠刀下的两万多殉难同胞沉痛哀悼。潘萌老师带领实践团的全体成员为英灵扫墓，缅怀先烈。虽然正值夏日，骄阳似火，但我们的心情是沉重的。时代不断发展的同时，我们要永世不忘这部血泪史！正如万忠墓纪念馆的结束语中所说的"以史为鉴，可知兴替"。同样也警示后人，勿忘国耻，开创未来，为实现世界的和平与安宁贡献出我们的智慧和力量。

3. 大连博物馆

大连博物馆是位于辽宁省大连市沙河口区会展路10号，是一座集中展示大连城市历史与发展的综合性博物。主体建筑分地上四层和地下一层,馆址占地2.16万平方米，建筑面积3.04万平方米。大连博物馆是"全国科普教育基地""辽宁省爱国主义教育基地""大连市党员思想教育基地""大连市公务员职业道德教育实践基地"。

在大连博物馆工作人员的指导下，实践团展开了全方位的志愿服务。实践团的全体成员分为五个小组：王改革、马骏灏和王彩月三位同学在博物馆入口帮助游客预约参观并协助工作人员检票；翁文瓦和韩玉鑫在安检口引导游客进

行安检，对不适宜带入馆内的私人物品进行暂存保管；徐磊和张子健在博物馆门口疏导游客，讲解展厅的参观顺序；单凌宇、武博翰与宗佳文在前台帮助游客盖纪念章；李梦维、黄晓雅、夏婷、巨仕迪以及于世凯五位同学去了新华书店，帮助游客购买图书。

（二）开展共建活动

为深入学习贯彻党的二十大精神，用好红色资源、弘扬红色文化、感悟红色力量，2023年7月11日，北京理工大学化学与化工学院与大连博物馆校馆红色实践基地共建签约仪式在大连博物馆举行。北京理工大学化学与化工学院党委书记王振华，党务干事姚梦迪，党建辅导员潘萌，大连博物馆党总支书记、馆长姜晔，副馆长李媛媛等领导以及化学与化工学院赴大连红色实践团全体成员参加了本次仪式。

会上，姜晔为大家介绍了大连博物馆的发展历程，热烈欢迎北京理工大学来大连实践，并对未来校馆红色共建的合作方向、具体内容等给予高度评价，同时希望与北京理工大学保持长期合作，形成互动互带、优势互补的校馆共建新格局。王振华代表北京理工大学化学与化工学院向大连博物馆表示由衷的感谢。他表示大连博物馆为北理工学子深入"四史"学习、开展红色主题教育和社会实践活动等提供了高质量平台。他还简要介绍了北京理工大学的校史和发展成就，介绍了"延安根、军工魂"的由来。

双方就思政教育、实践学习、志愿服务等内容展开充分讨论后达成共识，共同签署校馆红色实践基地共建协议，并举行"北京理工大学学生党员红色实

践教育基地"授牌仪式。

签约仪式后,实践团成员参观了博物馆。

实践团成员跟随博物馆的讲解人员,深度参观了五个主题展厅。首先是"建功两先区奋进新时代——大连市迎接党的二十大胜利召开的主题成就展",展览以习近平新时代中国特色社会主义思想为主线,将"五大发展理念"贯穿"产业结构优化的先导区亮点纷呈""经济社会发展的先行区捷报频传""新时代党的建设总要求全面落实""奋力实现'两先区'高质量发展新突破"四个方面,分十个展区全面展示党的十八大以来,大连市深入贯彻落实党中央决策部署及省委工作要求,取得的一系列新进展、新成就。特别是在专题展区,充分展示第十三次党代会以来,大连勇当东北振兴"跳高队",锚定"十个新突破",三年挺进"万亿GDP城市"奋斗目标,踔厉奋发、勇毅前行、团结奋斗,不断培育发展新动能、拓展发展新空间、构筑发展新优势、开创发展新局面的喜人景象。

随后,"近代大连"反映了大连在1840年第一次鸦片战争到1949年新中国成立的近代城市发展历程,是以近代大连历史文化为主题的综合陈列,也是海内外观众了解大连城市百年历史的窗口。展览分为7个单元,第一单元回顾鸦片战争之后,清朝统治者对海防和水师的重视,旅顺口、大连湾的近代海防由此起步,城市的萌芽也开始出现。第二单元聚焦1894—1895年的中日甲午战争,介绍海陆战役的经过、结果,尤其记录了日军旅顺大屠杀等暴行。第三单元关注三国干涉还辽后,俄国侵占旅大地区的时期,"大连"一名正是来源于俄国人建立的达里尼市。第四单元则介绍1904年的日俄战争,以及之后日本长达40年的殖民统治,对城市规划、社会发展的深刻影响。第五单元回溯1840至1945年,作为移民城市的大连,如何实现外来文化与中国文化的交流与融合,塑造出传统与现代并存的城市文化形态。第六单元则关注这一百年间,大连人民不屈不挠、前仆后继，与侵略者进行斗争的事迹。第七单元聚焦1945年日本投降后，苏联红军进驻旅大地区，大连成为中国最早解放的城市之一，是由中国共产党实际领导的特殊解放区，为全国解放战争的最后胜利做出的历史贡献。

"时光记——大连博物馆藏西洋钟表展"是大连博物馆的原创展览。展览集结了近年来大连博物馆收藏的西洋古董钟表中的精品之作，基本囊括了18世纪中期至20世纪初西洋钟表的各种类型，以英、法、德、美、瑞五国所产的钟表为代表，集中展现了西洋钟表发展的历史脉络。"我们的生活充满阳光"展览通过一组体现民生变化的关键词和一些耳熟能详的老物件，让人们重温曾经的过往生活，感受充满阳光的瞬间。那些经历的风雨兼程化作春风细雨，润泽每一个怀揣梦想的人。在这个可敬可爱的时代，我们用奋斗擦亮人生，让梦想照进现实，为实现第二个百年奋斗目标，实现中华民族伟大复兴的中国梦而不懈奋斗。"雕光镂影——大连博物馆藏皮影艺术展"，以"雕光镂影"为题，以"缘起""面相""惊艳""祈愿"为内容逻辑主线将整个展览的架构分为四个单元。"光阴的故事"分为"计时寻踪""从无到有""从有到优""从优到强""匠心独具""百花齐放""时光匠心"7个单元。据介绍，中国是世界上最早发明计时器的国家之一，中华民族在历史的长河中形成了博大精深的计时文化。展览的"计时寻踪"单元通过图片和文字介绍从土圭、日晷、漏水转浑天仪到火钟的计时工具漫长的发展进程，并介绍西洋钟表发展的简史。此外，在各单元中，展览还通过实物及展板，展出了全国各地也相继试制出不同品牌、不同功能的手表，开创了中国手表制造新纪元的发展过程，当中展出的国产手表实物达1 300余件。

参观结束后,老师和同学们感触很深,纷纷发表感想。

姚梦迪老师说:"来到大连博物馆,感受老一辈无产阶级革命家的无私、博大的胸怀和感人事迹,他们用鲜血和生命谱写的气壮山河的英雄史诗,永远都是感动和教育后来人的最佳教材。它让我们看到无论是自强不息、艰苦奋斗的爱国情怀,还是天下兴亡、匹夫有责的担当意识,都闪烁着红色文化的亮丽底色,并在新时代绽放出新的光彩。"

潘萌老师说:"近代大连展厅直观表现了中国从半殖民地半封建社会向社会主义社会转变的过程,体现了大连在中国共产党领导下发生的翻天覆地的变化。这些革命故事让我们感知了信仰的力量,触摸了历史的厚重,愿新时代青年们能重温过往,只争朝夕,不负韶华。"

马骏灏同学说:"在大连博物馆看到大连的过去,激励我们不停下发展的脚步、向第二个百年的伟大目标不断迈进。在大连博物馆看到大连的现在,启示我们有能力一点点实现我们的发展目标,有能力为人民攻克大到航母小到手表的一个个第一。中国有许许多多如大连一般的城市,我们也有信心、有底气,凝心聚力,砥砺奋进,实现中华民族的伟大复兴。"

单凌宇同学说:"大连博物馆,是一部浓缩的大连地方史,是一部形象的百科全书。通过参观大连博物馆,那一段段震撼的历史,让我们感受到了近代大连人民的奋斗历程,领略到革命先烈的坚强意志和英姿风采,这让我们更加珍惜现在的和平。让我们时刻铭记历史,坚守爱国情怀!"

（三）踏寻红色足迹

1. 日俄监狱旧址

7月10日，实践团来到旅顺日俄监狱旧址博物馆。阴暗潮湿的牢房、各色的囚服，都在诉说着这里曾经发生过的暴行。墙上的图文记录了曾经发生在此的罪恶。大家在调研结束后心情久久不能平静。

同胞们受过的"炼狱之苦"，我们不会忘记，走过的血泪之路，我们不会忘记，我们会时刻谨记着这些历史，以史为鉴，不忘初心，砥砺前行。

2. 中苏友谊塔、苏军胜利塔、旅顺博物馆

7月13日，实践团参观了苏军胜利塔、中苏友谊纪念塔和旅顺博物馆。

参观活动让我们对旅顺的认识更加具体也更加深入。"一山担两海，一港写春秋。一个旅顺口，半部中国史。"百年征程波澜壮阔，百年初心历久弥坚。从播下革命火种的小小红船，到领航复兴伟业的巍巍巨轮，在百年奋斗历程中，我们党领导人民取得了举世瞩目的辉煌成就，书写了波澜壮阔的历史画卷，留下了弥足珍贵的宝贵经验和精神财富。千千万万人的英勇牺牲才有了如今日渐强大的中国。正是因为他们的敢于牺牲、敢于拼搏才有了如今的生活。我们不能忘记那段屈辱惨痛的历史，不能忘记那些抛头颅、洒热血的先辈。我们要不忘历史，传承精神，为中华民族的伟大复兴而努力奋斗。

3. 毛泽东历史珍藏馆

7月14日，实践团成员来到大连毛泽东历史珍藏馆进行学习。在毛主席历史珍藏馆的入口，大家深深鞠躬，表达对伟大领袖的无限敬意和深切怀念；在一楼会址展厅，大家昂首挺胸，同唱《没有共产党就没有新中国》，在歌声中感受红色力量；在纪念馆的二楼，在鲜艳党旗前，实践团全体成员满怀崇敬之情，重温入党誓词，不忘入党初心，再次用铿锵有力的宣誓声表示对党忠诚的决心。

毛泽东历史珍藏馆提供党史现场教学培训，我们参加培训并在会议室观看纪录片，重温了红色革命起源和艰难历程，接受了一次深刻而生动的革命传统教育。

我们是生在新中国、长在红旗下的一代人，享受着祖国繁荣强盛带来的和平与富裕，但要牢记吃水不忘挖井人。我们应不忘历史，砥砺前行，在缅怀先烈的同时，我们也要撸起袖子加油干，向着实现中华民族的伟大复兴而不断前进。

三、实践调研总结

本次化学与化工学院共学会赴大连红色社会实践团实践调研活动走过大连中华工学会旧址、旅顺日俄监狱旧址、旅顺万忠墓纪念馆等9处红色足迹，回顾曾经血与火的历史；以目瞻仰，用心触摸，实践团成员累计完成实践心得34篇；一路前行，坚持志愿服务，志愿服务时长累计400小时；挖掘红色故事，体悟红色文化，传播红色声音，累计采访人数达50人，编辑红色人物系列推送7篇、新闻稿1篇，累计阅读量达3 000；总结实践经验，汇编红色社会实践团与大连发生的红色故事，在"学习强国"App上发表推文1篇；深入基层，结合实践学习所得、党的二十大精神与北京理工大学发展历程，进行"学习党的二十大精神"党课宣讲1次；发挥共学会红色学生组织优势，深入挖掘大连当地的红色教育基地资源，申报成立北京理工大学学生党员红色实践教育基地1处。

  作为新时代青年，我们应当坚定不移听党话、跟党走，在社会主义现代化建设中弘扬革命先辈们的光荣传统和优良作风，在接续奋斗中赓续青春薪火。此次社会实践通过亲临革命旧址、学习革命事迹、寻访革命故事、共建学生党员红色教育基地以及志愿服务等方式，深入了解大连的红色脉络，讲好大连的红色故事和传承大连的红色精神，重温这片土地沉痛的历史与先辈们顽强不屈的抗争精神，增强历史自信，坚定革命初心，用忠诚奉献、勇敢担当走好新时代的长征路，将红色基因传承下去。实践活动的结束不是真正的结束，实践团成员将继续弘扬伟大建党精神，用耳朵倾听人民呼声，用内心感应时代脉搏，弘扬中国精神，厚植对祖国血浓于水、与人民同呼吸共命运的情感，让红色基因、革命薪火代代传承。

吃水不忘掘井人，乡村振兴践初心

2023年北京理工大学学生河南南阳红色实践纪实

"我们将以此次学生党员红色实践教育基地的建成为契机，多来淅川实践锻炼，砥砺入党初心，多向人民群众求教，树牢宗旨意识，努力学习、刻苦奋斗，为实现中华民族伟大复兴贡献力量。"在学生党员红色实践教育基地授牌仪式上，北京理工大学"睿行"赴淅川实践团成员李秉宸这样说道。

7月10日上午，北京理工大学学生党员红色实践教育基地在河南南阳干部学院举行。河南南阳干部学院党委副书记、常务副院长王楷楠，淅川县委副书记丁心强，北京理工大学学工部副部长周芳集、睿信书院副院长王博，以及南阳干部学院教师代表、淅川县九重镇干部代表和北京理工大学实践团师生参加仪式。

在南水北调中线工程的核心水源地淅川县建立学生党员红色实践教育基地，是学校进一步拓展学生思想政治教育渠道的重要举措。王楷楠指出，基地挂牌成立是京宛合作的又一项重要成果，学院将依托基地建设，进一步提高办学质量和水平，打造党性教育品牌。丁心强希望北京理工大学充分发挥资源优势，关心支持淅川发展，推动京淅合作再上新台阶。周芳集表示，双方将共同致力于研究、阐释、弘扬南水北调精神和移民精神，探索完善学生党员教育体系和红色实践育人平台，培养理想信念坚定、人民立场稳固、综合素质突出的学生骨干,办好人民满意的教育。

北京理工大学"睿行"赴淅川社会实践团于7月2—11日开展了为期10天的实践活动,在渠首大坝、邹庄移民新村、唐王桥村、张河村等地考察学习,调研南水北调中线工程运行情况,了解移民生产生活现状,考察乡村振兴产业发展情况,并赴渠首朝阳小学开展支教活动。

南水北调看中线,千里长渠起淅川。在渠首,实践团亲眼看到首都居民饮用的甘甜"南水"从这里出发,历经15天穿越24座大中城市200多个县市区,以自流的方式抵达终点北京。波澜壮阔的水面和雄伟耸立的大坝,让同学们深

行走的课堂
北京理工大学红色基因育人实践探索

刻感受到南水北调工程事关战略全局、事关长远发展、事关人民福祉的重要意义。在南水北调展览馆，实践团进一步系统学习了南水北调工程的历史进程和南水北调精神。

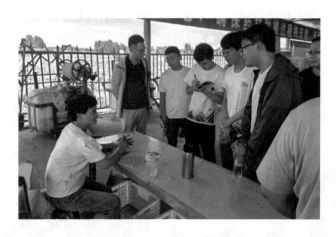

实践团在淅川县九重镇邹庄移民新村，与村民进行深入交流，向为南水北调工程做出无私奉献的人民群众学习，体悟"人民至上、协作共享、艰苦奋斗、创新求精、舍家为国"的南水北调精神。实践团走访了京都果园猕猴桃产业园、九重镇唐王桥金银花产业基地、张河村软籽石榴基地等五家乡镇企业，感受当地政府着眼人民生活水平提升，将绿色生态环境和红色人文景观相结合，走特色乡村振兴道路的发展成就。王博带领实践团成员为邹庄移民新村挂牌"乡村振兴社会实践基地"。

"小朋友们喜欢什么？""我喜欢战斗机！"在渠首朝阳小学，实践团发

挥学科优势开展了多场趣味盎然、知识丰富的科普讲座，与小朋友畅谈未来科技与梦想。渠首朝阳小学是北京市南水北调对口协作的典型案例，由北京市朝阳区广大干部群众每人自发捐助一元钱，共募集爱心款项384万元，支援学校建设。实践团在这里重温京宛协作的血脉深情，体会教育对乡村振兴战略的基础支撑作用，为乡村教育振兴贡献绵薄之力。

北理工将依托学生党员红色实践教育基地建设，学习好阐释好新时代的伟大精神，挖掘好利用好新时代新征程中不断积淀的红色教材，上好实践育人"大思政课"，深入开展乡村振兴专项行动，推动校地双方实现全方位、多层次共建、共享、共赢。

赓续红色基因　回顾奋斗历程

2023年北京理工大学学生赴上海等地红色实践纪实

一次追寻，探访于红色之源，感悟着建党百年来伟大复兴的中国梦。党的二十大胜利召开，民族复兴伟业蓝图擘画豪迈壮阔，今日之中国展现出的自信与智慧，无不体现出了党的正确引领方针。2023年7月1—10日，宇航学院2021级硕士第二党支部师生11人前往南京、上海、嘉兴以及北京开展社会实践，并与南京航空航天大学机电学院2021级硕士第二党支部，上海交通大学航空航天学院航空宇航推进系、临近空间党支部进行共建交流。

实践团首站来到南京。7月4日，实践团参观了南京总统府大礼堂、太平天国展厅和渡江战役展览等。多媒体技术还原的渡江战役战斗场景，让实践团成员感受到了战争的激烈、胜利的来之不易和共产党员争取人民解放的决心。

实践团还参观了南京航空航天大学校史馆，校史馆分设"发展历程""人才培养""科学研究""党建文化"4个展厅。实践团了解了南京航空航天大学的创建背景、重要事件。亲身体验了航空航天领域的科学原理和工程

应用，进一步增强了作为航天人的自豪感和荣誉感，也坚定了要为航天事业不断努力的决心和信心。

为聚焦党支部作用发挥，促进基层党支部之间开展联学交流，实践团还与南京航空航天大学机电学院2021级硕士第二党支部围绕党建活动开展、制度建设进行了调研交流。两个支部分别介绍了支部建设的一系列成果，展示了支部建设过程中的特色工作，分享了支部建设的方法与心得，交流讨论了党建过程中遇到的各种问题和解决方法，最后分享了未来党支部的主要建设方向、思路与工作举措。

此次交流活动促进了先进经验和方法在基层党支部间的传递，丰富了党建活动，充分发挥了联学党支部间的资源优势叠加作用，完成了党支部交流的常态化，有效提升了党支部发展的质量。

7月5日，实践团参观了侵华日军南京大屠杀遇难同胞纪念馆。实践团成员排队募捐，领取白菊，怀着肃穆沉重的心情进馆参观。一张张真实而残忍的图片，一个个出现又消失的名字……都记录着侵略者的暴行和中国同胞所遭受的痛苦。我们青年党员要珍惜和平、反对侵略，维护正义与公平，铭记历史，勿忘国耻，努力建设更强大、美好、和平的未来。

实践团第二站来到上海。在上海中共"一大"会址，实践团成员聆听了我党诞生、起航、出征，最终走向全面胜利的一个个感人的红色故事。在那里，我们重温了那段救亡图存、战火纷飞的岁月，深刻体会到了党的百年奋斗历程中的艰辛与伟大。

站在上海中共"一大"会址，我们感受到了党的初心和使命，更加坚定了为实现中华民族伟大复兴而奋斗的信念。我们深知，党的百年光辉历程是无数先烈们用鲜血和生命铸就的，是无数革命者为了人民幸福付出的巨大牺牲。作为当代党员，我们肩负着历史赋予的使命，要继承和发扬革命先烈的光荣传统，为党的事业矢志奋斗。

在参观完上海中共"一大"会址后，支部师生党员怀着对革命先烈的崇敬之情，继续踏上了追寻中共"一大"足迹的旅程。乘坐火车从上海来到浙江嘉兴，全体党员乘船前往了湖心岛瞻仰南湖红船。实践团成员仔细聆听着讲解。红船精神是中国共产党的重要精神财富，激励着一代又一代共产党人不懈奋斗。站在红船上，我们深刻感受到了那段历史的艰辛和伟大，感悟着中国共产党的初心和使命，明白了自己肩负的责任和使命。我们要敢于担当，坚定信念，努力成长成才，为实现中华民族伟大复兴贡献力量。

离开小岛后，实践团成员参观了南湖革命纪念馆。它雄伟庄严，有与上海中共"一大"会址一样的青砖墙体，鲜红的党徽在进馆正上位置，显得分外耀眼。馆中展示共有三层，一层展厅介绍了1840年鸦片战争以后中国人民为寻求救国救民的道路而不断探索、抗争以及中国工人阶级的壮大、马克思主义在中国的传播、共产主义小组的建立直至中国共产党的成立这一历史。二层为南湖红船史料，三层则为新中国成立后，中国共产党带领人民建设新中国的奋斗历史。

行走的课堂
北京理工大学红色基因育人实践探索

在南湖革命纪念馆宣誓广场,实践团成员在鲜红的党旗前庄严举起右拳,重温了入党誓词,以铿锵有力的宣誓声,表达不忘初心、砥砺奋进的信念和决心。

在上海,实践团还与上海交通大学航空航天学院航空宇航推进系、临近空间党支部围绕党建活动、制度建设进行调研交流。交流过程中,重点讨论了支部建设方面取得的成果,展示了双方在支部建设过程中的特色工作方式,并分享了一些成功的经验和方法。同时,交流讨论了在党建过程中遇到的各种问题,并一起寻找解决方法。最后,分享了未来党支部的主要建设方向、思路与工作举措。基层党支部之间开展的联学交流,以达到资源共享、优势互补、相互促进、共同提高为目标。

此次交流活动实现了基层党支部之间先进经验和方法的有机传递与交流。活动中,各支部积极分享自身在党建工作中的成功经验和创新做法,让每个支部都能从中受益,汲取养分,进一步提升党建工作的水平和质量。在交流活动中,双方不仅仅是简单地介绍经验,更注重分享背后的思考和实践过程。通过深入交流,双方发现了一些共性问题,并共同探讨解决方案。这不仅促进了党支部之间的相互学习,还激发了更多创新思维和方法的产生。此外,交流活动还进一步发挥了联学党支部间的资源优势叠加作用。通过合作、共享资源,双方共同解决了一些党建工作中的难题,提高了工作效率和质量。例如,在活动中,共同研究了如何更好地组织党员教育培训活动、如何加强党员队伍建设等问题,并取得了一些可行的解决方案。

调研交流会结束后,实践团与上海交通大学航空航天学院航空宇航推进系、临近空间党支部共同参观了上海交通大学文博楼校史馆。上海交通大学航空航天学院航空宇航推进系党支部书记陆瑶担任讲解员。

"交大人一直在寻找支点,民族危难时刻抛洒热血,国家兴盛之际倾情奉献。"讲解员声情并茂地解说交大的历史。

一件件展品,一张张照片,在讲解员声情并茂的解说下更加鲜活地呈现在我们眼前。这些展品和设计的背后,是一代代热爱交大历史文化的校史研究工作者不断努力的结果,更是交大人、交大精神的接续传承。

随后实践团与上海交通大学航空航天学院航空宇航推进系、临近空间党支部来到上海交通大学李政道图书馆进行参观学习。进入李政道图书馆大厅,正对大门的是层层阶梯,楼梯两边陈列着李政道先生的诺贝尔奖章、证书以及文

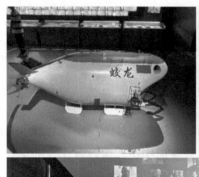

献、画作等珍贵藏品。宁静舒适的氛围中，我们不仅看到了交大学子孜孜不倦对知识渴求的身影，更在讲解员的讲解中了解到李政道一生光辉的经历。那兵荒马乱的年代，他辗转求学，后来结缘物理，名师带领他进入理论物理的领域。他刻苦专研，羽翼渐丰，与杨振宁一起突破守恒，在年仅31岁时荣获诺贝尔物理学奖。在图文资料和讲解中，同学们感受到了他的科学精神和艺术情怀，更体会到了大师的赤子之心和人文之美。他的精神也将引领着同学们明白自己的使命，激励大家努力奋斗。

最后一站，7月13日，实践团走进中国共产党历史展览馆，参观"'不忘初心、牢记使命'中国共产党历史展览"，大家全程用心倾听、细心感受，全面深刻了解中国共产党波澜壮阔的百年历史。大家不时驻足凝视，相互交流讨论，追忆当年那段充满革命激情的光辉岁月，从百年奋斗史中汲取伟大的精神力量。我们要不忘初心、牢记使命，为中华民族的伟大复兴接续奋斗！

● 实践感悟

安永辉：参观侵华日军南京大屠杀遇难同胞纪念馆是一次令人深思的经历。在馆内，我看到了大量关于南京大屠杀的照片、文物和实物展示，了解到了南京大屠杀期间中国人民的抵抗和救助行动。这次参观让我对历史的责任感和珍惜和平的意识更加强烈。我深刻认识到，只有通过对历史的深思熟虑和反思，才能更好地珍惜和维护和平，避免悲剧的重演。参观南湖红船纪念馆是一次深入了解中国共产党的历史和精神的宝贵机会。我深刻感受到中国共产党的初心始终如一，为人民的利益不懈努力，为实现民族复兴而奋斗。

丁航：参观南湖红船纪念馆是一次令人难忘的体验，让我更加深刻地认识到中国共产党的伟大历程和崇高精神。进入纪念馆，我被那艘红船的庄严和威严所吸引。站在红船面前，我仿佛能感受到当年革命先辈们的坚定信念和英勇斗争的场景。我们向先辈表示敬意，更珍惜今天的和平与稳定。作为当代学生，应该为国家的繁荣和发展做出自己的贡献。

柳洋鑫：在航空航天馆中，我看到了各种真实大小的飞机模型，这些展品让我感受到了人类在航空航天领域取得的巨大成就和突破。我对飞行器的结构和原理有了更清晰的认识，对航空航天工程师的职业充满了敬意。我也深刻认识到，航空航天科技对人类社会的发展和进步有着重要的影响。我希望将来能够为航空航天事业做出自己的贡献，推动科技的发展，探索未知的边界。

李浩镕：参观南京航空航天大学航空航天纪念馆是一次非常有意义的经历。这个纪念馆展示了南京航空航天大学在航空航天领域的发展历程和成就，让我对该校在航空航天教育和研究方面的贡献有了更深入的了解，也让我对该校在航空航天领域的贡献和成就感到非常钦佩。这次经历也增强了我对航空航天技术的兴趣，并让我更加深入地了解了中国在这个领域的发展。

第三章

行走的记忆

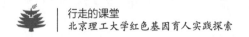

重走红军之路,传承苏区精神

2016年北京理工大学学生党员江西红色实践总结

跨越了近百年的岁月长河,我们从五湖四海聚来,带着现今的幸福安康,走进瑞金共和国摇篮旅游区,只为重走一遍红军走过的路,感受一遍当年的战火纷飞。

前事不忘,后事之师。只有铭记历史,才能深刻了解过去、全面把握现在、正确创造未来。我们必须认真学习中国革命史,从历史和现实的比较中加深对我国国情和中国特色社会主义道路的理解和认识,从理论和实践的结合上增强贯彻党的基本理论、基本路线、基本纲领、基本经验的自觉性和坚定性,结合新的时代条件发扬光大我们党在革命战争时期形成的光荣革命传统。

当一名红军战士

按红军队伍建制组建队伍,我们穿上了红军的军装,唱起了红军的歌,在山间不大的帐篷里体验一名红军战士的生活。我们学绑腿、学做一份红军餐、模拟演练抬送伤员等。

当天的实践活动,让我们印象最为深刻的是花了三个多小时做了一顿红军餐。没有电磁炉,没有抽油烟机,用的是土制锅灶,弄得是满屋的熏烟。这里的种种,虽然不能完全再现当年的历史,但在一定程度上能亲身体验当年红军的不易和艰辛。

体验大柏地战斗

江西省瑞金县①北部的一个山区圩镇——大柏地有一条山道随南北走向的峡谷,弯曲回转,幽谷深壑,险要异常。这里进行了"红军成立以来的最有荣誉之战争"——大柏地战斗,毛泽东曾写下《菩萨蛮·大柏地》:"赤橙黄绿青蓝紫,谁持彩练当空舞?雨后复斜阳,关山阵阵苍。当年鏖战急,弹洞前村壁。装点此关山,今朝更好看。"

---

① 瑞金县:今为瑞金市。

在当年大柏地战斗的山林中我们进行了模拟战斗，短短的一两个小时，我们这些"红军战士"就已经大汗淋漓，好多队友"牺牲"。在那个弹药短缺的时代，我们难以想象当初战斗之惨烈。对革命胜利的信念坚定、部队铁一样的纪律保证以及将士们不怕牺牲的精神是取得最后胜利的关键。

参观叶坪革命旧址群、烈士纪念塔

寸寸红土地，遍洒英烈血。炎炎夏日，我们走进距瑞金市区6千米左右的叶坪革命旧址群，追寻先烈们的足迹。这是一个古朴的江南村落，相传为叶姓人始建。村内古樟荫蔽，粉墙黛瓦传递出百年沧桑。

位于村庄中部的谢氏宗祠，是当年"一苏大"召开的地方。会议结束后，这里成为临时中央政府九部一局的办公地点。旧址中最引人注目的，是被誉为苏区五大纪念建筑的红军烈士纪念塔、纪念亭、红军检阅台、公略亭、博生堡。五角形的塔座，炮弹形的塔身，13米高的红军烈士纪念塔矗立在五大纪念建筑中央，格外醒目。塔座四周分别镶着毛泽东、朱德、周恩来等领导人的题词和建塔标志共十块碑刻，纪念塔正前方的地上用煤渣铺写着"踏着先烈血迹前进"八个苍劲大字。我们环绕着红军烈士纪念塔走过一圈，看着石碑上的铭文，感觉像是经历一场精神的洗礼。文字安安静静地镌刻在石头里面，纹丝不动，可呈现在我们眼前的，却是当年血洒沙场、浴血奋斗的悲壮场面。

我们来到了"一苏大"陈列馆，馆内展示了整个第一次全国苏维埃代表大会的历史过程以及成果。我们也有幸看到了第一次全国苏维埃代表大会的情景再现。同时我们参观了红军烈士纪念塔、红军检阅台、中央邮政局旧址等。

几排折损的长凳，几张破旧的书桌，几间简陋的厢房……这就是革命先辈们当年工作、生活的条件。但就是在如此艰苦的环境下，革命的星星之火，最终成燎原之势。

参观沙洲坝革命旧址群

"吃水不忘挖井人，时刻想念毛主席"，这是我们小学的课文，课文中提到的红井位于沙洲坝。甘甜的红井水滋养了一代又一代人。

沙洲坝也坐落着毛泽东同志的旧居，房屋内的木板床、小马灯、桌椅等依然保持着几十年前的旧貌。

随后我们来到中华苏维埃共和国临时中央政府大礼堂旧址，院内古树参天，环境优美，礼堂陈列的是"二苏大"历史场景。

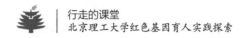

在革命红井,我们体会到红军与群众的鱼水情深;在中华苏维埃共和国临时中央政府办公地,我们感受到了坚韧不拔的精神。作为年轻的党员,我们应自觉传承先辈们的革命精神,矢志不渝,永远跟党走。

参观中央革命根据地历史博物馆

在中央革命根据地历史博物馆前,首先见到的是醒目的十个红色大字——"人民共和国从这里走来",其下是一组人物浮雕。该博物馆陈列史料基本陈列分"开展武装斗争建立苏维埃区域""中华苏维埃共和国的诞生""中华苏维埃共和国在曲折中巩固发展""中国共产党治国理政的伟大实践""中华苏维埃共和国的战略转移"五大部分,以中央革命根据地和中华苏维埃共和国历史为主线,涵盖了全国13块革命根据地。博物馆通过油画、场景、多媒体、超现实仿真雕像等多种多样的呈现方式,再现了中华苏维埃政权的建立和壮大,伟大的苏区精神感动了实践团成员,也激励着实践团成员不忘初心牢记使命。

走访官田兵工厂

在官田兵工厂展馆内陈列着当年用过的简陋的自制工具。一组组雕像再现了当时兵工人工作生活的场景,难以想象他们就是在那么简陋的环境和条件下,修配了步枪、迫击炮、山炮、机关枪,翻造子弹,制造手榴弹、地雷,这些武器在战争中发挥了巨大作用。当年的工作制度、工艺流程现在看起来很简单,但在当年的环境和技术条件下,这是付出多少心血甚至鲜血和生命的代价才换来的,我们步履沉重,敬佩之情油然而生。

官田兵工厂不仅制造和修配了大量武器武装红军、支援革命战争,而且培养了一大批技术骨干和管理人才,为我国军事装备工业的发展奠定了坚实的基础,为人民军工的发展、壮大和人民军工精神的形成,产生了重要而深远的影响,为后人留下了宝贵的精神财富。历史的长河流到了今天,我们听从兵工先辈的召唤来到了这里。我们所目睹的,不只是官田的一草一木,我们所听到的,也不只是当年的一个个小故事。太多的震撼,太多的感慨,让我们有理由觉得,此行不愧为一次人民兵工传统的洗礼,一次党性党风的教育,此次官田之行,令我们每个人深有感触。

北京理工大学作为有兵工背景的学校,我们今天的学习、生活条件比革命前辈们好不知多少倍。我们要继承革命前辈的优良传统和革命意志,坚定信仰、坚定信心、加倍努力工作，为强大中国而贡献力量。

小结

短短几天过去，这段重走之路也就接近了尾声。我们走过的路只是当年红军走过的冰山一角，但是其传承后世的精神弥足珍贵。作为一名北理工学子，我们始终要坚定理想信念、始终牢记全心全意为人民服务的宗旨，为我国国防建设和经济社会发展贡献自己的力量。

做担当有为青年

2018年北京理工大学学生贵州红色实践总结

一、实践活动的背景及目的

(一)实践背景

新时代青年首先要努力"学"。青年对重大理论的学习领会不可能一蹴而就,而是需要反复学、认真学,带着问题学,结合实际学,一步一个脚印稳步推进。其次要认真"思"。在工作生活中,青年要学以致用、实事求是地把党的创新理论用于解决实际问题,充分理解党的理论思想、方针政策,更好地了解中国的发展形势,拥有更多的"中国自信"。更重要的是,青年要积极"行"。青年要用新时代的标尺审视自己,在新征程的中锻造自己,努力练就更敏锐的眼光思维,更宽广的格局视野,更高强的能力素质,更自信的胸怀气度,更坚毅的意志品格,孜孜以求、矢志不渝地学习本领、磨砺本领、提高本领。

读万卷书,也要行万里路。青年要成长为国家栋梁之材,既要多读有字之书,也要多读无字之书,注重学习人生经验和社会知识;要坚持知行合一,在实践中学真知、悟真谛,加强磨炼、增长本领;要坚持教育同生产劳动和社会实践相结合,广泛参与各类社会实践,认识国情、了解社会,受教育、长才干。

北理工各学院依托学生党支部、团支部、班级、学生理论社团,积极开展习近平新时代中国特色社会主义思想和党的十九大精神学习、宣讲、实践活动,开展各类学习活动175次,宣讲覆盖受众7 000余人次,推动学生理论学习"全参与、全覆盖"。学校通过主题创作、社会调研、实践体验、志愿服务等形式,推动学生将所学所思转化为实际行动,服务身边同学、社会群众,以实际行动进一步增强政治认同、思想认同、情感认同,形成思想自觉和行动自觉,努力成长成为"胸怀壮志、明德精工、创新包容、时代担当"的领军领导人才,不断开创新时代学校思想政治工作新局面,助力"双一流"建设。

党委学生工作部成立校级学习小组，结合社会热点，整合实践资源，拓展实践平台，丰富实践内容，创新实践形式，引导学生走出校园、走向社会，结合自身专业特长与学科特色，积极以实际行动投身于社会实践，充分发挥青年学生的作用，在实现中华民族的伟大复兴的实践中贡献自己的一份力量。

（二）实践目的

本次贵州红色实践以"民生与环保"为主题，由北京理工大学优秀党员学生骨干为主要成分，在物理学院党委副书记、副院长王晶晶老师指导下，深入一线，开展系列参观、学习、调研等实践活动。通过探索红色文化和科技发展，与北京理工大学时代变迁对接，增强对我党历史的自豪感、对我国强盛的骄傲感、对我校发展的代入感；通过实地走访，增强我校学子对当地民生的了解，特别是对于留守儿童问题展开实际接触和精准帮扶，以实际行动反哺革命老区；通过调研当地水质等自然资源，重点关注水资源环保，将我校前沿的水净化技术学以致用，助力当地环保事业。

二、实践内容及意义

（一）峥嵘岁月

忆往昔峥嵘岁月稠，看今朝旖旎风光秀。历史蕴含规律，揭示规律必须透视历史。

2018年7月7日上午，实践团走进红色沃土——遵义会议会址。实践团参观展厅、聆听讲解、观看短片，重温红色革命历史，感受革命传统精神，对遵义会议的伟大历史意义有了更加深入的了解和认识。这次参观学习活动，给我们青年学生上了一堂生动的爱国教育课，作为一名大学生，我们要树立国家利益、人民利益至上的观念，牢记党的宗旨，全心全意为人民服务，胸怀共产主义远大理想，以高尚的道德情操，带头执行党的路线方针政策，当好走在时代前列的尖兵。

一是学习革命先辈坚定的理想信念、对党的事业无比忠诚的革命精神。社会主义江山来之不易，靠的是无数革命先烈坚定的共产主义理想信念，靠的是无数革命先烈对党的事业的无比忠诚，靠的是无数革命先烈不怕流血牺牲，敢于夺取胜利的精神。我们要像革命先辈那样，对党的事业无比忠诚，在实践中把这一坚定的理想和信念落实到行动中，脚踏实地地学习、工作，在平凡的岗位做出不平凡的成绩。

二是学习革命先辈不怕困难、顽强拼搏的革命精神。中国革命是在极其困难的条件下开展的,广大人民在党的领导下,不畏艰难、团结一致、以百折不挠的革命精神,战胜了难以想象的困难,取得了中国革命的胜利。我们要学习革命先辈们敢于斗争的革命精神,始终保持昂扬向上的精神状态,带头勤奋学习、工作。

三是学习革命先辈勤俭节约、艰苦奋斗的革命精神。艰苦奋斗是我党的光荣传统。我们要学习革命先辈们艰苦奋斗的革命精神,在日常生活中勤于践行、自觉加强党性锻炼,弘扬艰苦朴素的作风,坚持勤俭节约,坚决反对铺张浪费。

(二)时代担当

青年兴则国家兴,青年强则国家强。青年一代有理想、有本领、有担当,国家就有前途,民族就有希望。筑梦新时代,需要源源不断的青年学子为此做出努力。当历史的接力棒交到我们手中,广大青年学子应跟随时代步伐,扛起新时代赋予的历史责任,不忘初心、牢记使命,汇聚起实现中国梦的磅礴之力,勇立时代潮头!

随着中国社会政治经济的快速发展,越来越多的青壮年农民走入城市,在广大农村也随之产生了一个特殊的未成年人群体——农村留守儿童。留守的少年儿童正处于成长发育的关键时期,他们无法享受到父母在思想认识及价值观念上的引导和帮助,成长中缺少了父母情感上的关心和呵护。有的孩子产生认识、价值上的偏离和个性、心理发展的异常。他们需要社会各界的关注和帮助。爱心活动只有经常化、细心化、温馨化,才能让留守儿童得到更多的关心和帮助,为他们插上充满爱心和理想的翅膀,让他们飞得更高、更远!

伸出援手,传递爱心,情系留守儿童。与孩子们交心谈心、关爱留守儿童是我们大家共同的责任。纵然我们与留守儿童们没有血缘关系,无法完全弥补亲情缺失的遗憾,但能让那些幼小的心灵感受到社会的关爱,让他们不再孤单。"勇担复兴大任、争做时代新人",北理工青年学子积极践行青年服务国家、奉献社会的使命,希望以实际行动反哺革命老区,为老区人民做实事、办好事,主动为贵州省遵义市绥阳县留守儿童送去关爱。经过前期调研,实践团为绥阳县留守儿童设计了"大树陪伴计划"心理支持项目。立足时代当下,北理工青年学子心系留守儿童心理健康问题,展现出青年党员的时代使命与担当。

2018年7月7日下午2点，在物理学院党委副书记王晶晶的领导下，实践团与共青团绥阳县委书记范晓敏、共青团绥阳县委副书记李江源就留守儿童长期帮扶的问题开展讨论。针对绥阳县留守儿童的学习和心理状况及帮扶工作难点，双方进行了深入的探讨。最后，在范书记和李副书记的陪同下，实践团前往绥阳县螺江九曲湿地公园进行了次日"大树陪伴计划"活动的现场筹备。

7月8日，北京理工大学贵州遵义红色实践团一行来到了绥阳螺江九曲湿地公园，与绥阳县实验中学的留守儿童开展了一次以"大树陪伴计划"为主题的交流与互动活动。

实践团以一场欢乐热闹的开场舞，欢迎来自绥阳县实验中学的30名留守儿童代表。孩子们以挑选喜欢的树叶图案的方式自动分成五组，每个小组配备一名实践团成员作为组长带领开展活动。正式活动前，各组先进行团队建设，孩子们用手中的画笔，在画板上用心创作着各自团队最初的大树雏形，同时确定小组队名及口号；随后进行的大树蹲游戏热身，促使小组成员拧成一股绳。各个小组之间的比拼，带动起活动的氛围。"大树陪伴计划"的活动共分为"我与大树交朋友""我把大树穿上身""我帮大树来成长"三个部分。在"我与大树交朋友"活动中，孩子们先两两组合，建立友谊、信任，随后一个孩子用眼罩蒙住双眼，在同伴的陪伴下穿行在树木中，选择一棵树熟悉其特征，同时可以做上小记号；同伴记住这棵树后，将蒙眼者带到空旷区域；摘下眼罩后，蒙眼者凭着自己的记忆和智慧去寻找刚才的大树朋友。孩子们在活动中既享受了大自然，又加深了彼此的感情。在"我把大树穿上身"活动中，孩子们利用收集的树叶和手中的颜料与画笔，采用"拓印"与绘画相结合的方式，每人为他们的家人和自己设计了三件意义非凡的T恤并分享自己的设计思路与理念。一件件充满爱与创意的T恤，寄托了孩子们对家人的情感与思念。在"我帮大树来成长"活动中，设计了五个答题点，每个站点的"大树成长守护者"都会问孩子们一个关于水资源、水循环以及水安全的问题。孩子们通过回答问题的方式积累了各式各样的便签，每个小组通过收集到的便签完成了大树最终的设计，实现了大树最后的成长。该环节以水循环为载体反映成长与角色的转换，孩子们在草地上为团队取得胜利欢快奔跑，为回答问题而认真思考，在帮助大树成长的同时，自己也收获了知识、获得了成长。

活动间隙，实践团为孩子们带来了跳舞机器人表演，并鼓励孩子们重新对其进行组装与创作，以此激发孩子们的创新思维与意识，拓宽了孩子们的视野。此外，实践团采用实景表演的形式，为孩子们上了一节生动的紧急救援课程，孩子们也从中获得了许多紧急救援知识。活动最后，实践团全体成员和孩子们手拉手围坐在一起，分享一天的收获与感悟。孩子们表示这是累并快乐的一天，自己成长了很多，也收获了很多；实践团团员们也纷纷表达了对孩子们的鼓励与希望。活动结束前，实践团为孩子们分发了印有北京理工大学校徽的纪念品，孩子们十分感动，表示会永远珍藏，永远记住今天这个特殊的日子。

北京理工大学贵州遵义红色实践团举办此次活动，以"大树陪伴计划"为思想导向，通过团队合作、自然和感恩教育帮助留守儿童感受与大自然、同学和朋友为伴的乐趣，让留守儿童深切地感悟到，虽然父母不在身边，但大自然、身边的同学和朋友都是自己成长路上的小伙伴；因为分享，因为奉献，因为多一份对父母的理解与爱，以积极健康阳光的心态面对生活。留守儿童的童年和成长会更加丰富多彩，会绽放更加不一样的光芒。

9日上午，红色调研小组前往绥阳县枧坝小学。枧坝小学1926年建校，"入德之门"始终赫然立于门楣之上，以"德"育人一直是枧坝小学的教育核心。1944年2月，四川云阳籍中共地下党员温凯廷在绥阳县城牵头组建"中共绥阳特支"，同年7月，"中共绥阳特支"将革命据点迁至枧坝小学，绥阳红色文化在此萌芽。1946年3月，中共绥阳县委在枧坝小学诞生，产生了以温凯廷任县委书记的绥阳第一届县委班子，点亮了绥阳革命的星星之火。枧坝小学是革命时期绥阳县地下党根据地、绥阳县委诞生地、绥阳县首个中小学红色文化教育基地。实践团首先在少先队讲解员的带领下参观了由"学校发展历史""少先队教育""学校文化成绩"三个板块组成的凯廷楼红色历史展厅。参观后，实践团成员对这所红色底蕴深厚的小学有了更深入的了解。随后，在王晶晶老师的带领下，实践团与枧坝小学李从强校长、史伟校长、王庆校长开展座谈会。会上三位校长向实践团详细介绍了学校取得的学业成绩、学校开展红色教育的历史、成果与展望、学校治学管理的成果，王晶晶老师向校方介绍北京理工大学的历史。双方就红色文化的教育与传承展开讨论，最后实践团对枧坝小学红色校本教材的主要编写者史伟校长进行了采访。

在采访中，史校长向实践团分享了作为人民教师的自豪感与成就感。史校长对当代青年大学生建议：要树立正确的三观，有信仰，有信念，有理想，坚持自己的目标，化信念为动力，达成目标；学习艰苦奋斗、自力更生、勇于创新的红色精神，在实际的工作学习中来润泽自己的思想品德。最后史校长对当代青年大学生留下寄语：红色铸就人生信念，坚定目标，积极奉献。

9日下午，实践团来到绥阳县的一处新时代农民讲习所——刘公岛。讲习所的召集人刘学早年曾在西藏服役，后回到家乡自主创业并积极推进党的方针政策在群众的传播工作。在实践团对刘学的采访过程中，刘学从自己的实际经历和身边的小事出发，回忆了自己的早年服役和回乡创业的经历，阐述了对共产党的理解和认识，表达了对党的感恩之情。他特别强调了自己对建设美丽中国理念的理解和支持，并以自己所处的湿地公园为例，讲述了近年来国家对民生与环保方面的重视和努力，以及给当地带来的巨大影响。

土瓦房变小洋楼，泥泞路变水泥路，庄稼田地变湿地公园，生活条件改善了，生活质量提高了，老有所养，小有所管，心里踏实，刘老板感激党的恩情。最后，刘老板对大学生建议：学会懂得知足，积极适应新环境，解决新问题；要增强自信心，多分享快乐，充满正能量；相信尊重知识的时代，脚踏实地，不要好高骛远；一分耕耘一分收获，要坚持努力奋斗。

（三）发展与生态

绿水青山就是金山银山。7月9日上午，户外调研小组前往绥阳县螺江九曲湿地公园，向绥阳县当地居民询问水源净化与水污染状况，并以调查问卷的形式展示调研结果。小组负责人倪伟带领成员进一步前往天台山调研取样，寻找适合模拟水净化过程的用品。在调研过程中，小组获得了当地居民的热情帮助，体会到淳朴的民风民情。

为了深入了解贵州绥阳县的水源净化状况，改善当地的环境状况，当日下午，户外调研小组开展水净化实验，利用竹筒、纱布、锯末、沙石等当地随处可见的材料来进行模拟净化，实验目的是与当地水净化过程作对比，得到相对廉价有效的水净化方法，达到可行高效的目标。采样材料将由小组在后续阶段进一步利用专业手段进行检测，以形成具体的调研报告，助力当地环保事业。

调研小队在和当地居民的交谈过程中也体会到了近几年当地水资源利用的发展变化趋势。在全国加强生态环境治理的背景下，绥阳县也采取了一系列措施。划定饮用水水源保护区、设立保护区边界标志，保障居民用水安全；关停一批污染企业，从源头治理水体污染……绥阳县的水体治理呈现总体向好趋势发展。

走遍大地神州，最美多彩贵州。贵州是典型的喀斯特地貌，是指具有溶蚀力的水对可溶性岩石（大多为石灰岩）进行溶蚀作用等所形成的地表和地下形态的总称，又称岩溶地貌。除溶蚀作用以外，还包括流水的冲蚀、潜蚀以及坍陷等机械侵蚀过程。喀斯特地貌生态环境是我国的四大生态环境脆弱区之一，石漠化严重。有一句形容贵州地区的古话，"天无三日晴，地无三尺平，人无三分银"。为了详细调查和了解喀斯特地貌，我们参观了在喀斯特地貌才会出现的自然奇观——溶洞。

我们参观的溶洞是亚洲第一长洞双河洞的一级支洞大风洞。站在大风洞门口，就可感受到一股清凉气息迎面而来，沐浴在清凉的气流下，沁人心脾。初入洞中，便被那如幻如画的奇特风景所吸引。洞中的乳石、乳柱在现代灯光的照耀下呈现出千万年沉淀的美丽。我们穿梭在千回百转的大风洞，感受自然的鬼斧神工。

人们常说："母爱如水，父爱如山。"在贵州绥阳县的调查使我们深刻感受到水乃万物之母，滋养哺育千万生灵；山乃精灵之父，奉献承受生命之重。青山绿水是哺育我们人类的父母，无论发展到什么时候都不可能脱离环境而存在，良性的发展应当是建立在生态承载力之上的。作为北理工人，我们应当扛起重任，将科学技术转化为实实在在的生产力。只有不断提高生产力，淘汰落后的生产技术，提高资源利用率，扩大经济增长点，才能在高新技术领域抢占高地，助力生态文明建设与经济发展。

（四）展望未来

得益于贵州独特的地理环境和科学技术的发展，贵州成为中国大数据储存首选地，也是中国天眼——FAST的选址地。2016年9月25日，500米口径球面射电望远镜在贵州省黔南布依族苗族自治州平塘县克度镇大窝凼的喀斯特洼坑落成启用。由中国科学院国家天文台主导建设、具有我国自主知识产权、世界最大单口径、最灵敏的射电望远镜，与世界现有最大口径100米望远镜相比，其观测能力提高了10倍，并且将在未来20~30年保持世界领先地位。

为了提升此次实践活动的现实意义，鼓励更多北理工学子投身于国家科技事业建设中，7月11日，实践团来到贵州省平塘县，参观了世界最大的单口径射电望远镜FAST。上午，实践团参观了平塘国际天文体验馆，学习了解了射电天文简史、宇宙进化简史以及FAST的背景与应用介绍。得知FAST将在未来20~30年保持世界一流设备的地位，实践团为此感到深深的自豪，同时也体会到科技带给中国的变化，更加深刻地感受到自身的责任与重担。在天象影院观看了八大行星的科普视频，被浩瀚的宇宙所震撼。在山风猎猎的山顶看到如此举世震惊的浩大工程，成员们的民族自豪感和使命感油然而生。这是无数的科研工作者付出了甚至是一辈子的时间去修建的工程，现在就在这里稳定地工作着，带领我们的目光探索遥远而充满神秘和未知的宇宙。

FAST是中国科技实力巨大提升的代表之一，也是世界天文史上的一个重大成就。FAST是国之大器，是国之重器，而此重器是无数科研工作者在背后呕心沥血而成的。

参观FAST所带来的震撼一半来自对祖国日益强大的自豪，另一半则来自以南仁东老先生为代表的FAST精神。我国的天文学事业也将以此为起点进入一个新的发展时期，天文学将因此获得长足的发展。而在建设FAST过程中被攻克的一个个技术难题，被提出的一项又一项专利，也会促进不同领域的发展。一项重大的科学项目的发展和落成，其意义不仅仅在于积累技术，更重要的是培养了一批拔尖人才以及从中淬炼出来的精神。以南仁东先生为代表的FAST精神必然会像FAST苦苦追寻的宇宙中的灯塔——脉冲星那样，成为中国天文学界的灯塔，不断激励和指引着中国天文学工作者砥砺前行。

在参观期间，实践团走访了北理工的杰出校友陈玉田。陈玉田是原河北省军区司令员、河北省委原常委。陈学长十分亲切地与实践团成员进行交谈，并鼓励大家认真学习、潜心科研，为国家的国防事业贡献自己的力量。

作为祖国未来接班人的当代青年，作为传承"延安根，军工魂，国防情，北理梦"北理工人，我们应当牢固树立为国奉献、矢志国防精神旗帜，担负起新时代赋予的历史责任，潜心科研，做不畏艰辛的大国工匠。

我校毕业的学子也多数会成为国防科技工作者，为中国的科学技术发展贡献自己的力量。"延安根"既是我校的发展之根，也是一代代北理工人的精神之根。我校是在峥嵘岁月中诞生的，是经历过战火洗礼的，我们应当传承老一辈革命家的精神之根，坚忍不拔，不惧困难，不断攻关克难；我校创立之初就是服务军工的，在新时期，我们要有追求极致的军工情怀，不断挑战自我的战士意志，倾心国防事业，为我们伟大的祖国建设起坚不可摧的国防长城，让那用我们血与肉铸就长城的历史一去不复返！

三、结语

奋斗的青春最美丽。青年一代有理想、有本领、有担当，国家就有前途，民族就有希望。此次我校赴贵州红色实践团充分发挥了理论联系实际这一党的优良作风，深入基层，以"民生与环保"为主题，既进一步了解社会、认识国情，又增长了才干、培养和完善了个人品格，对于培养中国特色社会主义事业

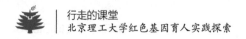

的合格建设者和可靠接班人具有重要意义。

最后,实践团全体成员写了一首诗作为总结:时代担当的旗帜握在了手中,庄严的誓言响起,出征的号角吹响,相信新一代的实践者,会继承、会创新、会将青年党员的主旨铭记于心中,践行于行动。青年兴,则国家兴,青年强,则国家强。勇担复兴大任,争做时代新人,贡献青春力量,展现青春风采,北理学子青春奋斗正当时。

激扬国防情，铸就军工魂

2018年北京理工大学学生广东红色实践总结

2018年8月，北京理工大学的学子们怀着对革命先辈的崇敬和对祖国国防的热情，相聚在南海之滨，开始了一次刻骨铭心的国防之旅。北京理工大学学生红色实践团来到广东南海舰队基地所在地，更近距离地感受国防建设，厚植爱国情怀。

"扬国防情，铸军工魂"，怀着这样的赤子之心，实践团队在北京集结，整装出发，一日一夜，跨越祖国两千里河山，从燕山脚下直抵祖国南疆。"怀军工之梦，筑强大国防"，在这里，我们体验军工文化，学习国防精神；"延安根，军工魂；国防情，北理梦"，在这里，我们承先辈之意志，务国防之实事！

"红军不怕远征难，万水千山只等闲"。八一建军之际，为体验行军生活，感受长征精神，实践团在8月3日这一天进行拉练活动。拉练活动不仅能锻炼人的体力、磨炼个人意志，更能通过处理路途中可能发生的突发情况来增强团队合作的能力，提高团队凝聚力。考虑到时间、人员体力等多方面因素，实践团选择了双月湾到大星山共计八公里的拉练路线。

南海边的空气是潮湿的，清晨的海风吹拂脸庞，十分舒服。实践团成员统一服装，开启了拉练。走在海边，听浪花拍击、海鸥长鸣，阳光在云层中时隐时现，港湾的灯火在远处闪闪发亮，心也随着凌晨的大海宁静下来。如此绝美海疆，海岸由我国海军守护。太阳渐渐冲破云层，大地和海面都充满光明，天高海阔。实践团成员翻过巨石，踏过海浪，克服了失水、晒伤和轻微中暑等困难，互相帮助，中途没有一人放弃。整个队伍保持着队形，稳步前行。艰苦的环境下既锻炼了体能，又磨炼了意志，亲身体验军队中的训练项目后，实践团成员更理解了军人"负重前行"的艰难。双月湾已在身后，我们的脚步更加坚定。午饭后，实践团准备登顶大星山。有道是"雄关漫道真如铁，而今迈步从头越"，大星山作为抵御外敌的一道屏障，百年之后，我们依然可以感受到它的易守难攻。山上丛林茂盛，走到山路转角，在柳暗花明之间，一道军事禁区的指示牌十分醒目。在这路牌的后方，层叠山丘顶，林深不知处，还有这么一群"可爱的人"，这么一群守望者，感谢他们的无言守候，感谢他们的负重前行。是他们的负重前行，守望着祖国的海疆，才让我们有如今的幸福生活。谢谢你们，最可爱的人！

立鸿鹄志，传北理情。8月4日清晨，实践团早早集合，着迷彩，踢正步，向着朝阳敬礼，向守卫着祖国海洋的战士致以崇高的敬意。下午，我们聆听了一位退役海军战士的故事，从他的言语里去了解他曾奉献青春的事业，感受他所传承的爱国精神与培养后辈的情怀。我们向大海敬礼，向海军致敬，为军工奉献才能、为国防付出青春的红色基因在这一刻被彻底唤醒。

8月5日上午，实践团抵达高潭镇革命老区。在高潭革命历史陈列馆中，一块青石尤其令人印象深刻。青石上镌刻着高潭革命英灵的名字。在陈列馆外，一尊革命烈士纪念碑赫然矗立。参观结束后实践团成员怀着对先烈的缅怀，来到纪念碑前，向纪念碑默哀致敬。"只解沙场为国死，何须马革裹尸还"，今天中国的强大，是先辈们的鲜血铸就的！

在南海之滨，有着培养海军的摇篮——海军训练基地，这里是最接近海军士兵生活的地方。从北京到广东虎门，从燕山脚下到珠江之滨，跋涉4 000余里，我们想在南海边升起鲜艳的国旗，想向守护祖国的钢铁长城致敬。8月6日上午，北理工国旗队的队员们在这里举行了升旗仪式，致敬海军，献礼国防。为了更好地完成升旗任务，队员们不辞辛苦，加紧排练。后背被湿透的衬衫紧紧贴住，脸庞也被横流的汗珠不断折磨，但大家依旧一遍又一遍地踢着正步，喊着口号。当"敬礼——！"口令下达，国旗队员们以庄严的仪仗护卫国旗升起。全体观礼人员肃立，行注目礼。这一份军礼，不仅仅是对国旗的热爱，更是对奉献青春、镇守海疆的解放军战士的敬佩与仰慕。当国旗触顶的那一刻，所有的汗水、所有的努力、所有的付出都是值得的。我们怀着一腔热血向守卫祖国海疆的战士们，敬礼——！

结束了庄严的升旗仪式，实践团于下午到达虎门海战博物馆。在这里，我们缅怀为国捐躯的爱国将士，重温中国海军的艰难岁月，回顾历史，更加珍爱和平。走出博物馆，实践团来到了虎门炮台。"炮台深染忠魂血，浩然正气永不灭。"珠江畔坐落着早已毁于战火的虎门炮台，每一尊锈迹斑斑的铜炮都在向我们讲述着英勇殉国的将士们不惧强敌、可歌可泣的故事。我们幸运，因为我们生于祖国强大的年代，见识了中国今日国力之强盛，但我们不能忘记中国往日之悲痛。落后就要挨打，"能战方能止战，准备打才可能不必打，不能打很可能挨打"，房兵教授不止一次在讲座中提到这句话，如今也成为我们的共识。和平需要用实力呵护，正义需要用实力捍卫！延安根，军工魂，国防情，北理梦。作为北理工学子，我们必须以史为鉴，奋发图强，热爱和平，为祖国的安全献出自己的才华和力量，为实现中华民族的伟大复兴而努力奋斗。

8月8日，对于整个实践团来说是一个重要的日子。这一天，我们终于来到本次实践最重要的目的地——南海舰队湛江基地。初入营门，听汽笛长鸣，响彻云霄，便可感受到大国重器那震撼人心的雄风。军港内，各种型号、各种用途的舰艇整齐停靠。既有威风凛凛、杀气腾腾的作战舰艇，也有气势磅礴、稳如泰山的支援舰只；既有行将退役的明星深圳舰，又有科技升级的新星海口舰。舰上的海军官兵们忙碌而有序，为了维护国之重器而大展身手，大有"战舰森森罗虎士，征帆一一引龙驹"的威武严整。时隔八年再次回到南海舰队，退伍海军战士芦远老师不禁感慨："曾经服役的旧舰早已退役，并肩战斗的战友也离开军营，心中不免有些遗憾。不过大多军舰已经更新换代也说明了海军力量正在迅速崛起，看到强大的人民海军又是无比的自豪。"祖国的海军力量正在迅速崛起，相信不远的将来，祖国铸成深蓝利剑，将更加坚定地捍卫海洋权益。带着崇敬与不舍，实践团离开军港，来到海滨船厂。令人惊喜的是，退役后的雪峰山号军舰正在此处进行维修改造，我们有幸进入军舰内部，近距离地感受军舰内部的构造，亲身体验士兵们的海上生活环境。为节省空间，船舱内狭小的环境给人一种强烈的压迫感和窒息感，而士兵们不仅仅要在这里连续生活几个月甚至几年时间，更要在这里应对各种突发状况，甚至作战。实践团成员更加深刻地体会到了南海舰队的战士们为维护国家和平稳定做出的贡献和牺牲。昔日甲午一战，北洋水师全军覆灭，有海无防；今日中国海军劈波斩浪，扬帆远航，展现赫赫军威。参观结束后，成员们被大国重器、海军英姿深深地震撼，对强军目标的理解也更加深刻，懂得了军事力量在国家繁荣发展中的重要地位。和平年代的我们，有责任有义务去带动、感染更多的身边人热爱国防、支持国防、投身国防，为国家繁荣、国防建设添砖加瓦。

短短八天的社会实践，我们走入军营，见证祖国今日的强大；参观博物馆，回顾祖国艰难历程；采访军人，感受他们顽强的意志……八天里，我们体验了军人生活的艰辛，感受了祖国军力的强大，更感到我们实践的主题"激扬国防情，铸就军工魂"完美贴合了这次实践活动。作为中国共产党创办的第一所理工大学，作为军工七子之一，北理工以增强国防力量为己任。北理学子情系国防，筑梦国防。作为未来祖国国防工程的建设者，祖国军工领域的创新者，祖国繁荣昌盛的守护者，我们将肩负起中华民族伟大复兴的重任。我们庄严承诺：敬爱军人，矢志军工，献身国防，守卫国家，不忘初心，牢记使命。

弘扬延安精神，勇担时代使命

2021年北京理工大学学生陕西延安红色实践总结

2021年是中国共产党成立一百周年，回顾百年历史，对于青年党员传承红色精神力量、牢记为人民谋幸福的初心使命具有深刻指引作用。

为了激励广大党员同志牢记党的性质宗旨，重温党的奋斗征程，践行党的初心使命，赓续党的精神血脉，利用暑期时间，延安实践团前往红色革命圣地陕西延安，开展主题为"追忆红色峥嵘岁月，传承百年革命精神"的社会实践与调研工作，以实际行动积极响应"学史明理、学史增信、学史崇德、学史力行"的深刻要求，学好党史这门必修课。

延安是中国革命的圣地。1935年10月，中共中央和中央红军率先到达陕北，开始了在延安和陕北 13 年的战斗生活。革命前辈们在拯救民族危亡和争取人民解放的血与火的斗争中创造了辉煌业绩，培育和铸造了中华民族的振兴奋进之魂——延安精神。延安精神之于现代生活，具有深刻的指导意义与启迪作用。

延安拥有许多宝贵的红色文化资源，埋藏许多珍贵的革命历史记忆，探寻红色资源，挖掘历史记忆，对明确党员同志的力行方向、深化党员同志的力行信念，有着不可忽视的重要作用。

前往延安的首站，我们选择习近平总书记度过七年知青岁月的地方——梁家河村。实践团认真学习与了解习近平总书记在青年时代住窑洞、睡土炕、修公路、建沼气的七年知青岁月，探究梁家河村的"大学问"。梁家河村的"大学问"教育我们，要坚守人民立场，深入群众培养深厚情感，为民办事敢于担当作为，秉持务实艰苦创业，淬炼信仰坚定不移，立足于新时代，不断提高自身服务人民的本领，立大志、明大德、成大才、担大任，努力成为堪当民族复兴重任的时代新人。

实践团在延安革命纪念馆、中共中央西北局革命纪念馆、杨家岭革命旧址、枣园革命旧址等红色教育基地接受了爱国主义、革命传统和延安精神教育，学习党在延安时期的光辉历史，感悟党一路走来始终秉持着的自力更生、艰苦奋斗的优良作风。实践团在鲁迅艺术文学院、中国人民抗日军政大学旧址、延安北京知青博物馆，深刻体会抗日战争时期的文化力量，切身感受青年知识分子在历史推进中的热血与激情，回顾中国共产党的历史，弘扬红色文化，传承革命精神，赓续中华血脉。

作为青年党员，要坚定政治信仰，听党话、跟党走，胸怀忧国忧民之心、爱国爱民之情，厚植爱国主义情怀，把爱国情、强国志、报国行自觉融入坚持和发展中国特色社会主义事业、建设社会主义现代化强国、实现中华民族伟大复兴的奋斗之中，学习好文化与专业知识，提升专业技能，培养实干能力。学好文化知识，既包括课业知识、学术知识，也包括历史知识、文化知识。

"纸上得来终觉浅，绝知此事要躬行。"作为青年党员，应积极走进社会开展实践活动，近距离接触人民群众，利用课业知识与实践技能，在力所能及的范围内帮助人民群众解决生活难题。

历史的潮流奔涌向前，伟大的事业震撼人心。在党史学习教育中感受伟力、砥砺精神、收获启迪，我们必将风雨无阻、奋发前行，在新时代新征程上创造新的更大奇迹。

慰问驻藏部队送温暖，赓续红色基因铸忠魂

退役大学生组织赴西藏红色实践总结

2023年8月7日至9日，退役大学生组织"鹰隼之家"红色实践团一行7人在学生工作部干部徐仕琦的带领下，前往西藏慰问驻林芝部队，游学西藏博物馆、西藏百万农奴纪念馆开展暑期社会实践。

慰问驻藏部队送温暖

8月7日下午，实践团队来到位于雅鲁藏布江畔的驻林芝战略支援某部队。这里平均海拔3 000多米，自然环境恶劣，物质资源稀缺，但官兵们发扬"一不怕苦、二不怕死"的战斗精神，克服重重困难毅然坚守在雪域高原。

重温誓词砥砺初心

"我是中国人民解放军军人，我宣誓：服从中国共产党的领导，全心全意为人民服务……"全体军人肃穆立正、高举右拳，在领誓人的带领下，用铿锵有力的声音喊出入伍誓词，回忆入伍初心，进一步坚定理想信念。

交流座谈分享经验

实践团7名退役大学生与北理工知艺书院产品设计专业2018级在役学子彭程以及部队其他新老士兵开展交流讨论，分享"兵之初"体验，交流来到军营后从身体到思想的双重转变历程，互鉴部队这个"大熔炉"给自身带来的成长帮助。

彭程表示："刚来到部队时很不适应，体能不够强健，工作不够熟练，思想不够坚定，但是在部队首长的关怀和班长战友的传帮带下，我逐渐适应了单位的工作生活节奏。在工作训练之余，我积极参加演讲比赛，利用自身专业优势参与新营区建设，逐渐在部队找到了归属感。"

交接国旗赓续忠魂

徐仕琦将曾于2023年5月25日在天安门城楼前升起过的国旗交付部队政委。

这面曾经在祖国心脏高高飘扬的五星红旗将飞扬在林芝的雪山之巅，连接着北京和西藏，维系着北理师生和驻藏官兵的深情厚谊。官兵们将这面国旗珍藏，砥砺军人本色，维护国旗尊严，守卫大好河山。

部队政委首先表达了对慰问团队的感谢，然后指出：一是要保持本色不变质。对于现役军人，要忠诚于党，忠于祖国，不断提高战斗本领，确保队伍"打得赢，不变质"。对于退役大学生士兵，要继承发扬部队优良传统，"一天是军人，一生是军人"。二是要立足岗位建新功。对于现役军人，肩负保家卫国历史使命，要站定军营大舞台，紧抓主责主业，立足岗位建功立业。对于退役大学生士兵，要苦练专业本领，既要敢作敢为又要善做善成，积极参与地方建设。

徐仕琦从学校发展历程和特色专业建设出发，向在座官兵阐明北理为强军兴军事业所做出的突出贡献。徐仕琦表示，北京理工大学向来重视国防教育和征兵工作，关注在役学子发展状况，努力发掘退役大学生作用，积极促进军校联动，大力推动军校融合，北理师生将为建设世界一流军队贡献更多力量。

最后，实践团在官兵的引导下参观了正在建设中的营区，近距离了解他们工作训练条件和学习生活环境。实践团走进战士宿舍，参观内务建设情况，重温"兵味"；围绕训练场地，了解驻地地理环境，感受艰苦条件。

赓续红色基因铸忠魂

8月9日上午，实践团队来到位于拉萨的西藏博物馆和百万农奴解放纪念馆。

参观西藏博物馆品文化。西藏博物馆是西藏第一座具有现代化功能的综合性历史博物馆，丰富的馆藏品多层次地体现了西藏各民族生产生活情况，反映了藏族人民与周边地区和民族间的友好交往以及汉、藏文化与其他文化的相互影响和渗透。实践团欣赏着精美珍贵的历史文物，感叹西藏自和平解放以来社会经济文化方面取得的巨大成就，认识到党和国家在保护、发展藏族优秀传统文化方面所做的不懈努力。

游学百万农奴解放纪念馆感党恩。20世纪50年代以来，党带领西藏各族人民实现西藏和平解放，砥砺奋进、开拓进取、奋力拼搏，开创了西藏长治久安和高质量发展新局面。伴随着工作人员的生动讲解，实践团深刻体会到西藏的时代巨变。

此次暑期社会实践活动让北理师生进一步了解了北理工驻藏士兵在部队期间的训练、学习生活和思想状况，更好地发挥了退役大学生作用，同时让北理

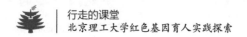

师生加深了对西藏历史文化的了解。知史爱党,知史爱国。实践团队将重整行装,踔厉奋发,以青春韶华报效祖国,把爱国之心化为报国之行,在实现中国梦强军梦的伟大征程中,用担当奉献谱写新时代的青春华章。

走长征路，赓续红色血脉

2016年"探长征路，铸信仰魂"红色实践团成员个人感悟　王玥

两万五千里长征路漫漫，斯人已逝，精神永存。陕甘宁边区八十载的风雨兼程，蕴藏着不灭的长征精神。再次踏上这一方流淌着革命血液的土地，我们缅怀历史、致敬先烈，为找寻，为祭奠，也为传承与发扬。

——题记

陕——势如破竹·征师胜利

吴起镇，因魏国大将屯兵驻守而得名，因红军长征落脚于此而为人所熟知。著名的"切尾巴"战役遗址胜利山坐落于此。

为纪念红军长征胜利，在胜利山的山腰上，竖立着一座中央红军长征胜利纪念碑，通往纪念碑的是一连串长长的台阶，台阶上雕刻着1934—1936年两年来红军一路走来的艰辛与辉煌。在接近纪念碑的一级台阶上，矗立着一座一人高的小红军铜像，小红军面向吴起镇，这座流淌着革命血液的小镇，轻踮起脚尖，努力吹响手中的冲锋号。

顺着台阶仰望山顶，若隐若现的是盘绕于山间的栈道，一路攀爬而上，在栈道的尽头，植有两棵历史悠久的杜梨树。当年的"切尾巴"[①]一战，这两棵杜梨树旁便是毛主席的指挥所。清风徐来，树叶婆娑，距离那场著名的战斗已过去了半个多世纪，如今的胜利山早已成为人们铭记那段历史的载体，目之所及，唯余树木枝叶繁茂，不见当年战火硝烟。

在纪念碑后，有一座镌刻着历史的中央红军长征胜利纪念馆，年轻的讲解员将这段红色历史的种子播藏在每一位来此了解历史、传承精神者的心中。在实践过程中，我们也发现当年的亲历者已寥寥无几，尚能流传下来的，是有心之人基于对这段历史及已逝之人的深厚感情而口口相传的故事。谈起长征，四渡赤水、飞夺泸定桥、翻越夹金山的故事耳熟能详，毛主席的《七律·长征》《清平乐·六盘山》跃然纸上。从这些记忆中，后人追忆往昔，踏上这片革命

[①] 新华网."切尾巴"战役：中央红军结束长征的最后一仗.[EB/OL].（2019-08-08）.https://baijiahao.baidu.com/s?id=1641298388136402470&wfr=spider&for=pc.

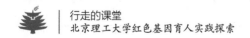

的土地,慢慢地将他们再次串起。我们从延安走来,沿途不懈地探寻着这些故事,串起不朽的精神、不灭的意志。故事的流传,伴随着一代代精神的积淀,经久地根植于后人的心中。

甘——红军会师·中国安宁

"会宁,会宁,红军会师,中国安宁"。红军的到来,为这座县城注入了革命的新鲜血液,这片土地也养育着无数不畏艰险的革命者。

位于会宁县南部的中川乡是一座充满着烟火气息的镇子,沿镇中的小路继续向南前行,慢慢行驶在狭小的盘山路上。路的两侧风景甚好,梯田层层叠叠,巨大的风车微微转动。在如此平和宁静的地方,长眠着八百多名红军战士和红五军副军长罗南辉。大墩梁,中川乡一个鲜有人居住的地方。大墩梁战役,八百多名红军烈士浴血奋战,这是一场为了掩护主力部队不计输赢的决战。在大墩梁的最高处,一座纪念碑、一个无名烈士墓以及罗南辉烈士墓组成了大墩梁红军烈士陵园。在烈士陵园,我们怀着沉痛的心情缅怀先烈。园中寂静无鸟鸣,我们一行人也同样无言。在纪念碑下,还留有之前到此瞻仰烈士墓的人留下的花圈,墓碑周围的松树上,挂满朵朵白色纸花,我们在罗南辉烈士墓前肃立,向英雄三鞠躬。

距陵园不远处居住着几户人家,我们同居民中老一辈人进行交谈,了解了当年大墩梁战役的些许历史。故事易讲,精神的传承却需得慢慢体会,不曾经历过战争的我们无法感受,犹当国家命运不定、燎原之火尚未燃起之时,那些革命斗士勇于跋涉两万五千里只为实现心中的理想。现如今的我们,缅怀先烈,了解历史,方知长征精神当牢记心间。于烈士陵园入口处,看今日来之不易的平静安详,不禁慨叹:"革命英雄与天地共存,长征精神与日月同辉"!

宁——翻越六盘·军民同心

1936年,陕甘宁省豫海县回族自治政府成立大会在宁夏回族自治区同心县的同心清真大寺召开,清真大寺因此与红军结缘。①

清晨,我们步行至此,院中有飞燕绕梁,啁啾之声不绝于耳。待至正午时分,寺中才聚集了来此等待礼拜的老者。我们同其中的一位名叫金玉明的老人谈起红军长征,金老耐心地讲述他了解的故事。由于方言问题,听老人的叙述

---

① 宁夏党史学习教育网.陕甘宁省豫海县回民自治政府成立大会旧址. http://www.nxdsw.net/yjyjzlk/wzs/202307/t20230718_750193.html.

尚有些吃力，但老人多次感叹的"红军好啊，红军是为老百姓的"一句总是能够深入人心，红军同当地人民的鱼水情深，溢于言表。

次日，我们驱车前往红军长征翻越的最后一座大山——六盘山。穿行于林间步道，攀至山顶也需两个小时，在红军长征胜利纪念馆的平台上诵一首《清平乐·六盘山》，远望六盘山脉连绵不绝、天高云淡。两个小时的攀爬远不及红军当年的艰辛，他们敢于走最艰险的道路，敢于直面困难。

一路离开六盘山，在单家集的一座清真寺中，我们找到了毛主席曾宿过的地方，寺管会的拜福贵老人热情地向我们讲述着红军三次经过的故事。从老人的口中，革命年代一幕幕仿佛又重现。院中陈设依旧，整洁明亮，毛主席住过的房间的门上，国民党炸弹弹片留下的痕迹清晰可见，那匹救过毛主席一命的小白马，也在代代相传的故事中被赋予了传奇的色彩。

八十年过去了，当我们向当地居民提起红军，提起长征，人们总是热情地向我们讲述着他们知道的故事，故事的版本多种多样，却都传达着同样的意思。红军长征至此，改变了军队在百姓心中的形象，散播红色的种子。有志青年的积极响应，即便民族有别，却军民同心、鱼水情深。

十天的社会实践，1 300公里的路程，我们踏上这片传承着红色精神的土地。追寻红军长征的步伐，十天里我们寻找红色故事，缅怀先烈。物品、遗址、故居脍炙人口的故事、铁血英烈的光荣事迹，是后人回溯这段历史的载体。长征精神代代相传，永生不息，永世不灭。

探长征路，铸信仰魂

2016年"探长征路，铸信仰魂"红色实践团成员个人感悟　王松

2016年是中国工农红军长征胜利八十周年，也是中国共产党成立九十五周年。在这样的一个伟大日子，很荣幸我能作为北京理工大学德学先锋暑期社会实践团的一员，在暑假期间走进陕甘宁，开展以"探长征路，铸信仰魂"为主题的社会实践活动。我们一起探寻红军长征故事，走访长征历史遗迹，深入了解红军二万五千里长征的时代背景，重温长征精神，增强社会责任感和使命感。

重走长征路

"红军不怕远征难，万水千山只等闲。五岭逶迤腾细浪，乌蒙磅礴走泥丸。金沙水拍云崖暖，大渡桥横铁索寒。更喜岷山千里雪，三军过后尽开颜。"毛主席的这首《七律·长征》回顾了长征一路上所战胜的无数艰难险阻，形象地概括了红军长征的战斗历程，热情洋溢地赞扬了中国工农红军不畏艰险、英勇顽强的革命英雄主义和革命乐观主义精神。我们如今追寻长征是要回顾过去，关照当下，展望未来。红军长征经过大半个中国，在吴起镇我们聆听长征胜利的前奏，在同心清真大寺我们感受长征路上党的亲民爱民，在六盘山我们铭记长征精神永放光芒，在大墩梁我们体会战士们大无畏的牺牲精神，在会宁我们感怀长征胜利会师的喜悦与不易。我们走过了一个又一个地方，冒雨徒步、走山路、爬六盘山……相比于长征路上所经历的艰辛，我们这些都不值一提。每去一个地方，我都被长征的伟大所折服，内心都会受到很大的震撼，长征就是人类历史上的一个奇迹。

铭记历史　展望未来

一段岁月，波澜壮阔，刻骨铭心；一种精神，穿越历史，辉映未来。长征足迹镌刻在为人类追求解放的历史中，始终为中国人民铭记；长征精神传承在为中国繁荣富强的拼搏中，始终激励着中国人民朝着一个坚定的方向前进。现在，我们重温长征的历史，要我们用心灵去感受去领悟长征精神，去传承去发

扬长征精神，培育新时代的长征精神。多少年来，长征精神已在中国各族人民心中树立了不朽的丰碑。长征精神犹如一颗闪亮的星，射出璀璨的光芒；长征精神又像一杆路标，指示着青年一代的人生航向；长征精神是一本大书，给人以人生的思考、生命的启迪；长征精神更像一粒种子，在中华大地生根发芽，开花结果。新时代，新希望，新蓝图，一切都是新的。作为有着鸿鹄之志的新青年，在新的长征中，我们肩上负载着全新的理想。"路漫漫其修远兮，吾将上下而求索。"长征精神有永恒的价值和永远的魅力，它必将激励我们不断取得新的辉煌成就。

为期十天的实践结束了，一路上有困难但也充满快乐，我们也遇到了很多热心帮助和支持我们的普通人，非常感谢他们。实践虽然结束了，但是我们对于长征的探索远远没有结束，在这样的行走和交流中，我们一步步成长。二万五千里的艰难长征，前辈们已经走过，二万五千里的光明征途，一代代共产党人还在继续。作为新时代的青年，我们要铭记历史，铭记长征精神，努力奋斗，为人民服务，做一个对国家对人民有价值的人。

走在"新长征"路上

2016年"探长征路,铸信仰魂"红色实践团成员个人感悟　李婵

走过凌晨两点的延安街道,爬过蜿蜒曲折的六盘山,也经历了风雨中赶路和追逐,却远还不及当年二万五千里长征的几十万分之一;也有过疼痛和隐忍,有过失误和愧疚,有过互助和理解,却远不及那艰苦岁月中的千万分之一。这一路实践,让我深深地意识到当年的长征是多么地艰辛,也启发着我去思考,在"新长征"路上,自己该如何自处与处世。

在这次社会实践中,我的感悟来自两个方面:一方面,围绕着本次实践的主题,感受长征的艰辛、长征精神的伟大以及沿途所遇的人事对于长征的反响,由此带来的启发;另一方面,从本次实践的本身,作为实践团中的一分子,学到了很多。

在实践的路上,初出象牙塔的我们与社会打交道还略显稚嫩。作为实践团的一分子,我负责实践过程中的新媒体宣传工作。虽然我们有分工,但是这次实践也让我明白了合作和分工之间那种微妙的平衡。

举一个简单的例子,有一天我由于身体不适而主动申请与后勤的同学留在"后方"负责购买车票和退房等事宜。一直只做新媒体工作的我,由于缺乏经验和深思熟虑,虽然与另外一名同学在艰涩难懂的方言环境中成功为同学们买到了足够的车票,却在后来搬运行李赶车的环节上粗心将同学的行李箱落在了宾馆。当我们发现这个问题时,已经是在几百公里以外的客车上了。当时我大脑一片空白,内心充满了自责和懊恼。然而那个行李箱被落下的同学并没有责怪我们,反而不停地说没事。好在后来与宾馆核实了情况之后,宾馆将行李箱寄向了我们接下来的一个实践地点。当天的我完全沉浸在愧疚与自责中默默无言。

是另一位同学的话,让我走出来重新审视这一个"错误"。她说,实践过程会遇到困难,但因为有十二个人的力量,困难都不算什么。我顿时觉得心中很温暖,也更有勇气去重新审视这件事情中的自己,更从中明白了所谓合作、所谓集体的力量和温暖。我们不宽容玩忽职守和态度散漫,但是我们不害怕错误,我们害怕的是在错误发生以后互相推诿责备而不想法解决。我想这个道

理，不管是在这次社会实践中还是在我以后的成长过程中都将让我受益。

在这次社会实践中，让我感动、启发我思考的还有这一路上遇到的很多人和事，就像天有打雷下雨，这一路上我们遇到的人事也有负面和正面，有人热心真挚帮助我们，也有人从我们的青春和稚嫩中收取些许成长的"赋税"，但在我的心中，这一切都让我有所收获。而在这满满的收获中，我最想说的是在发问卷过程中的"收获"。

不得不说，参加了两年的"德学先锋"社会实践，发问卷都是让我"收获"最多的一个环节，在与各种各样的人们的交流中，我时而看见泪水，时而听见故事，看见过现实，也看见了希望。

单从这次实践来说，和往常一样，有一些人质疑我们活动的意义，但同样也有很多人在"你认为哪些活动能有助于人们了解长征历史"这一问题中选择了"社会实践"这一项。两种人我都"喜欢"：质疑的人让我懂得去反思不足、谨言慎行；而支持的人给予我力量，让我有勇气和动力让自己朝着更有意义的方向去努力。

再往深层去思索，如果我是那些填问卷的人中的一分子，当我看到这样一群学生在做这样一件事情、发这样一份问卷给我，对于上面的那个问题，我会怎样选择？世间有很多事情都是有两面甚至是多面的，而身处于媒体和网络如此发达的这样一个时代，我们往往最先听到的是那些叫喊得最大的声音，看到的是那些被媒体放大的一个方面，然而事实究竟是什么？

眼见不一定真实，仅知片面便自以为占据高点开始批判和责备不仅仅是无知，更显恶毒。反过来说，仅得源于片面的"议论"便气馁和放弃也不仅仅是软弱，更是同理想的错过与遗憾。这一点，我在西工大发问卷的经历中深有体会。

那是一个炎热的下午，我们从陕西省博到西工大发问卷。起初在省博发问卷的过程还算顺利，几乎没有遭到拒绝。然而到了西工大，我原本抱有美好的幻想，以为在校园里我们将更加顺利。然而出乎意料的是，我在"首站"食堂便遭受到了重大打击，我当天第一次被冷漠地拒绝了，同时，我还听到了一些对于我们实践意义的"建议"。

其实他们说什么并不重要，因为我们自己也在不断地反思不足，然而他们的拒绝却让我一下泄气了，以至于在接下来前往研究生自习楼发放问卷的过程中几度没有勇气去发问卷。直到我终于鼓起勇气去向那些安静学习的学长学姐轻声说出我的请求，直到我能微笑着去面对拒绝，直到我鼓起勇气去认识和接

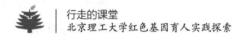

受然后参与这个多面、多彩的世界。

一路走来,汗水很多,但收获更多。最后我想说的是在这一路的行走和找寻中那些"平凡而不平庸"的力量。不管是在长征途中牺牲的无数无名英雄,还是在这一路上给过我们帮助和支持的普通人,都让我感动和感恩。长征的艰苦,革命前辈们的流血牺牲,让我更加体会到幸福生活的来之不易。二万五千里的长征,换来一个新的开始,在这条追寻光明的路上,有无数平凡而不平庸的人在不断地努力。他们是一个个普通的工人,是那个去当兵的学长,也是我们的爸爸妈妈们老师们同学们……我此刻安稳舒适的生活,包含着许多人的付出和努力。而我,作为这个社会的一员,走在"新长征"路上的青年,也应该像他们一样努力和付出,像他们一样付出努力让祖国变得更美好。

铭记革命历史，传承太行精神

2017年山西武乡红色实践团成员个人感悟　李泊糠

"金太行，银太行，铜墙铁壁钢太行。太行人民乐洋洋，鬼子见了心发慌。为什么太行这样强，共产党领导打东洋。拨开云雾见太阳，天晴有了红太阳。"7月11日上午9点，在广为传唱的太行童谣的歌声中，我们抵达了山西武乡李裕村，红色实践就此拉开了序幕。

在当地村民的带领下，实践团首先参观了红色革命英雄"地雷大王"王来法的生平事迹纪念馆。在听完讲解员讲述王来法的生平事迹之后，我们感受到了深深的激励，他的英雄之路更给我们深刻启示：普通民众中潜藏英雄，社会与历史塑造英雄，平凡的你我他都在其中。在参观了王来法纪念馆后，我们深入到李峪村，据介绍，李峪村又有魔术村之名。村党支部书记王竹红引领村民变魔术，从2008年年底开始，魔术逐渐成为李峪村的特色文化产业，村民人均年增收3 000元左右。

我们采访了一位当地村民，他熟练地展示了一段魔术后欣慰地说，从王书记带领我们学习魔术之后，村里的旅游经济得到了极大的发展。特别是每年五月到十月，是我们村旅游的高峰期，结合着我们村的一些红色景点后又开发出了一条富有特色的红色旅游线。这些游客在欣赏我们的魔术的同时，又能够学习到革命时期的英雄事迹。

在中午短暂的休整后，我们来到了太行山抗战纪念馆，馆内逼真的光影效果生动展现了从卢沟桥开始八路军反侵略的殊死斗争，如果说，上午是展现了抗日战争浪潮中国共产党党员个人英雄事迹，下午则是从整体战场上体现了中国共产党的领导作用，从打响正面主动进攻日军第一炮的平型关大捷，到在敌后战场此起彼伏的地道战、铁路战、地雷战，中国共产党及其领导的八路军起到了抗战柱石的领导作用，在敌人不断的"围剿"下像滚滚长江中的中流砥柱冲击不倒。之后，我们在当地先进党员的教导下，上了一节生动的党课，深入了解了武乡与八路军的不解之缘。

今天的天气虽然炎热，但是我的热情比太阳更加热烈。通过此次实践，我深切地体会到了老一辈革命家的牺牲与奉献的精神。正是这样的精神，将人民紧紧地联系在一起，从而为党的发展壮大奠定了基础，为抗日战争的胜利作出了不可磨灭的贡献。

革命老区岭头村，脱贫腾起领头羊

2017年山西武乡红色实践团成员个人感悟　岳靖雨

顶着清早尚不炙热但烤人的阳光，看着漫漫无尽、爬上这个坡又来一条沟的路，我不停地在想我们的目的地会是一个怎样的小村庄。

道路两边是沟沟壑壑，梯田层层分布，山西的地貌倒真的是"易守难攻"。走着走着，路边渐渐有了宣传画，一个镌刻着"岭头村"红色大字的石碑赫然出现，我们终于到达了目的地。规整而茂密的梨树林，高大的核桃树上果子已经圆滚滚地挂在树梢，干净平整的广场、房屋，服务大厅里还有无线网络，我们明明走了几个小时的山路、如此深入山中，怎么会有如此现代化的村庄？

打破地形劣势，互联网+为发展助力。我的家乡位于平原地区，交通便利，土地广袤，农业发达，尤其是近些年联合收割机、秸秆还田机等大型自动化机械的普及，大大促进了农业生产水平的提高，生产需要的劳动力逐渐减少，新农村逐步建立。处于山地之间，山区的平地大多狭小稀少。不仅如此，深山中的岭头村交通也十分不便，如果不是亲眼看到，我真的想不通这种地形应该如何发展。而在"互联网+"这种新的思路下，地形不再成为劣势，反而可以利用山地生产更优质的黄梨、核桃，打破空间上的局限，开拓更广阔的市场。调研过程中，我无意看到这样一个标语："让鸟儿飞回来，让年轻人走回来"。如今大多农村都成了"老人村"，流失了大量青壮年劳动力，没有劳动力，没有新思路，"贫困村"何时才能"脱贫"？只有做到把年轻人留住，为乡村发展注入新活力，乡村才能从根本上实现长远发展。

传承革命精神，打好"脱贫"攻坚战。国家精准扶贫政策已经在全国范围内层层推进，岭头村的脱贫方式十分值得借鉴。我感触更深的是"精准"二字在这里的体现。服务大厅里，村支书为我们骄傲地讲着村里脱贫的过程、现状，有一个"岭头村贫困户脱贫计划图"很值得我们注意。这个表格里明确到每一户贫困的原因、脱贫计划、扶贫责任人等细节，而不是含含糊糊地提出扶贫的想法，明确清晰的脱贫计划当然更有实效性。"创造能手"郭大海活在了每一个岭头村人的心里，成为村里的骄傲和榜样。这里，没有高楼大厦、霓虹灯彩，但这里有整洁的村庄、别具特色的庙会；这里没有职场精英的干练，但这里有村民憨厚的笑脸、轻松的交谈。山中，没有破落的小村庄，有的，是紧跟时代步伐的现代化新农村。

"脱贫"不是一人之事，却是每一人之责，不在于一人之力，而在于人人尽力。能根据自身客观情况明确发展点、制订详细可行的计划，岭头村无疑是众多贫困地区的"领头羊"。返程的山路因为明确的目标而变得不再漫长，"脱贫"同样漫长艰难，但充满希望。

寻 忆

2018年江西红色实践团成员个人感悟　林一南

记忆是人心深处永不消散的味道，不经意的扰动会让这气息弥漫至鼻腔勾起一阵情感的涟漪。从革命岁月走来的中国人心中珍藏着红色革命最浓烈的一股气息记忆。跟着"穿过岁月来看你"的红色社会实践团的脚步，在这个暑假，去捕捉革命年代在江西当地留下的独特味道。

在江西于都长征第一渡纪念馆，那储存红色记忆的瓶子被打开。这记忆的涟漪是被当年的一篇新闻报道搅起的，报道的大意是当地妇女如何在短短几天之内捐出三十三万余两的银饰给红军当作革命军费。

艰苦奋战的年代里红军有许多感人的事迹，在江西当地流传甚广的有"八子参军""池煜华苦等当兵丈夫七十五年"等。我为义无反顾献出生命的烈士感伤，也在心里升腾起一股油然敬意。

一篇妇女捐赠银饰的报道扰得我难以入眠。这是因为，我在阅读那篇报道的时候才意识到：战争不只有前线的厮杀，更有后方保障的较量；战争不仅需要冲锋陷阵的战士，也需要愿意为这些战士提供衣食的群众；先辈舍生为国的光辉事迹给我们留下了代代相传的精神财富。在贫瘠的年代，客家女子捐出了被自己视若珍宝的银饰，这些女子或许甚至不知道什么叫做共产主义，但是她们的行为却无比坚定。她们把自己最好的东西奉献给了红军，她们宁愿自己过得贫穷也不愿让红军战士挨饿。客家女子的淳朴似夏日清凉的晚风，拂过心头，把久藏心中的红色记忆唤醒。那一篇报道的字里行间渗透出一股革命年代特有的味道，弥漫在身旁久久不能散去。

七天六夜的行程里，革命年代那些或波澜壮阔或扣人心弦的故事在我们面前依次展开，就像一出出感人至深的情景剧，随着剧情的发展走向高潮。然而，我明白，真实的战争并没有舞台上的戏剧那样有着光环的壮美，它有的只是死亡的残忍和烈士的鲜血。我们应该铭记的是战争的残酷，是无私的奉献，是平凡人做不平凡之事的伟大。

而这段旅程本身也是一段记忆的气息，等待多年以后的我们再去寻找。

感悟精准扶贫

2018年福建宁德红色实践团成员个人感悟　王子瑄

夏日炎热的午后，老人独自一人在临街的书屋中沉浸在书的海洋，安静得像一幅画，让人不忍破坏这里的安宁与静谧。这是在赤溪村——中国扶贫第一村见到的场景。正如这几天内，精准扶贫和红色旅游带来的"惊讶"。

初到宁德，霍童便带给我惊喜。在到霍童古镇的途中，司机轻车熟路驾驶着大巴在山路间穿梭，伴随着大巴内空调带来的阵阵凉意到达了霍童古镇汽车站。一进古镇，在颇具南方特色的古色古香的小巷中，文昌阁吸引了我们的目光。文昌阁是闽东国共和谈旧址，石碑上鲜红的大字书写着历史。不远处是一家餐馆，朴实的老伯热情地招待了我们，实践团团员与老伯话起了家常。看着老伯带着淳朴的笑容热情地为我们推荐周围的旅游景点，我突然感受到了"全面建成小康社会，一个不能少，特别不能忘了老区"的意义所在。

作为闽东苏区核心地带之一的宁德，精准扶贫，凭借自身特色产业发展特色旅游及特色农业。在赤溪村，我切实感受到精准扶贫带来的巨大变化。原本贫困的小山庄，如今旧貌换新颜，宽敞的村内马路、路边整齐的三层小洋房、村口安闲聊天的村民、干净明亮的福鼎特色白茶专卖店，处处透露着生机。其中，村口宣传板上有着关于党建、精准扶贫等内容，阐明赤溪的发展方向和发展前景。

在我们惊叹着赤溪的发展之时，白底红字"赤溪村扶贫展示厅"出现在我们眼前，白与红的鲜明对比吸引了我们的目光。随着指引进入展厅，负责人热情地接待了我们，并为我们展示了习近平总书记与赤溪人民的视频连线及赤溪村的三年规划。简单了解后，实践团深入赤溪与当地村民亲切交谈，一路上每一处都充满惊喜。迎面走来的步履蹒跚却目光坚定的老爷爷，书屋里安静读书的爷爷，溪水旁嬉戏的孩童，蓝天白云下整齐的房屋，像是《桃花源记》中的世外桃源"黄发垂髫，并怡然自乐"。洋溢在每个人身上的安逸与喜悦，让整个赤溪散发着幸福的光芒。

环顾赤溪后，我与赤溪村支书进行交流研讨。村支书亲切地将我们领入家中，在幽幽茶香中诉说赤溪的发展。品着福鼎的特色白茶，听着村支书谈着赤溪的发展，不禁感叹赤溪的发展离不开赤溪人民自身的努力，更离不开党和政府的大力扶持。

此次实践，难忘的是霍童古镇小食店中老人指路时腼腆的笑，是赤溪蝴蝶园拿起枯叶蝶幼虫向我们展示的儿童认真的目光，是庄严肃静的红砖文昌阁，是环绕赤溪村清澈见底的九鲤溪……

通过此次实践，我真正意识到精准扶贫的意义。丰富的红色旅游资源还未能最大程度开发、旅游基础设施不健全、交通设施不完善等，使得霍童古镇相比于设施更加健全的赤溪客流量较少。根据本地特色，因地制宜制定相应扶贫政策，完成从输血式扶贫到造血式产业扶贫的转变的赤溪村将成为治穷贫富的一面旗帜，帮助更多的贫穷地区走向小康，顺利完成实现全面小康和现代化建设的脱贫攻坚战。

在此次实践中，走出象牙塔的我们深入到农村地头，切实接触到扶贫现状，也真正体会到精准扶贫的意义。不是书本上枯燥的数字，那是真正接触到现实的激动与喜悦，更是从生活中体验到的实践的力量。依靠电子科技的我们在寻找从汽车站到古镇的路途中，顶着烈日绕行两小时，却在最后老伯的提醒下发现原来只有五分钟的路程。从忐忑不敢上前问话到自如同语言不通的当地老人对话，经历过失败，也曾害怕退却，是同伴的鼓励，是实践的勇气……正是团队的力量，使我们不断前行。我也第一次深刻体会到身为一名北京理工大学学子的荣光。游客在听到是北理实践团时，停下来听我们讲述此次出行的目的，同我们一起完成问卷。在那一刻，我似乎看到树立在校区的校训石上的"德以明理，学以精工"，感到身上"青年服务国家"这简简单单的六个字的重量，感受到他们的信任。我们必将不辜负信任，未来必将承担责任，竭尽全力，乘理想之风帆，向未来远航。"延安根，军工魂，国防情，北理梦"，北理学子必将带着北理梦想，"担复兴大任，做时代新人"！

贵州行，情意真

2018年贵州红色实践团成员个人感悟　申宇

贵州行，情意真。走进贵州，踏入遵义山城，路上行车稀疏，街上行人散落。但是从车上的师傅到居民行人，你都能感受到当地人们的热情纯朴、真实与真诚，这让我们更加期待接下来的行程。

我们抵达了遵义会议会址，缅怀历史，传承红色基因。讲解员带我们重温过往峥嵘岁月，感悟前辈革命精神。在此，我们更谨记前辈革命热血，不忘初心，砥砺前行，为实现中华民族伟大复兴而奋斗。

实践团走进绥阳县政府，一位身怀六甲的基层工作者正在岗位，作为共青团绥阳县委书记，其工作兢兢业业让人心生敬佩。随后在王晶晶老师的带领下，双方展开了有温度有情感的座谈会。大家关于当地留守儿童的现实状况的交流，让我们客观真实、比较全面地了解了当地孩子们的困难处境。就像王老师说的，我们大学生们的能力有限，但我们更想用绵薄之力带给孩子们欢乐与希望。青年服务国家、服务社会、服务人民，作为当代大学生，我们更应有时代担当，社会责任感，承载使命，奉献力量。

在湿地公园，我们将爱传递。与绥阳实验中学留守学生，我们在游戏中互相认识，在游戏中寻找欢乐，在游戏中建立友谊。在阳光下，孩子们给小老师扇风送凉；在绿荫下，孩子们与小老师谈心聊天。从陌生到熟悉，从拘谨到尽情，孩子们慢慢放得开，放得下，敞开心扉，乐于分享，我们让爱飞扬。

在绥阳，有一个很"接地气"新时代农民讲习所。几张凳子，一壶茶，刘老板便给我们讲起了过往今日，"心中有党，实现理想。感党恩，齐奋进，享幸福"，这是刘老板的真切感受。

在国家地质公园双河洞，我们感叹大自然的鬼斧神工，感叹"地心之门"的深不可测，感叹钟乳奇石的千姿百态。我们敬畏大自然的神奇，也欣赏人们的智慧魄力，更加追求与大自然的美好契合。

中国天眼是世界最大单口径、最灵敏的射电望远镜。FAST利用喀斯特地貌优势而建，体现出中国工程师的独具匠心；独立自主知识产权，体现我国高技术创新能力。

我们从历史中走过，改变了命运，我们从红色中走出，鲜艳了世界。

我的井冈山之行

2019年江西红色实践团成员个人感悟　李茂轩

6月30日，我随着北京书院与光电学院一行18人一起乘坐Z133次列车前往井冈山，开启了我们为期七天的学习之旅。在这七天里，我们不仅加深了对20世纪30年代左右那段历史的认识，同时也获得了一次精神上的洗礼。对我个人而言，这是我精神上的一次蜕变。

前三天我们主要在井冈山地区学习，了解了井冈山革命根据地建成的整个过程以及红军撤离井冈山根据地的前后经过。这三天的学习给我留下印象最深刻的是我们看的话剧《我的红军哥》和重走红军挑粮小路这两个部分。《我的红军哥》主要讲述了土改时期井冈山老百姓从最开始的不相信到通过红军各方面的努力接受土改再到最后军民情谊深厚、百姓送子参军的全过程。从这部剧里我们能深刻地感受到军民情谊血浓于水，同时也让我对我党坚持群众路线的工作方法有了更深的认识。重走挑粮小路让我切身体会到了井冈山革命时期红军生活的艰苦。小路很窄，大概不到一米，山路在陡峭的同时也不平整，路一侧是山壁一侧是山沟，我们不用挑任何东西在上面走就已经很吃力了，不难想象当年红军战士走这样的路挑粮是有多么的困难。

挑粮只是红军生活困难的一个缩影，面对国民党反动派的经济、信息、军事的多重封锁，红军战士只能盖稻草睡觉，吃清水煮南瓜，即使是这样，红军战士也没有对革命前景感到悲观，"红米饭，南瓜汤，秋茄子，味好香，餐餐吃的精打光"就是那段时期流传在红军中的一个顺口溜。与他们那时相比，我们的物质生活条件不知道好了多少倍，我们又有什么理由在面对困难的时候轻言放弃呢？

后面的三天我们前往了瑞金、南昌两地学习。我们来到了一苏大、二苏大旧址实地学习，参观了南昌八一起义纪念馆。在这期间让我感触最深的是在一苏大旧址学习到的"八子参军"的故事。

六天的学习并不算很长，但在这次学习过程中，我受益匪浅。这次学习，不仅使我将从1927年到1934年的这段历史串了起来，更坚定了我入党的信念。

一代人有一代人的使命。对于历史和时代赋予我们的使命,我们应当不懈奋斗,学习老一辈的革命精神,不断向前,坚持听党话、跟党走,中华民族伟大复兴的中国梦一定能够实现!

红色印记

2019年江西红色实践团成员个人感悟　李梦阳

距离为期七天的井冈山红色之行已经过去了一些时日，但井冈山给我留下的深刻印象却久久地萦绕在心头。我很小的时候便知道，井冈山是老一辈无产阶级革命家创建的我国第一个农村革命根据地所在地，是中华人民共和国的奠基石。但当我第一次真正踏上这片神奇的红色土地时，内心被深深地触动着，仿佛我们之前有一种奇妙的联系。

在这里，我感受到了太多的红色印记，这些印记每每都在提醒着我革命斗争的艰辛不易。在烈士陵园，我们瞻仰了革命先烈的墓碑，我们永远缅怀他们。《我的红军哥》体现了革命斗争中浓浓的军民鱼水情，突出了革命斗争的艰辛和困难。小井红军医院的艰苦医疗条件，用菜刀做手术刀，用锯木刀锯骨头，这些在今天都是很难想象的。"山下旌旗在望，山头鼓角相闻。敌军围困万千重，我自岿然不动。早已森严壁垒，更加众志成城。黄洋界上炮声隆，报道敌军宵遁。"毛主席的一首《西江月·井冈山》让我在黄洋界，这个曾经的红军五大哨口之一，感受到了当时的革命情景。虽然敌众我寡，但红军凭借坚定的意志和大无畏的精神，利用了黄洋界险要的地势和群众的帮助，保卫了井冈山革命根据地。重走红军挑粮小道，险峻的山路，湿滑的地面，每一步都需要异常的小心，红军曾经挑粮的艰难与危险可见一斑。我们每一个人都能深切地体会到战士们艰苦奋斗的革命精神和敢闯险途的宝贵品质。

在这里，我听到了太多革命烈士的英雄事迹，深深感受到了革命党人对革命事业的忠诚与热爱。经过了这些天的社会实践，我有了直接的感受，更加清楚地认识到"全心全意为人民服务"这句话的分量。党的十八大以来，从付出百倍努力坚决打赢脱贫攻坚战，到落实各项惠民政策补齐民生短板，再到深入推进扫黑除恶专项斗争保障安居乐业，人民的获得感、幸福感、安全感更加充实、更有保障、更可持续。不忘初心、牢记使命。作为新时代的青年，我们更应该继承并发扬伟大崇高的红色精神，积极讲好红色故事，为实现中华民族伟大复兴的中国梦贡献力量并不断为之奋斗。

闪闪红心，坚定不移

2019年江西红色实践团成员个人感悟　尹晶

2019年7月1日，建党九十八周年的日子，我们来到了"中国革命的摇篮"井冈山。

我们有幸与北京学院的18名师生共赴井冈山接受为期一周的红色革命教育。短短几天的行程感触颇深，我的心灵一次次受到震撼、思想一次次受到洗礼、精神一次次受到鼓舞。

列车的脚步从未停歇，不知不觉间我们已经远离了朝夕相处的北京，来到了这个既熟悉又陌生的地方——江西。亲眼见到那一块块方方正正的水田，看到一幢幢低矮的白墙灰瓦，我们这才发现鱼米之乡的独特。错落着的梯田看上去让人很舒服，窗外的空气一眼望去格外清新。江西是什么样子的？怀揣着这样的疑问，未来的几天让我们不由得期待起来。

红色的摇篮，将军的故里。在中国革命的史册上，在中国人民解放军的建军史上，井冈山都占有极其重要的地位。我们体验了红军挑粮小道，感受当年红军战士挑粮的艰辛历程，深刻认识到要发扬艰苦奋斗的革命精神。

我们学到了以下五点启示：一学习弘扬井冈山精神，增强宗旨意识，坚定理想信念；二学习弘扬井冈山精神，坚持实事求是，勇于探索实践；三学习弘扬井冈山精神，坚持群众路线，为人民谋利益；四学习弘扬井冈山精神，发扬艰苦奋斗的优良作风；五学习弘扬井冈山精神，树立终身学习理念，勤学善思实践。

经过几天的学习，我深刻地感受到井冈山红色培训的多样性。专题教学，听专家学者讲授井冈山故事，深刻了解井冈山的斗争历史，为后面开展的所有教学环节奠定了理论基础；现场教学，在革命遗址遗迹前开展理想信念、思想路线、党的宗旨和群众路线教育，使井冈山处处成为党性教育课堂，达到"寓理于史""寓情于史"，尤其在小井红军墓前的解说，让我明白一个人、一名共产党员、一名党的领导干部，一生应当怎样度过，入党为什么，在岗干什么，身后留什么；互动式教学，采取小组讨论汇报的形式，让同学们在历史与现实的碰撞中，引发更深层次的思考，达到"以史育人""以情动人"；体验式教学，在革命遗址遗迹上利用纯自然条件开展体验式项目，模拟当年红军行军、生活、战斗等情景体验课程，注重革命传统精神的教育体验。有人说"挑粮小道上的挥汗如雨，胜过教科书上的千言万语。"所有的教学设计，都不是消极灌输，而是让我们自己体验、感悟，这样的教学无疑让人更深刻、更难忘。

这次井冈山之行虽然时间短暂，但井冈山秀丽的自然风光和人文传统，都让我们流连忘返；八角楼、龙江书院、大井、茨坪旧居、井冈山会师纪念馆……让我们印象最为深刻的，是井冈山精神。井冈山精神不仅在革命战争年代里是克敌制胜的强大武器，也是我们在今后学习生活中应该继续继承发扬的精神！

也许只有亲历井冈山，才会更加透彻地理解革命、信仰、无畏等词的真正含义；也许只有静心聆听井冈山的故事，才会感受跨越历史时空的心灵震撼。应当说这一次井冈山之行让每一位党员和入党积极分子都接受了一次心灵的洗礼、灵魂的锤炼，对于井冈山精神也有了新的认识和领悟。作为一名爱党的高校学生，我们也希望自己的胸膛内永远跳动着一颗闪闪的红心，坚定不移。

后面的三天我们前往了瑞金、南昌两地学习。我们走过了一苏大、二苏大旧址实地学习，参观了南昌八一起义纪念馆。在这期间让我感触最深的是在一苏大旧址学习到的"八子参军"的故事。

7月5日，我们来到了共和国的摇篮瑞金。在这里，我们参观了中华苏维埃共和国临时中央政府办公所在地旧址，在教育人民委员部看到了徐特立老院长，看到了他为我国革命所做出的努力。正是因为中国共产党的努力付出，我们才可以在如此美好的蓝天下快乐地成长。同时也引起我们的思考，我们应该居安思危，如革命先烈一样努力奉献，为实现中华民族伟大复兴而奋斗。

7月6日，我们来到了南昌，也是本次学习的最后一站。在军旗升起的英雄城市，给我印象最深的地方就是八一南昌起义纪念馆，这个纪念馆是以八一南昌起义为主题的展览馆，同时又展现了中国人民解放军80年来不断成长壮大的历程。接下来又参观了江西革命烈士纪念馆，烈士墙上密密麻麻的人名，他们为国家的和平奉献出自己的生命，我不禁感慨和平生活的来之不易，与此同时也感恩烈士们的付出。

我坚信，以后，我的身边将不只有我一人，革命先辈们将激励我们不断前进。

寻革命足迹

2019年贵州红色实践团成员个人感悟　高子淇

"红军不怕远征难，万水千山只等闲"这句诗词我从小便知晓，但是真正深入理解这句诗却是在大三暑期红色社会实践时。无论是零距离接触遵义会议会址，还是聆听杨利主任细致入微的讲解，抑或亲眼看到奔流不息的赤水河，都让我加深了对中国共产党的敬意。在这次实践中，我很荣幸地加入了新闻组，全程跟随宣讲组和调研组同学的行动。

临遵义会址，思伟大转折

实践的前几日，由于宣讲组和调研组需要筹备，我们几乎是"住"在了遵义会议纪念馆，但有杨利老师的精彩讲述与可以近距离参观会址的"特权"，让这五天一点也不枯燥无聊。还记得杨老师在红军书写过的木板旁讲述红军学字的故事，在一个竹筒前告诉我们军民鱼水一家亲的史实，在爬雪山、过草地的展厅传达给我们当时红军坚定的信念。尤其是一些抗战时期的历史细节，使那些伟人的形象更加亲切了起来。

犹记7月4日晚，我们有幸登上了当年会址的二楼，走进了周恩来总理住过的卧室，零距离接触了开会的小屋，看到了当时战争的备战间，虽然我们不属于那个时代，但我们在以另一种方式与他们相会。与此同时，杨老师也为我们讲述了这个会址的前身，让我们看到了民国时期的贵州遵义的特色建筑文化。

看红色短剧，念办学初衷

住在华雅酒店的那几天，例会结束后走得最晚的就是调研组，每个人都在为红色短剧剧情的下一步发展而焦头烂额。经过了为期五天的编排，我们在红军山上为大家演绎了具有我们北理工特色的红色短剧。在淅淅沥沥的雨声中，演出成功结束，并且得到了当地电视台的报道。在这个演出中，实践团成员展现了当年延安自然科学院的办学初衷，以独特视角演绎了李富春和徐特立两位老院长的高瞻远瞩。

探川黔锁钥，叹大好河山

实践接下来的几日，我们又去了赤水有丹霞之冠美称的佛光岩、保留原始风貌的土城、不亚于黄果树瀑布的赤水大瀑布……我看到了祖国的大好河山并为之赞叹，理解了"绿水青山就是金山银山"这句话更深层次的含义。同时，我们也近距离看到了赤水河，奔流不息的赤水河仿佛在向游客讲述当时红军勇猛渡过赤水的场景，难以想象当时装备简陋的红军是凭怎样的勇气与智慧四渡赤水，化被动为主动，跳出了敌人的包围圈。

访国酒茅台，见企业担当

在实践的最后一日，我们前往了茅台集团，亲眼看到了员工生产、加工、包装茅台酒的场景，同时也了解到茅台复杂的酿造工艺。茅台酒业不仅保证了当地居民的就业，而且还每年定期资助优秀大学生，发放助学基金。

为期十日的实践让我得到了精神层面的提升，也结交了很多好友，用"不虚此行"四个字来概括一点不为过，希望日后仍能有机会参加如此有意义的红色社会实践！

传承长征精神,重温伟大转折

2019年贵州红色实践团成员个人感悟　孙福鹏

作为北京理工大学的学子,"延安根、军工魂"的家国情怀已经深入我的血液,作为一名中共党员,追溯红色遗迹、宣扬长征精神是我的责任和使命。恰逢国庆70周年,非常荣幸能成为北理工赴遵义红色实践团的一员,与各位同学老师一起学习长征精神,重温伟大转折,感受大美中国,见证茅台担当。

传承长征精神,重温伟大转折

在党的九十八周年生日这个庄严的日子里,通过参观遵义会议会址的学习以及杨利老师以一名共产党员的身份对长征路线逻辑清晰的讲解,我进一步从逻辑角度深刻理解红军长征路线的复杂性与合理性以及长征的重大意义。杨利老师用细腻的思维为我们讲解一幅幅波澜壮阔的历史画卷,她从细节着手,通过翔实的故事展开,无论是200名战士冻死在草地,还是卫生员龙思泉的救死扶伤,抑或是邓萍烈士的英勇壮烈,都让我们感受到先烈们抛头颅、洒热血的爱国热情,同时深切体会长征环境的残酷,这让我更加坚定理想信念、不忘初心。

在"红军烈士永垂不朽"纪念碑前,红色短剧的演绎是纪念也是回首。在为观众展现遵义会议伟大转折的同时,我们也重温北京理工大学两位老院长的初心,深刻理解创建延安自然科学院的重大意义。

烈士可以没有名字,但却永远不会被遗忘,长征精神将永远铭记在我们心中。

感受大美中国,见证茅台担当

实践团共渡过赤水河九次。久远的历史文化、浓郁的红色文化,四渡赤水纪念馆像一颗美丽的珍珠,温润着这座古镇的底色。四渡赤水纪念馆中,我不禁被红军精准的行军路线以及作战方针深深折服。为了体会当年的艰苦历程,同学们九渡赤水,在风雨中感悟先烈们克服艰难险阻的决心与毅力。赤水四渡出奇兵,雪浪云涛滚滚来。于蜿蜒的山路盘旋而上,赤水浪花拍岸,在历史的积淀下更显深沉。赤水作为川黔锁钥和黔北明珠，不仅哺育了一代又一代中华儿女，也为世界的酒文化做出了不可磨灭的贡献。

在参观茅台集团的部分包装间、生产车间后，实践团前往遵义的中国酒文化博物馆，进一步了解茅台酒的历史文化。

这次暑期实让我收获良多，我将继续以实事求是、不自以为是的北理工人品格投身实践，以青年服务国家的坚定信念献身社会！

大别山的精神洗礼

2019年大别山红色实践团成员个人感悟　罗晓凡

大别山，红军的故乡，将军的摇篮。我们乘火车到达河南省新县：繁华的新城区、气派的洋楼和现代风格的大厦都彰显着经济蓬勃发展带来的繁荣；大气的市图书馆，街道小区墙上的文明宣传和扫黑除恶的海报都体现了文明建设的发展。云淡风轻、凉风习习，街道干净卫生、路边花草丛生，新县地处大别山，深埋着红色基因。

每到革命圣地，都是一种精神上、思想上的洗礼。大别山之行中我收获最多的，还是沁入山区民众骨髓的红色基因。走访新县的各个政府部门，座谈了解当地的旅游业、林茶产业、扶贫和生态环境治理等工作，来接待我们的工作人员热情积极，在问及相关问题时也是对答如流、侃侃而谈，我从他们的神采中看到了共产党员对与工作的尽职尽责和无限热爱。经过国家和人民的不断努力，新县的各个方面都在不断变好。谈及人民生活富裕、经济发展迅速、生态环境保护良好的成果时，他们的眼中带着收获的喜悦和骄傲。参观革命博物馆、烈士陵园时，讲解员们对大别山区的红色历史如数家珍，好像镌刻在他们身体里的红色基因在不断地发光发热，让流淌的血液翻滚沸腾。在郑维山将军故里的陈列馆里，我还看到了穿着红色马甲的小小讲解员们。她们大部分都还是小学生，利用假期的空闲时间，在红色革命博物馆中学习红色历史、感受红色精神，经过几个月的培训后便能上岗，向来往参观的游客讲解馆藏内容。这些孩子从小就了解自己生活的这片红色土地上的英烈故事，受到这些红色文化历史的熏陶，学习故事中所蕴含的各种精神，增强民族文化自信。还有王楼村创办了自己的村史馆，既缅怀先烈，又向后人诉说这里发生过的故事，告诫后来人继承革命先烈的红色遗志，学习革命先烈的奋斗精神、无私奉献的高尚情怀、坚定的革命意志和艰苦奋斗的传统。

香山湖位于大别山腹地，远观山清水秀，湖畔草青花红，既是国家水利风景区，又是重要的水源地，附近居民的生活用水及饮用水都来自这里。路过水塝村党支部，我们进去聊了聊，对香山湖又有了更多了解。湖深一百多米，水中含有丰富的微量元素和矿物质，为了保护这一方净水，香山湖周围不畜养牲畜、不施肥打药，极大地保护了这片区域的生态环境。新县坚持"干净就是美，持续就是好"这一理念，并出台一系列政策支持县城的环保工作，让整个新县变得干净、美丽。我们还遇到一位担任保洁工作的老党员，他现在腿脚不好，就用电瓶车代步，依然一丝不苟地清洁着这美丽的小村落。在他骄傲地指着自己胸前的党徽时，我看到老人眼中闪烁的光，那是信仰之光，不灭且愈发耀眼。

历史是最好的教科书。我们学习参观了诸多博物馆和革命旧址，看到其中陈列的文物，破旧的布鞋和草履、朴素的粮仓和农具、泛黄的信纸和停摆的钟无不诉说着曾经那些节俭而充实的日子；战斗所用的武器、军装和保存下来的珍贵照片，无不代表着曾经那些流血牺牲的英雄。是许许多多共产党人前赴后继，才建立了鄂豫皖苏区革命根据地，也是一代一代的共产党人秉承着不怕困难、不惧艰险、勇于创新、敢于挑战的传统，才能不断让党和国家焕发出生机和活力！重走"志仁小道"时，我们一行人不自觉地唱起了红色革命歌曲，虽然山路崎岖，但带着革命先辈们不畏艰险的奋斗精神，我们斗志昂扬，最终收获了胜利的喜悦。

虽然每个人都有自己的调研课题，但团队合作却是必不可少的。通过此次红色实践，我也更加明白了团队的意义：互帮互助，各展其能，协调共赢。对这个队伍来说，每个人都至关重要，我们围绕着共同的目标互相配合、一起努力。在每天繁重的调研工作后，团队成员在指导老师的带领下开总结会，会上成员们各自小结一天的收获和第二天的规划。这样的相互讨论能够发现很多自己之前没有注意到的问题、碰撞出新的火花，能让之后的工作得以进展得更加顺利。

红色实践之行，辛苦却充实，虽有不足但还算圆满。深入实地走访，了解第一手数据，让我们了解了红色革命老区的经济产业发展；采集水土样本，我们将知识投入实践、运用所学分析新县的生态环境；亲临红色圣地，我们学习革命英烈的事迹，感受"坚守信念、胸怀全局、团结奋进、勇当前锋"的大别山精神，时刻铭记红色政权建立的来之不易，传承和发扬先辈们的优良传统。"不忘初心，牢记使命"，我决心将青春之小我融入国家之大我中，让青春之火在奋斗中焕发最绚丽的光彩，为红色革命老区的发展助力。

行走百年党史，奋斗正当其时

2021年福建古田红色实践团成员个人感悟　马逸蓓

2021年7月12日，我作为精工书院"行走百年党史，奋斗正当其时"实践团的一员，踏上了前往福建古田的征程，开始了为期四天的实践学习。在当时我还不晓得，这片闽西土地将要带给我的会是什么。

在实践的第一天，我们前往参观了古田会议会址，对古田精神有了大概系统的了解，之后通过下午邓泽村老师更加细致的讲解以及相关的考试，我们对古田会议的过程及古田会议精神都有了更加深刻的认识。之后的两天我们又前往了新泉、长汀中复村、松毛岭、客家土楼等地。我们本次的实践以古田会议为中心，再逐步向前向后延伸，细致地了解古田会议的前因与后果。一路上我们也收集了很多感人的红色故事，比如陈客嬷、罗云然等，我们感慨于革命烈士无畏的牺牲，也感谢他们为我们创造了现在这样美好的时代。

最让我印象深刻的就是最后一天的实践调研。正所谓实践是检验真理的唯一标准，实践团分为红色文化小组和乡村振兴小组进行调查研究。我作为宣传组的一员主要参与了红色文化小组的调研，这不是一个完美的调研，却是一次令人收获满满的调研。不完美在于调研地点没有提前做好调查以及一些调研问题过于生硬，收获满满则在于我们真正地做到了紧密联系群众，调查对象不仅包括红色文化的相关工作者、党员等，而且还有龙岩市当地的普通居民，真切地倾听老百姓们真实的想法。有一位当地的退休老师说的话我记忆犹新："大家的心都不向着祖国，中国怎么能富强呢？"他还提到，国家花了多少钱用来培养像我们这样的大学生，但多少人有了出国的机会就再也没有回来，这多让老百姓们寒心啊。国家的富强向来都需要大家心往一处想、力往一处使，毅然从军的闽西儿女，长征路上的红军战士，每一个人的心都凝聚在一起，拧成一股绳，铸就中国魂。同样，现在的中国也需要所有人齐心协力，跟随中国共产党的领导，而不是做一个精致的利己主义者。

除了实践教育本身，我还认识了一群优秀的学生党员，他们每一个人都认真地学习思考、参与讨论、发表意见。就我自己所在的宣传组而言，在组长的带领下我们组每个人的任务都分工明确，每天的工作都能保质保量完成。

通过本次社会实践我学到了很多，最重要的在于加深了我对中国共产党的理解，并让我更加坚定地相信只有中国共产党才能肩负起民族复兴的历史使命，才能带领中华民族实现伟大复兴的中国梦。在以后的学习生活中，这一段闽西之旅的所得所悟也将时刻提醒我，永葆初心，听党话、跟党走！

重走红色足迹、感悟革命力量

2021年湖南郴州红色社会实践团成员个人感悟　戴钰

寻红色足迹，重温长征精神和中国共产党建立的初心。跨越封锁线的视死如归、剪下半条被子的风雨同舟的历史，不仅能帮助我们端正入党动机，也能启发我们在历史规律中择善而从。在每一个不同的阶段，共产党都有不同的历史任务，但是始终不变的是为人民谋幸福、为民族谋复兴的初心和使命，正是靠着这样的信念，国家才越来越富强，人民才越来越团结一心。

踏复兴征程，探究打赢脱贫攻坚战的制胜法宝。因地制宜，绿色经济，走当地特色扶贫路，推动可持续发展。把握贫困地区大背景，化劣势为优势：在具有红色故事的地区以精神文明为内涵推动旅游业、宣传革命事迹；在土地资源充足的地区大力发展种植业、延伸产业链条；在交通便捷的地区进行人才输出，推动产业升级……这条路始终紧紧围绕构建现代产业体系，探索产业发展多元化。

扬北理风采，结合整个实践过程，对自己未来的学习研究方向进行深度探索。北理学子不仅要在技术上有所思考，更应该将自己的研究内容与当地人民、当前社会的需求相联系。在走过崎岖山路的时候，应当思考如何让智能汽车在特殊道路上也得以运用；在走进当地人民生活的时候，应当思考如何降低电动汽车的价格，使之走进千家万户；在看到孩子们对未来汽车的憧憬时，应当打破自己的思维禁锢，思考如何在创新中实现梦想……

实践是求真的唯一道路。古人云："吾尝终日不食，终夜不寝，以思，无益，不如学也。"查阅党史的记载、聆听长征精神的宣讲，都不如重走红色道路来的要震撼人心；听新闻上宣告的全面脱贫、看图片上展现的基层风采，都不如到当地切实体会要来的记忆犹新。这次暑期实践，不仅是用眼睛去记录，更是用心灵去感受，在曾经经历的历史遗迹中重温长征精神和中国共产党建立的初心，在井然有序的产业建设中探究打赢脱贫攻坚战的制胜法宝。将论文写在祖国的大地上，写在中华民族伟大复兴的征程中，虽绝非易事，但矢志不渝。

感悟辉煌党史，重温初心使命

2021年西柏坡红色社会实践团成员个人感悟　周奕含

2021年是中国共产党成立100周年，也是"十四五"规划开局之年，此次红色社会实践因此而显得意义非凡。从观看与学习"四史"主题党课和专题纪录片，到线上云参观中共一大纪念馆、延安革命纪念馆、西柏坡革命纪念馆和香山革命纪念馆等红色圣地，从挖掘当地红色故事到形成党课、进行党史学习教育宣讲，明理、增信、崇德、力行，我在追寻革命历史中，感悟党的光荣传统、重温初心和使命。红色历史因铭记而永恒，红色精神因弘扬而不灭，伟大建党精神、延安精神与西柏坡精神等红色精神仍具有强大的生命力与重要的时代意义。作为社会主义接班人和建设者，作为新时代中共党员，也作为具有"延安根、军工魂"的北理工人，我们要继承光荣传统、奋发治学报国，继续以更加严格的标准要求自己，更加自觉地把青春奋斗融入党和人民的事业中，更加主动地将职业选择和国家发展建设紧密联系，不忘初心、接续奋斗，扛起新的历史使命，做担当复兴大任的时代新人，共赴新征程！

通过聆听"民族复兴的呼唤与中国共产党的创立"主题党课，我对中国共产党创立的背景、筹备与创立及其意义有了更深入的认识和理解，对伟大建党精神和中国共产党特质有了更深刻的领悟，历史在人民的探索和奋斗中造就了中国共产党，中国共产党是历史和人民的选择，这更加坚定了我听党话、跟党走的决心和信念。

不忘来时路，线上云参观中共一大纪念馆让我回顾了建党历史，一件件厚重的陈列文物让我更直观清晰地感知到一个政党从弱小到强大、从九死一生到蓬勃兴旺的奋斗历程，感慨于一代代仁人志士的奋斗与牺牲，真切地感悟到"只有中国共产党才能救中国"的历史选择和我党"不忘初心、牢记使命、永远奋斗"的时代意义。作为一名中共党员，我将无我，不负人民，请党放心，强国有我！

观看了《回望延安》主题纪录片后，我更深刻地认识到了中国共产党在延安时期经历的重大事件、形成的优良传统和取得的伟大成就。回望是为了铭记，更是为了传承和发扬。回望革命年代，共产党人的延安精神和作风激励着我们勇于担当、不懈奋斗，我们要志存高远、脚踏实地、不断奋进。此次线上云参观延安革命纪念馆因此而显得意义非凡。我耳濡目染，深刻感受到了革命先辈们实事求是、理论联系实际，全心全意为人民服务，自力更生、艰苦奋斗的精神。这让我深受触动和震撼，我将继续以更加严格的标准要求自己，更加自觉地把青春奋斗融入党和人民的事业中。

红色历史因铭记而永恒，红色精神因弘扬而不灭。迈入新时代，作为社会主义接班人和建设者，我们要传承中国精神，脚踏实地，拼搏奋斗。

红色潇湘行

2021年湖南红色实践团成员个人感悟　吴寒晓

若要用一种颜色形容湖南,我想红色最恰当不过。夏日高耸的太阳似熊熊燃烧的火苗,秋日的橘子洲头层林尽染,爱晚亭中俯瞰片片红叶……湖南的红不仅是景色的红,更重要的是在这片热土上沉积着众多红色故事,许多红色人物留下了他们的足迹。湖南是伟人故里、将帅之乡、红色热土,从三湘四水走上历史舞台的共产党人如璀璨繁星,光彩夺目。在过去的一周,我也有幸走过湖南长沙、十八洞村以及湘潭韶山,进一步去领略属于潇湘的红色魅力。

山有故事,河有传奇

忆往昔峥嵘岁月稠。在参观过程中,我们十分幸运地结识了一位有着55年党龄的老党员,爷爷虽头发花白,可仍旧充满活力,与我们分享对青年人的嘱托和希冀。这不由得让我想到一句话,人在意气风发时,精神抖擞地做一件事,其实不难。

此次橘子洲行,我感受颇深。忽然找到了作为青年人的积极向上的意志和洒脱的气概,要为社会、为民族、为国家效劳。你可以一辈子不爬山,但你心中一定要有座山。

这方红色热土,这个英雄之城

"我愿永远做一个螺丝钉。"小时候,常听爷爷唱"学习雷锋好榜样"。雷锋这个名字如同一盏明灯,影响着一代又一代的中国青年。对于过去的我,雷锋是一个清晰又模糊的身影,从小影响着我,却未曾真正理解过。参观了雷锋纪念馆后,记忆中的影子才渐渐浮现。在我看来,在雷锋短暂又绚烂的一生中,他是品学兼优的阳光少年,是信念坚定的奋斗青年,是百炼成钢的好工人,是全心全意为人民服务的好战士。心中有阳光,脚下有力量。雷锋精神是永恒的,是社会主义核心价值观的生动体现。

韶山是毛泽东的故居,我们有幸观看了大型实景演出《中国出了个毛泽东》。整个演出由六个篇章组成,将毛泽东走出韶山、领导秋收起义、长征、

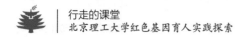

带领人民赢得抗日战争胜利、渡过长江解放全中国等几部分构成，从不同时期不同方面展现伟人的风采。

走进希望燃起的地方

扶贫开发贵在精准。在参观十八洞村时，我发现村子附近并没有大片的种植土地，那当地村民们的收入来自哪里呢？讲解员为我解开了疑惑。由于耕地面积很少，只有800余亩，十八洞村的村民并不直接种植土地，而是以承包的形式在其他地方种植猕猴桃，老百姓可以入股拿取分红。讲解员提到，要做到"实事求是、因地制宜、分类指导、精准扶贫"，根据实际情况制定扶贫方案，实际探索每个村民的情况，弄清楚贫困原因，实现精准脱贫。

此次社会实践活动让我收获颇深。每个人每时每刻都在书写自己的历史，同样也在书写社会、党以及国家的历史，我们要真正做到言行一致，以艰苦奋斗为人生品格，散发出引领社会良好风气的长久的人格魅力，永远保持自己历史鲜红的颜色。

追忆湘江红色历史

2021年湖南红色实践团成员个人感悟 汤君

"湘江北去,橘子洲头",来到毛主席笔下的橘子洲,才更领悟到诗词中那种豪迈的气质。初入橘子洲头,虽然是夏天,没有见到"万山红遍,层林尽染"的景象,但我见到了青年时期毛主席的半身像,远远就给人端庄肃穆的感受。逐步靠近雕像,有如见到毛主席真人,感受到青年时期毛主席心系天下、以天下为己任的雄心壮志。只有亲历,才能更深层次体会。

来到湖南,第二个参观的就是雷锋纪念馆。雷锋也是我们从小就学习的人物,在雷锋的身上体现着全心全意为人民服务的宗旨。循着雷锋一生的历程,我了解了雷锋为人民服务的思想的成熟。作为一名共产党员,从雷锋的身上,我学习到了如何将全心全意为人民服务的根本宗旨贯彻落实在实际行动上,尽我所能,不忘初心、牢记使命,在不同阶段做好自己应该做的事,服务身边人。

在党的领导下,潇湘儿女进行了艰苦卓绝的斗争和波澜壮阔的改革,湖南党史陈列馆记录了他们奋斗的历程。陈列馆里每件实物的背后都有一段往事,记录了党的发展历程。对于我们这样的青年党员,关于党史的学习,是非常重要的。虽然只是参观,相比课本上的学习,更能产生共鸣。唯有深入体会,才能勉励前行。

来到十八洞村,我切身体会扶贫攻坚的伟大成就。十八洞村从原来一个贫困、偏僻的小山村到今日的"精准扶贫"示范村,是当地干部与村民共同努力的结果,也是党全心全意为人民服务的真实体现。根据当地实际情况,量身定制扶贫政策,干部一对一帮扶,切实把"精准扶贫"政策落实到每一步,干部带头,深入村民家中,为不同家庭制定不同的脱贫方案。村民的生活有了极大的改善,人人脸上洋溢着幸福的笑容,在村里走访的同时,随时都能感受到村民对于"精准扶贫"政策的满意,村民们发自内心的对党的夸赞。

接下来的参观,让我感触最深的,莫过于隆平水稻博物馆。我在参观博物馆时,内心被深深触动。袁老留给我们的,是莫大的财富。科研的路上,从来都不是一帆风顺的,为什么他们成功了,而另外的人失败了,究其缘由,是没有一颗坚定的心。面对突如其来的事故，面对毫无头绪的进展，面对诸多的困难，诚然需要有发现方向的思想，但没有坚定信念的支撑，也无法走到尽头，拥抱成功。每经过一个展厅，我总要驻足细看展示的事物的简要描述，结合事物去深度体会当时的场景，因为我是一个研究生，做实验时也会面临一些困难，学习袁老面对困难的处理方式，虽然我做不到同袁老一样，但对于我的问题的解决也是莫大的帮助。有幸与袁老同处一个时代，袁老的事迹深刻地激励我前行。

最后一站，是毛主席的故乡韶山，我观看了《中国出了个毛泽东》大型实景演出。实景演出极大地引发了心中的共鸣，作为观众的我们，在情感等交流上和演出有着一定的互动，让那段历史深入心中，刻骨铭心。

一周的社会实践，感受与学习湘江之地的红色文化，进一步坚定了我心中的理想信念，进一步明确了如何做好一名共产党员的方式：继承老一辈无产阶级革命家的遗志，发扬党的优良作风，国家复兴，吾之担当，义不容辞！

感受红色峥嵘，助力乡村振兴

2021年贵州红色实践团成员个人感悟　孙福鹏

在中国共产党百年华诞之际，在乡村振兴元年，"北理π计划"数学文化传播活动，为强国梦想而来，通过实际行动点燃青少年的数学学习热情，播撒基础学科人才成长的种子，为乡村教育贡献大学生的青春力量。

2021年"北理π计划"暑期社会实践活动共招募了来自15个学院/书院的76名学生。经过前期激烈的选拔，我很荣幸能够担任本次实践团中熠熠星火队的队长，带领18名北理工学子来到实践的第一站——曾以贫困闻名的贵州毕节。我们带着丰富生动的数学科普讲座、精彩有趣的数学实验、妙趣横生的数学游戏、自编自导的原创话剧，走进了毕节市3个区县的6所中小学，给小朋友们带去一场场数学盛宴。

7月8日清晨，我们来到黔西市洪水镇的解放村。刚步入解放村小学，迎接我们的是那灰暗厚重的教学楼顶层兴奋的欢呼声，这笑声如一群白色的鸽子盘旋在操场上空，撞在每个人身上。步入挤满了小朋友的教室，又一阵热烈的掌声响起，我们的活动在他们渴望的眼神中拉开序幕。

从费马大定理中精彩的小故事，到莫比乌斯环实验的神奇奥秘，再到令同学们渐渐痴迷的数独、数桥以及数字华容道游戏，同学们将认真学数学、动手做数学和快乐用数学巧妙地结合在一起，充分体会到貌似枯燥的数学中隐藏的诱人魅力。

作为组织者、参与者，更作为见证者，我被眼前的一幅幅画面深深打动。令我难以忘怀的是孩子们回答问题时的新奇思路，是他们团队合作时略显稚嫩的动作，更是他们理解拓扑学家不能区分甜甜圈和咖啡杯后的开怀大笑！直击我心灵的是那戳破气球后若有所思的认真面容，是那举起莫比乌斯环时雀跃的眼神，更是那歌唱祖国自信而又嘹亮的歌声！

在毕节市举办活动期间，我们听到了当地很多感人至深的脱贫攻坚故事，看到了一群为了让人民都过上幸福生活而不懈奋斗的乡村振兴干部。我们深受鼓舞、大为感动，他们也对我们能够来到教育资源并不丰富的毕节，帮助学生们开眼界、爱学习、立大志表示了真挚的感谢。面对期待，我们深感自己做得

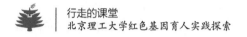

还远远不够。作为一名数学专业的学生党员，我会继续努力，持续用自己的实际行动，走好数学文化传播的长征路。

重走长征路是对先烈的缅怀，是对初心的追寻，是对信仰的坚守。当在红军山烈士陵园听到红军卫生员龙思泉与贵州人民感人至深的鱼水深情，当在女红军纪念馆回顾4 113位巾帼英雄的可泣历程，当在遵义会议旧址看到革命先驱们拨乱反正后昂扬的斗志，当在青杠坡战斗遗址听到短兵相接以及枪林弹雨的震天呐喊，当在四渡赤水纪念馆感受毛主席指挥作战的用兵奇绝，当在四渡赤水实景实战体验园昂首挺胸走上战场……心中激荡的是对红军先烈的致敬，是对革命理想的崇敬！没有什么感受比踏在革命热土更为激动，没有什么故事比站在英雄碑前更为鲜活，更没有什么坚守比共产党人为国为民的初心更坚不可摧！

我们走过的路不及先烈走过的万分之一，但在这条路上他们的精神洗涤我们的灵魂，坚定我们的信念，照耀我们的初心。

"北理π计划"是北理青年的宣言书，是数学文化的宣传队，是科技强国的播种机。未来我会继续和我的队员一起，把北理工精神融入于脚踏实地的奋斗中，把百年初心实践于不负人民的奉献中，把强国论文书写在中华民族的大地上！

感受革命光辉历程，助力乡村基础教育

2021年贵州红色实践团成员个人感悟　陈一佳

　　延安根，军工魂，北京理工大学一直勇担强军强国大任。伟大复兴需要有基础学科的坚实支撑，应当促进数学教育的进一步发展。"北理π计划"为实现强国梦助力，将希望播撒在乡村学校。

　　7月7日，我有幸作为"北理π计划"的成员之一来到贵州，重走长征路。作为团队摄影人员，支教时记录下孩子们的笑脸、对知识的渴求，进行党史学习时记录下大家的学习专注和先辈事迹的种种，何其幸运。

　　"学史力行，数理有π"。这段时间的实践使我更加真切地感受到这两个主题背后的重大意义。

　　首先是在毕节和赤水开展的支教工作。因前期准备工作充分，成员刚抵达毕节就开始了对于课程内容的讨论。孙队长亲自演示莫比乌斯环的原理讲授和实操要点，生动的讲授和简洁到位的说明为接下来的课程讲授做了榜样。考虑到不同年龄段学生接受水平不同，贵州孩子的教材与我们存在差异，队员们潜心调研，做足预案。不仅补充PPT到深夜，去学校的路上也一直热切讨论，希望能更好呈现出数学的精彩，让山里的孩子们爱上数学，也立志成为愿意为基础学科奉献的人。

　　在支教过程中，我切实体会到了乡村振兴的成效，体会到了孩子们学习的积极和显著的成效，体会到了老师对于培养"德智体美劳"全面发展的学生的信念，体会了大山对于和外界接轨和自我发展的渴求……孩子们洋溢的笑脸、端正的坐姿、举起的小手、告别时写满了不舍的眼神……这一切的一切，烙在心底，挥之不去。

　　在赤水，我们增加了话剧表演。我前期参与统筹工作和话剧排练，从准备剧本、采购物资到话剧排练，切实感受到了大家积极参与的热情。话剧这种形式，丰富了我们的支教形式，也让孩子真正实现了在快乐中学习数学史、党史。

　　支教收获颇丰，我们传播数学的种子，我们让星星之火燎原。

　　其次是学习党史，缅怀先烈，重温转折的红色主题活动。缅怀先烈和学习党史活动包括了到遵义会议会址处参观，到四渡赤水纪念馆学习，在烈士陵园缅怀，到娄山关走长征路等。

抵达遵义时插满了大街小巷的红旗，让我们不由感慨"试看明日环球，必将是赤旗的世界"。大家边走边唱《唱支山歌给党听》《我和我的祖国》《我们走在大路上》。红旗飘扬，我们的心也在燃烧。

到遵义会议会址参观，让我们重温了伟大转折。四渡赤水纪念馆详细呈列各种史料，其中建党百年的展览也让我们重温党的建设史，进一步坚定信念。一堂党课让我们详细了解了四渡赤水的艰难和毛主席用兵神妙之处。在烈士陵园前，我们鞠躬致敬，听红军的故事；看着来来往往前往缅怀的遵义人民，更加明白了为什么革命能够胜利。一件一件小事，无不凝聚着红军对百姓的爱和对革命的坚定信念，生时尽心奉献，危时视死如归。"苟利国家生死以，岂因祸福避趋之"，大丈夫当如是，今日的我们也当如此尽心尽力做好为人民服务、为国家发展的每一件小事，同时怀着为崇高理想奉献的信念。

经过参观学习我更加明白：无论是昨日、今日还是明日都应当牢记我们为什么出发。中国特色社会主义进入新时代，我们应承先辈薪火，脚踏实地耕耘，成为社会主义建设大潮中的浪花一朵。

不忘初心，砥砺前行

2021年贵州红色实践团成员个人感悟　洪峰

这个夏天是炎热的，不仅是因为在这个炎炎夏日散发无数光芒的太阳，更是因为能有幸与许多热情的同学一同参与到"北理π计划"实践团这个温暖的大家庭里。

在这次实践活动中，我们兵分三路，分别前往毕节市的三个小区开展"数学大篷车"。在黔西洪水镇，我看到了一群为未来而努力的孩子，虽然身处山区、远离市镇城区，但他们没有为此而气馁。当他们看到我们的到来时，我看到了他们脸上欣喜的笑容，那笑容让山后的阳光为之失色。我也是从边远地区入学的孩子，在他们身上我看到了我曾经的影子，他们向阳而生，他们无惧困难，他们乐观开朗，他们勇于探索，大山并不能阻挡他们学习的步伐。他们镌刻古印，一个个印章，印出他们对传统文化的喜爱，一条条纸带，编织他们梦里绚烂的未来——走出大山，改变命运。在他们眼中，我看到对知识的渴望，在他们手中，我看到中国灿烂的未来。也许，本次社会实践远征贵州边远地区，不仅是为了让他们的生活有所改变，同时也是给我们这些初入大学的孩子一次成长的机会。同是边远山村走来的孩子，他们让我想起我的初心，让我更坚定我的信念，更愿意追随党的领导，为贫困山区做出自己力所能及的贡献。

"学史力行"，我们还去了遵义开展党史学习教育。从留下感人至深故事的红军坟到展示巾帼风采的女红军纪念馆，从战士们曾艰苦奋战、危机四伏的青杠坡到斧削四壁、易守难攻的娄山关，从扭转战局、让红军转危为安的遵义会议到绝处逢生、力挽狂澜的四渡赤水……当那些在历史书中读到的事物呈现在我们眼前时，我更深刻地感受到红军在当时虽孤立无援但永不放弃的精神，体会到那种实事求是、独立自主、敢闯新路的坚定信念，民族团结、军民鱼水的集体意识，勇敢无畏、自强不息的伟大意志。在这些红色的故地重游时，娄山关给我很大的触动，而后来的四渡赤水演练也让我对这段历史有了更深的感悟。苍山如海，残阳如血，娄山关上的红旗飘扬在风中，见证这片天空的云卷云舒。我曾以为斧削四壁、高耸入云只是为了表述娄山关地势险要的形容词，亲临才知这些词并没有夸张的成分，那是真实的记录。西风长啸，长空雁叫，

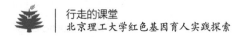

很难想象红军是如何在两天之内将天堑攻下，完美衔接二渡与三渡赤水的壮举。凝视幽邃的峡谷，红军战士前仆后继、舍生忘死的身影仿佛在我眼前展开，不禁为四渡赤水的故事而感慨：

土城烽火犹心惊，赤水一渡骄火宁。
宜泸欲渡敌重阻，扎西休整路渐明。
郎滩回师水二渡，黔北大胜见神兵。
桐梓重夺追穷寇，遵义复回贵州平。
几经辗转老鸦山，残阳如血娄山关。
调敌周旋鲁班场，三渡赤水茅台边。
高歌佯攻古蔺镇，四渡赤水太平滩。
风雨兼程乌江渡，中正胆破贵阳寒。
调动国军跑断腿，红军悠然转个弯。
意志如钢身似铁，战术如神千古传。

"北理π计划"熠熠星火队的故事迎来了终章，我们完美结束了这次实践活动。这次的社会实践，让我结识了许多志同道合的朋友，遇见了许多可爱的山区孩子们，也对党史有了更深的体悟，感谢与我一起前行的所有队员以及我们的孙福鹏团长，是他们赋予了这段社会实践更深的意义。

恒心如擎

2023年辽宁红色实践团成员个人感悟　巨仕迪

社会实践团出征仪式的圆满结束开启了这次大连之行。我怀着对这座城市悠久历史的向往，对无数革命志士的敬仰，对被列强杀害的同胞的哀悼，慢慢地踏上了这片土地。

大连中华工学会旧址纪念馆是大连市爱国主义教育基地。当我怀着崇敬之情走进这座二层红砖建筑的纪念馆，一张张黑白的历史照片和一面面红色的宣传展板映入眼帘，在这里大连工学会的历史、大连人民在中国共产党领导下的革命进程得以再现。我们学习了傅景阳、金伯阳、姬守先、赵悟尘等革命先烈的英雄事迹……"人生难得几十年，岂为衣食名利权？惟有丹心共日月，甘将热血洒江山。"为了中华民族的解放，多少人献出了自己年轻的生命。他们的一生虽然短暂，但他们的英名，却与我们伟大祖国的振兴和中华民族的复兴长久地联系在一起。是他们用挺拔的身躯和钢铁般的意识创造一片天地，才有了我们站在这片繁荣的中华土地，享受着革命先辈留给我们的美好和平。历史永远不能抹去，革命精神永垂不朽。新时代的我们更应该传承红色基因、赓续红色血脉，让青春的心跳与爱国主义情怀同频共振。

在日俄监狱旧址，我们走过冰冷的牢房、绞刑室，仿佛看到先辈们被困于此，忍受着残暴的绞刑。阴暗潮湿的牢房、各色的囚服，都在控诉着这里曾经发生过的暴行，数万人的性命被终结于此。看着墙上的文字描述，看着这些曾经罪恶的地方，那段屈辱痛苦的历史在我们脑海中浮现。日俄监狱可以说是名副其实的"人间地狱"，多少革命先烈、进步人士被残忍杀害、虐待。他们被关在暗无天日的牢房，被施以"笞刑"，他们被关在冰冷的绞刑室里，忍受着各种各样的刑法，最后，被残忍地杀害。我的心情在调研结束后久久不能平静，那些画面像一颗颗钉子嵌在我记忆中，疼痛万分。而一首首豪情壮志的狱中诗抄，又让我们感受到了革命者的灵魂："酷刑拷打亦欣然，历尽艰辛意志坚。但愿人民获解放，不因囹圄改信念。""激情如火气焰高，千折万磨志不挠。宁死无悔身许国，铮铮铁骨壮志豪。""壮士从容入狱中，身心似铁气如虹。工农革命成功日，万里江山一色红。""满腔热血涌心头，残缺金瓯志未

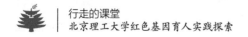

酬。为党捐躯甘一死，磷光夜夜照神州。"

我们从日俄监狱到旅顺博物馆，到中苏友谊塔，再到苏军胜利塔。通过以上地点的调研，我们对旅顺的认识更加具体且深入。旅顺，这是很早以前中国人就熟知的地名，这是我们中国人永远无法忘记的地方，它承载了中国近代的悲伤。我不敢想当时的旅顺是经历了怎样的黑暗的日子；我不敢想当时的中国人民正在经历怎样的苦难；我不敢想如果自己处在当时的环境里，又敢不敢直面日军的屠刀。

为时七天的社会实践，我们一起走过了大连的十几个地方。时间很短，短到我不能将这些地方的每一处光影悉数留在脑海，时间又很长，长到实践结束后的这几天我内心还是不能平静。实践活动的结束不是真正的结束，"前事不忘，后事之师"，我们应该铭记历史，要永远记得那些屈辱惨痛的历史，永远记得那些为了中华民族的崛起而"抛头颅，洒热血"的先辈。那些先辈们受过的"炼狱之苦"，先辈们走过的血泪之路，无不在提醒着我们落后就要挨打。历史的接力棒传到了我们手中，我们要传承先辈遗志，守先人教诲，将他们的精神传承下去，植根祖国大地，胸怀理想，志存高远。我们生而逢时，应恒心如擎，心怀百年红色信仰，铸就未来美好时光。

第四章

行走的思考

沂蒙老区党史教育中"红色形象"资源创新性利用路径调研
——以朱彦夫事迹党性教育基地与祖秀莲故居为例

北京理工大学2021年山东红色实践团调研报告

一、项目进展和研究成果

（一）项目概况

百年大党，风华正茂。沂蒙老区，是中国革命战争时期最重要的老革命根据地之一，被誉为"两战圣地、红色沂蒙"，见证了抗日战争、解放战争以及新中国建设年代，也孕育了光照千秋的沂蒙精神。沂蒙老区拥有众多红色形象资源，依托红色形象开展多种形式的党史教育，效果显著，具有较高的研究价值。在众多的红色形象中，"人民楷模"朱彦夫与"沂蒙红嫂"祖秀莲的事迹在当地群众中口口相传，具有较高的普及度与认同性。利用红色资源进行实地性的党史教育，既是一种全新的教育方式，同时也因其生动性与现实性而能起到传统党史教育无法取代的作用。

基于此，为进一步优化当地红色文化的利用与传播，促进党史教育全面深入开展，在马克思主义学院教师李璎珞的指导下，项目组共计7名学生党员以及入党积极分子在山东省临沂市、淄博市开展研究。项目组选取了朱彦夫与祖秀莲两个红色形象，在其保护地桃棵子村与张家泉村进行典型研究，通过问卷调查、文献研究以及实地调研等方法研究其红色形象利用的经验与可能的不足，同时通过研究探索红色资源保护与利用的新模式，为大学生党史教育的创新性路径创设提供经验借鉴和改进方案。

（二）项目进展

1. 文献综述，夯实基础

项目组建立以来，为完善研究内容中的理论研究部分，项目组成员分工合作，通过综述全国范围内红色资源的保护和利用现状、红色资源的创新性利用现状以及沂蒙老区红色形象的创新性利用现状，分析沂蒙老区内红色形象资源保护利用中存在的痛点问题，并提出解决问题的可行性方案。经过为期一周的文献综述工作，团队共形成约两万四千字的文献综述报告，为实地调研工作的开展提供针对性方向。

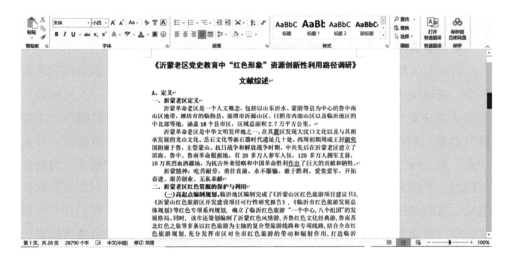

2. 问卷调查，明确实际

完成理论研究后，为了解公众对于党史教育中红色形象资源的利用路径，同时为了为后续实地调研奠定基础，项目组制作并发放了电子问卷。在发放过程中，项目组坚持"点面结合，重点突出"原则，既重点向特定调研区域发放，同时兼顾问卷覆盖的广泛性。经过一个月的收集周期，团队共收回213份问卷，其中有效问卷213份，全面涵盖全国30个省市与全年龄段，获得了客观全面的结果。前期问卷调查的开展，也为实地调研中的访谈工作做好铺垫。

您的年龄：[单选题]

选项	小计	比例
20岁以下	66	30.99%
20~40岁	79	37.09%
40~60岁	65	30.52%
60岁以上	3	1.41%
本题有效填写人次	213	

问卷样本年龄

3. 典型调研，"访""谈"结合

沂蒙老区拥有丰富的红色资源，红色人物辈出。为使调研更具有代表性和深度，调研团选择了著名"沂蒙红嫂"祖秀莲故里和山东省唯一"人民楷模"朱彦夫事迹党性教育中心两个沂蒙老区红色形象转化利用典型案例作为主要研究对象，对两地开展党史教育的路径进行全面、深入、周密的调研，并由"点"知"面"总结整个沂蒙老区利用红色形象开展党性教育的模式，分析痛点问题，并提出创新性的、可行性强的完善建议。在此过程中项目组成员深入基层，围绕调研主题，对两处典型案例进行了近一个月的实地考察。在"沉浸式"学习领会先辈红色精神的同时，也掌握了两地利用红色形象资源开展党史教育的第一手资料。

本次调研，项目组坚持"访""谈"结合，不但实地考察红色项目的开发与运行，而且还与当地典型人物进行了对话。项目组成员坚持指导教师提出的"层次众多，身份不同，问题中肯，记录细致"的访谈方针，先后访谈了朱彦夫事迹党性教育基地讲解员、朱彦夫老人的孙子朱帅宗，红嫂故里桃棵子村前

任书记、祖秀莲事迹发掘者张在召，祖秀莲老人唯一在世的女儿张恒修老人以及祖秀莲老人的外孙女。

访谈对象，对应着现任工作人员、红色形象资源开发利用者、英模人物后代等多个身份，全方位、多层次、清晰详细地反映了红色人物的立体形象以及当地开展党史教育的现状及未来规划，有效地帮助调研内容朝着纵深方向发展。

总体而言，本次实证调研采用"问卷调研+实地考察+人物访谈"三合一的模式，既有针对公众的问卷意向调查，又有针对两个调研点的实地考察和典型人物访谈。建立在理论研究与实证研究相结合基础之上的调研结果与改进方案既符合理论逻辑，又能因地制宜，对于解决沂蒙老区党史教育开展的遗留问题具有较强实用性。

（三）项目成果

1. 文献综述：红色资源的保护和利用研究

（1）全国范围内红色资源的保护现状总结

我国是拥有光辉革命历史和优良革命传统的国家，在中国共产党的光荣历史和近代以来中国人民英勇奋斗的壮丽篇章的历程中，保存和遗留了丰富多样的革命文物资源。在对这些红色资源进行保护的过程中，通过分析总结现有文献发现，我国总结了一些成熟的经验，但也存在一些问题。

我国目前红色资源保护的经验主要有以下四点。

第一，以中央指导意见为引领，为保护红色资源提供根本遵循。党的十八大以来，习近平总书记高度重视革命文物工作，提出系列新思想新观点新要求，为加强新时代革命文物工作提供了根本遵循。为落实这些思想，2018年7月29日，中共中央办公厅、国务院办公厅印发《关于实施革命文物保护利用工程（2018－2022年）的意见》，作为新时代全面加强革命文物保护利用的纲领性文件，为全国范围内的红色资源保护工作提供指导，从国家层面宏观调控、总体布局红色资源保护工作。

第二，发展红色旅游，为保护红色资源提供经济支撑。在中共中央办公厅、国务院办公厅印发的《全国红色旅游发展规划纲要》的规范和指导下，我国红色旅游资源稳步发展，共有效建设、保护和开发了250多处国内红色旅游资源点，拓展了180多条红色旅游经典线路，挖掘和整理了革命历史文物和历史文献，同时投入大量资金支持红色旅游基础设施建设，基本形成支撑我国红色旅游产业发展的资源、景区、线路和基础设施体系。

第三，采用虚拟现实等高新技术，创新红色资源保护途径。作为新兴技术，VR技术能实现用户时间和空间上的跨越，让游客在虚拟的环境中得到身临其境的体验，从而降低实地到访者对红色资源的损害，减少对资源地原生环境的过度开发。目前，这一技术已经在全国各地的红色资源保护中发挥作用。以青岛市为例，青岛市依托全国首个虚拟现实高新技术产业化基地，将VR技术与红色研学结合，以真实的红色研学资源为基础，通过VR技术进行模拟或还原，打造红色研学过程中某一环节的虚拟环境，创造身临其境的研学体验，这是VR技术在青岛市红色研学资源开发与保护中进行应用的优秀尝试。

第四，加强"红色立法"，为保护红色资源提供法律保障。2015年3月，十二届全国人大三次会议修改《中华人民共和国立法法》，赋予所有设区的市地方立法权。修改后的立法法规定，设区的市可以对城乡建设与管理、环境保护、历史文化保护等方面的事项制定地方性法规。党的十八大以来，各地通过立法加大了保护红色资源的力度，福建省龙岩市、湖北省黄冈市、广东省汕尾市等10多个地级市通过了保护红色资源的地方性法规，为红色老区的资源保护工作提供法律保障。

尽管我国的红色资源保护已经取得了一些成就，积累了一些经验，但是目前我国红色资源的保护依旧存在地方红色革命遗址保护意识不足,红色文化资源开发不当,急功近利盲目开发,红色文化管理体制不够健全,地方未设立综合协调机构,没有形成工作合力,欠缺综合性的红色文化资源保护基本法,"红色立法"存在不足等问题,需要得到进一步解决。

(2)全国范围内红色资源的利用现状总结

红色资源不仅重在保护,也重在利用。近年来,我国各地区充分挖掘、开发、利用当地的红色资源进行教育引导、文化宣传等工作,取得了一定的成绩,形成了多地多貌、各有特色的红色资源利用模式,主要有以下四点。

第一,建设红色教育综合性基地。以河南省为例,河南综合开发、因地施策,先后建立了大别山干部学院、焦裕禄干部学院、红旗渠干部学院、愚公移山精神教育基地、新乡先进群体教育基地、南水北调精神教育基地"三学院三基地"的综合性、持续性、整体性红色教育体系。"三学院三基地"相互协作,共同建立了集"研究、保护、开发、传承"于一体的党性实践教育系统和红色资源利用平台。以"三学院三基地"为依托,河南综合开展党性教育,盘活了全省思想政治教育及爱国主义教育工作。

第二,与高等教育机构协作,融当地红色文化入思政教育。以广西为例,广西大学立足广西红色资源,通过开展党史知识竞赛、诵读红色家书、讲述英烈故事、学习英雄事迹等活动,结合学校办学特色,有声有色地开展了有深度、有影响力的"红色思政大课";广西民族大学结合学校办学历史和特色,自主开发建设了一批具有思想性、民族性、艺术性和教育性的红色文化场馆,既促进了思政教育建设,又丰富了当地文化资源。

第三,采取人民群众喜闻乐见的宣传方式,亲近群众,寓教于乐。以福建省南平区为例,开展党史学习教育以来,延平区以近邻党建为抓手,充分利用小区文化长廊、楼院小广场、党群活动室等场所,推行"小院党课"活动,通过分享红色故事、党史经典诵读、党史有奖问答等群众喜闻乐见的形式,让"小院党课"更加入脑入心,推动党史学习教育落到一线、扎根基层。

第四,结合"互联网+"等新技术实现红色资源价值增值。以长三角地区为例,"互联网+"时代,长三角地区在原有的红色档案传统开发与利用方式的基础上与互联网深度融合,融入"互联网+"的新理念、新技术、新平台,对红色文化进行多角度诠释和全景式呈现,最大限度地增强红色文化的感召力与吸引力,使得红色文化搭载互联网的快车充分发挥铸魂育人的功能。

在取得成就的同时,红色资源利用也出现了低层次低质量开发、宣传力度与效果不足、资金欠缺、开发的系统性差、重复开发等问题，需要进一步解决。

（3）沂蒙老区红色资源开发利用现状综述

沂蒙老区红色资源丰富，分布范围广泛。在红色资源保护和利用的过程中，既存在普遍的问题与共性的经验，也有个性化的建设方式。结合相关文献，其开发利用的主要机制如下。

第一，高起点编制开发利用规划。临沂地区编制完成了《沂蒙山区红色旅游项目建议书》《沂蒙山区红色旅游区开发建设项目可行性研究报告》《临沂市红色旅游发展总体规划》等红色专项系列规划，确立了临沂红色旅游"一个中心，八个组团"的发展格局。

第二，高标准建设重点旅游项目。沂蒙山区实行跨县统一开发模式，着力打造红色旅游地观光、特色文化参与、生态旅游度假三大特色品牌，推出并优化具有地域特色的红色旅游地观光和山林生态休闲旅游产品。同时打造沂蒙红色乡村旅游项目。以"沂蒙"和"红嫂"为品牌，建成融影视拍摄、红色旅游、休闲观光、文学创作、爱国主义教育为一体的综合性影视拍摄旅游项目与爱国主义教育基地。

第三，依托红色形象，打造红色名片，建设新时代党性教育中心。当地推进红色基地改造提升工程，进行展馆和教学点的提升改造，完善教育培训需要的基础配套设施，推动基地和片区融合发展，积极打造乡村振兴示范片区。培育一二三产业融合发展新动能，切实将红色资源转变为发展资源，推动党性教育更好地与乡村振兴融合，实现党员教育成效最大化。

第四，创新旅游路径，打造沉浸式红旅新模式。坚持党建引领，推动资源优势变为发展优势，用红色教育引领红色产业。创新开展"吃一顿支前餐，唱一首红色歌曲，听一场红色报告，看一场红色电影，演一次红色实景剧，写一段心灵感悟"这一具有当地特色的沉浸式"六个一"实践教育，增强红色教育的渗透性和感染力。

2. 实地调研：两个案例开展党史教育的创新性路径总结

（1）打造"音画视"一体化展览，让展览"活起来"

问卷调研显示，51.64%的样本人员属于共青团员及少先队员，尽管由于样本选取的范围主要集中于大学生群体，导致共青团员群体占比较大，但不可否认的是，青少年群体属于党史教育的重要受众，十分看重党史教育的生动性。同时，在"认为与红色形象有关的党史教育开展效果一般、较差"的样本中，又分别有54.24%、59.09%的样本认为"形式单一，令人乏味""内容枯燥，趣味性差"是导致此类党史教育活动效果欠佳的重要原因。因此，在利用红色形象资源开展党史教育时，注重形式的多元化和学习过程的生动性与吸引力，是提升党史教育水平的重要因素。

选项	小计	比例
形式单一，令人乏味	13	54.24%
内容空洞，流于形式	17	77.27%
偏重说教，缺乏互动	14	63.64%
内容枯燥，趣味性差	13	59.09%
其他 [详细]	1	4.55%
本题有效填写人次	22	

党史教育效果欠佳的原因

经过实地考察，我们发现，两个案例都十分注重开发多元化的党史教育形式，并通过利用"多重感官"的方法来提升整体教育效果的生动性，打造"音视画"一体化展览。"音"的方面，朱彦夫事迹展览馆与祖秀莲事迹展览馆都聘请专业讲解员团队为学员提供讲解服务，让学员在读展板、看图片的同时，了解到更多真实情况下的细节。"画"，不仅仅指漫画、油画等绘画作品，也包括蜡像、泥雕、大理石雕等艺术表达方式，实景再现朱彦夫带领村民脱贫致富与祖秀莲悉心照料战士郭伍士的场景。"视"则让画面动起来，朱彦夫事迹展览馆把朱老带领村民"棚沟造地"的原理做成动画，方便听众理解，而祖秀莲纪念馆则与拍摄团队合作，制作一部关于祖秀莲老人事迹的微电影，让电影观看成为展览馆学习的重要组成部分。通过调研团的亲身感受与随机采访，我们发现，视频手段教学的受众印象度是最高的，尤其是观影这一学习形式，可以大大激发学员内心的共鸣。两案例在展览馆内综合运用"音画视"多种手段，充分调动受众的各个感官，让停留在展览板上的文字"活起来"，增强党史教育的生动性。

（2）事迹展览与实景教学结合，打造"沉浸式"体验

高达77.27%的样本认为"内容空洞，流于形式"是导致党史教育效果欠佳的最重要原因。显然，两个典型案例也注意到了这一痛点问题，设计一系列实景教学点，努力打造"沉浸式体验"，打破"上车睡觉，下车拍照"的形式主义问题。而与祖秀莲故居相比，朱彦夫事迹党性教育基地在这一方面走得更加

靠前。整个红色基地包括一座事迹展览馆、朱彦夫旧居、乡村夜校旧址复原、友谊机灌站实景、棚沟造地实景以及红山梯田实景。除展览馆外，其他内容都属于实景教学模块。在实景教学点，学员可以亲眼看到展览馆中所介绍的种种事物。通过访谈我们了解到，借助丰富的实景，朱彦夫事迹展览馆开发了生活体验学习项目——"重走彦夫路"，学员可以重走当年朱彦夫带领村民建设红山梯田时的山间道路，近距离观察"棚沟造地"工程的架构，听一场乡村夜校课程，收获全方位、"沉浸式"的学习体验。

值得注意的是，朱彦夫基地的"沉浸式"体验打造远未结束，且已经形成有型规划。通过访谈我们了解到，未来朱彦夫基地将全面提升住宿与餐饮接待水平，增大学员容纳量，将朱彦夫基地建设为可长期性研学、"吃住学"一体化的"党校式"培训学习基地。将短期学习转变为长期学习，是当地未来深化学员"沉浸式"研学体验的重要路径。

无独有偶。祖秀莲故居也在事迹展览馆之外，开辟了故居房屋复原、藏兵洞、红嫂故事创作者刘知侠旧居等实景教学点。此外，在运营团队的指导下，桃棵子村还建设了沂蒙老山街、一山九墅等多项精品民宿以及一系列特色农家乐，学员可以听红嫂故事、看红嫂故居、住沂蒙民宿、品农家特色，在一蔬一食、一言一行中感受红嫂文化。可以说，祖秀莲故居实现了红嫂事迹教学与沂蒙民俗体验的有机结合。

（3）多元化配套教学，加强党史教育深度与系统性

除参观展览馆与实景教学之外，朱彦夫事迹党性教育基地还增加了唱红歌、重温入党誓词、"合格党员证"拍照打卡等配套教学手段；而去祖秀莲故居学习的学员除可以重温入党誓词之外，还可以前往"红色剧社"观看专门剧团演绎的舞台剧作品。多元化配套教学手段既丰富了党史教育的趣味性，又可以帮助学员进一步深化对中国共产党的认同感、归属感，为学员留下一段印象深刻的党史学习经历。配套教学手段与占据主要地位的参观教学相结合，推动党史教育构成完整系统。

（4）利用虚拟现实科技，拓展线上教学方式

2021年起，朱彦夫党性教育中心全面上新虚拟现实线上全景展览形式。学员点击链接即可360度全景式观看事迹展览馆，为无法前来场馆实地学习的学员提供参观机会。

（5）充分利用新媒体平台扩大宣传的广度与深度

问卷调研发现，高达74.65%、53.05%比例的样本是通过微信公众号推送、

直播与短视频推送这类新媒体平台来了解红色形象。因此，开发新媒体宣传路径成为现代党史教育平台扩大知名度的"收视密码"。

选项	小计	比例
报纸、杂志	122	57.28%
新闻报道	162	76.06%
微信公众号推送	159	74.65%
直播、短视频平台	113	53.05%
参与集体学习活动	134	62.91%
日常交流	82	38.5%
其他 [详细]	5	2.35%
本题有效填写人次	213	

接受党史教育的形式

本次调研的两个案例都充分运用新媒体扩展自己的宣传面，为线上党史教育提供补充。朱彦夫基地主要利用"沂源党性教育"公众号、抖音账号与微博账号，仅微博一项就收获21万粉丝。目前，活跃度较高的新媒平台为微信公众号，开办《学员掠影》《"楷模，我想对您说"优秀留言集锦》《"云游"系列建党一百周年微党课》《每天党史两分钟：朱彦夫特辑》等多个栏目，为宣传朱彦夫精神、强化基地线上党史教育提供重要抓手。而祖秀莲故居也主要通过微信公众号这一载体进行红色文化宣传。

二、项目建设存在不足和挑战

经过问卷调研、实地考察与人物访谈，可以分析得出，沂蒙老区借助红色形象开展党史教育的过程中，仍然存在以下几项问题。

（一）红色形象利用的资金运转模式缺乏发展持续性

沂蒙老区红色形象开发的资金来源主要分为三类。来源一，村集体出资，自负盈亏。这一模式最大的问题，在于村集体资金力量薄弱，尽管可以开发"小而美"的项目，但无法实现规模化建设与专业化管理；同时，村集体资金数额与当年村庄整体收入盈亏情况紧密相连，风险承受力弱，波动幅度大。因此，村集体对于红色形象开发维护的资金投入也会上下浮动，缺乏稳定性，往往会出现开发之后日常经营维护无法跟上的情况。来源二，项目整体外包给企业出资经营。这一模式虽能解决村集体资金规模小的问题,但商业资本具有逐利性,企业以盈利为核心目标,与红色形象开发、发展党史教育的公益性存在矛盾,容易导致商业化痕迹过重、资金向非营利性项目倾斜减少甚至为零的问题。来源三,由地方财政单独出资经营。这一资金来源可以说最为稳定,但容易导致地方政府财政压力增大。沂蒙老区以县城为主,地方财政吃紧现象严重,如果广泛采取这一模式,恐怕地方财政无法实现资金的长期有效供给。

本次调研的案例之一桃棵子村祖秀莲故居,主要采取的资金运转模式为"村集体出资+企业外包",将来源一与来源二相结合,由村集体首先出资建设展馆与实景教学点,然后外包给专门企业负责经营与日常维护,并定期向村委分红。而西里镇朱彦夫基地,则采取来源三,以县财政拨款为唯一资金来源。

对比两案例发展建设的现状来看,桃棵子村祖秀莲故居尽管有企业加持,但在规模化建设与日常经营维护方面仍然弱于朱彦夫基地,这体现出地方财政缺位带来的弊端。如果桃棵子村未来想进一步扩大党史教育建设规模,在资金链上明显存在后续发展乏力的问题。而朱彦夫基地尽管目前县财政供给相对稳定,但其接受县财政资金供给时间不到一年,长期资金流是否稳定仍然无法确定。且今年恰逢建党100周年,党史教育正处于热潮期,一旦峰值过去,党史教育步入一般常态化状态,与医疗、教育、社会保障事业相比需求性并非如此"刚性"的党史教育基地建设,地方财政供给是否能够始终保持稳定仍然要打个问号。

通过对比两案例的资金运转模式可以发现,尽管两地经营管理的资金模式明显不同,但都具有一定程度的潜在风险,不利于未来的持续性发展。

(二)传统展览方式占主导,缺乏互动性

63.64%的样本认为"偏重说教、缺乏互动"是导致党史教育效果欠佳的因素,并且,这一选项是对党史教育效果产生影响的第二因素。不仅问卷调研中有所暴露,这一问题也是两个实地走访案例所体现出来的共性问题。

本次项目组实地调研的两个基地都以红色人物事迹的展览馆为主要部分,辅以一系列实景教学点,学员的学习方式也主要为参观展板和陈列品、听讲解这类比较单一的"输入"方式。尽管输入内容的形式不局限于文字和语音,也包括图片、电影等丰富的样态,但学员仍然处于"被动听讲"的状态,缺乏学员自身可以参与互动的手段。

从宣传模式看,本次受访的两个红色形象宣传基地目前都以线下参观为

主，线下参观规模的缩减对两地红色形象的宣传以及党史教育工作的进行都产生了较大负面影响。

（三）对外宣传的深度和影响力不足

1. 新媒体运营能力不足

如今，以微信公众号、抖音等为代表的新媒体以其便捷、碎片化以及受众面广的特点在信息传播中发挥着重要而独特的作用。能否利用好新媒体，对宣传工作影响力大小具有重要影响。在本次调研的两个案例中，尽管两地都认识到了新媒体的重要性，建立了一些作为红色资源宣传载体的新媒体平台，但这些平台类型基本局限于微信公众号，宣传形式局限于单一的推送发布，内容也稍显枯燥。

此外，运用新媒体需要专业人员或者团队进行策划、运营、监管，而目前，两地都缺乏这类年轻的新媒体人才。两地目前都没有专业的新媒体运营团队，尽管桃棵子村试图通过外包的方式将宣传工作转交给企业，由企业的专业宣传部门与团队进行运营，但是这一设想目前尚未收获实效，企业宣传部门本身也具有远离当地、信息时效性差、了解不深入等弊端。因此，运营人才欠缺仍然是目前制约两地新媒体运营能力提升的重要因素。

2. 宣传工作积极性、主动性差

通过调研发现，两个案例的宣传工作都存在"被动宣传"的情况。以桃棵子村微信公众号为例，其新媒体宣传内容集中于对外地访学、调研团队的活动记录，其他内容相对较少。总体而言，两地新媒体平台都没有对当地以红色形象为主体的文化资源的主动宣传，同时也欠缺主动举办、主动参与的文化宣传活动。这一问题在桃棵子村体现得尤为明显。在近几年的发展与建设中，桃棵子村陆续增建了知青大院、刘知侠故居等宣传点，但是其新媒体平台却没有主动进行宣传，导致新建宣传点的知名度偏低。

3. 总体宣传效果欠佳

在调研中发现，即便是在已有的新媒体平台上，两地的宣传工作也存在效果欠佳的问题。从关注量的角度，两地新媒体现有平台的宣传人数普遍偏低，在对桃棵子村的调研工作中甚至存在当地村干部不了解当地宣传公众号名称的现象。从阅读量角度，两地公众号推送平均点击量均不超过100次，反映了普通民众对这一部分宣传媒介的关注度比较低。另外，两地宣传工作的重点集中于推送等新闻撰写的方式，欠缺趣味性与吸引力。这两个原因共同造成了两地红

色资源总体宣传效果欠佳。

实际上，这一问题也是目前各地红色资源宣传教育所面临的共同问题。从我们面向全国投放的问卷调研结果来看，认为对本地红色资源了解程度"好"的样本仅占样本总数的一半，在进一步针对调研地区的问卷中，认为红色形象资源传播效果欠佳的被调查者提出的主要原因就包括了上述总结的"不重视传播工作，传播投入少，力度弱"（占比43.37%），"新媒体平台运营能力差，传播效果欠佳"（占比63.16%），"局限于通过传统媒体传播，受众范围小"（占比57.89%），反映了这一问题的广泛性。

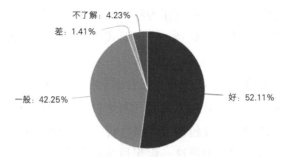

样本对当地红色资源的了解程度

选项	小计	比例
不重视传播工作，传播投入少，力度弱	27	47.37%
新媒体平台运营能力差，传播效果欠佳	36	63.16%
局限于通过传统媒体传播，受众范围小	33	57.89%
其他 [详细]	8	14.04%
本题有效填写人次	57	

红色形象资源传播效果欠佳的原因

4. 已建成设施日常维护不健全

这一问题突出体现在桃棵子村。在实地调研的过程中，桃棵子村的几个实物展点都出现了展览泥塑毁坏、实地站点杂草丛生等缺乏日常维护与管理的现象。尽管在进行规模较大的活动时，当地会对站点进行统一打扫与清理，但是这一现象降低了日常游客的游览与学习体验，仍然对当地日常工作的开展以及红色基地的声誉产生了消极影响。

三、项目提升进一步举措

结合理论调研与实际调研的成果，项目组认为，可以从以下几个方面进行针对性改善。

（一）"村集体+市场+财政"三管齐下，打造"输血"与"造血"相结合的多来源资金方案

从调研结果可以看出，"村委+企业"或者单纯依赖地方财政的资金方案都或多或少存在着潜在的发展风险，导致党史教育未来的建设发展具有不稳定性、非持久性。其根源在于两案例的资金运转模式都只偏重的"造血"或者"输血"的一个方面，而没有实现"造血"与"输血"的相互补充，导致资金短缺或者面临短缺的风险。党史教育所依托的设施作为具有公益性的文化基础设施，其内生性质决定着地方财政应当有所作为，而不能任由市场资本逐利导致过度商业化。同时，其公益性的本质，也导致红色基地或者故居在一开始往往无法获得企业融资，只能由村集体自行出资，桃棵子村便是一个例子。

因此，在红色形象开发利用前期，即红色教育基地或者故居规划建设期间，地方财政应当居于支柱性地位予以支持，由村集体承担较小比例的资金，保障设施建设的质量与规模，帮助村集体考证、挖掘、宣传红色人物形象的事迹。而当这一设施开始正常运转、出现盈利点时，红色教育基地等机构则可以考虑加入市场机制，通过招标的方式与企业进行合作，从而慢慢降低地方财政出资在资金来源中的比重。一方面，企业的加入可以帮助当地实现更加专业化的经营管理，譬如桃棵子村祖秀莲故居将宣传工作与传统民宿建设完全外包给合作企业，实现专业人员的专业化管理。同时，访谈中我们获悉，朱彦夫基地即将建设学员餐饮住宿与培训中心，其运营也需要聘请专业的服务团队。因此，一旦项目起步上马、开始运转，加入市场机制可谓必然趋势。另一方面，企业的加入也分担了部分地方财政的压力，实现财政资金供给的"细水长流"，保证了这一资金来源的稳定性。当稳定的"输血"与新增的"造血"机制有机统一时，红色人物形象的开发利用在资金领域就实现了"开源"与"节流"的结合，既保障初期规划建设有规模、有品质，也防止后续日常经营维护跟进乏力，有效促进党史教育的持续性深入推进。

（二）利用现代科技革新展览方式，进一步提升展览"交互性"

解决"输出"手段单一的问题，关键在于革新传统的展览方式。其中一个重要的手段，就是充分利用VR、可触摸设备等现代科技，提升学员的交互式体验。利用VR设施，可以让学员身临其境，例如在朱彦夫基地，展览馆可以利用

VR技术还原长津湖战役场景，让学员切身感受到抗美援朝老兵的坚毅勇敢；利用可触摸设备的交互设施，可以在场馆内增加游客自己上手体验的项目，比如完成任务游戏、手动翻阅电子版图文资料等，来提高互动环节在参观中所占的比重和学习的趣味性。

在利用现代科技因素之外，也可以根据红色形象的某些特点，增加体验性项目。如在朱彦夫基地，可以让学员体验盲人走路或者用双臂"抱笔书写"，体会朱老生活写作之艰辛，理解朱彦夫老人坚韧不拔的精神。而在祖秀莲红嫂故居，则可以设计推石磨、用纺车纺线等与红嫂日常生活密切相关的体验项目，帮助学员体会红嫂支前的辛劳与沂蒙老区淳朴的民风。让学员收获"动脑"与"动手"相结合的党史学习方式，可以增强学员的参与感、获得感。

（三）丰富宣传路径与转变宣传方式相结合，提升宣传质量

针对问卷与实地调研产生的问题，我们认为，提升宣传质量首先需要扩大宣传阵地、丰富宣传路径。在认识到新媒体宣传重要性的同时，对于新媒体的利用不能"浅尝辄止"，更不能流于形式。例如，朱彦夫基地已经有了在微信公众号中增设《每天党史两分钟》等多样化宣传栏目的尝试，这类尝试还可以融入更多具有本土性、独特性的深度内容，从而使这些栏目真正为生动形象地宣传本地红色资源做出贡献。同时，朱彦夫基地也已经开通了微博、抖音等其他新媒体平台，但是开通仅仅是万里之行的第一步，如何抓住平台特色，利用平台资源宣传、推广红色文化，是更重要的课题。两地均可以参考故宫博物院等优秀范例对于不同新媒体平台的利用方式，通过拍摄趣味视频、短视频，设计网络推广活动，撰写深度内容等在各个新媒体平台上建立宣传阵地。

在当地实际面临的人才欠缺引发的新媒体运营能力不足问题上，应当坚持内部挖潜与外部引进相结合。首先，两基地内现有的宣传人员必须不断提高宣传能力，加强日常学习。在不断接触、了解、掌握新兴媒体的不同类型、不同特征以及不同运营方法的同时，深入了解本地区红色资源的鲜明特色与深层内涵，真正吃透本地资源中的红色文化，创作出有特色、有深度、有趣味性的宣传材料。其次，两基地应当积极探求外部解决方式，积极吸纳懂宣传策略、有创新方法、熟练掌握各种宣传技能的新媒体人才，同时也可以考虑借鉴桃棵子村的构想，与外部企业合作，利用其专业的宣传团队进行宣传。

在做到以上两点的同时，还需要解决宣传工作主动性不足的问题。两地的宣传工作中目前都缺乏主动性的宣传工作，朱彦夫基地虽然已经具有派遣讲解

员参加演讲比赛、主动推介朱彦夫基地红色资源的尝试,但是形式上仍然相对单一。两地仍然可以通过主动承办相关宣传活动,派遣优秀宣传人才参与演讲、宣讲活动等方式进一步提升宣传工作的主动性。

(四)利用VR、AR等技术建设线上游览平台

两个基地目前的宣传重心都集中于线下,这固然是由当地实物、实地资源多的现状决定的,但是缺乏替代方案的宣传教育方式实际上不利于宣传工作的长期稳定开展。因此,应当利用VR、AR等技术搭建线上虚拟游览平台,帮助无法到达实地的游客进行线上游览。

(五)加强日常维护工作

据实地调研的情况,当地缺乏日常养护的主要原因并非人员或硬件设施欠缺,而是重视程度不够,没有将日常养护纳入工作日程。党史教育与红色形象宣传是一个久久为功、细水长流的工作,因此,对于日常养护应当更加重视,设置专门的岗位负责相关工作,并配套建设日常养护工作与监督机制。

● 参考文献

[1] 黄细嘉,许庆勇.红色旅游产业发展若干重要问题研究[M].北京:人民出版社,2018.

[2] 邓瑛,胡珺.红色文化视域下的城市形象传播——以江西南昌为例[J].江西社会科学, 2016, 9: 223-228.

[3] 王艳红,秦宗财.红色文化形象的受众认同与媒介传播研究[J].中原文化研究, 2020, 5: 21-26.

[4] 刘经纬,高博文.大学生思想政治教育红色资源利用研究[J].思想政治教育研究, 2020, 36(05): 103-105.

[5] 陈俊.甘肃永昌红色文化资源保护利用的对策探究[J].现代职业教育, 2020(49): 156-158.

[6] 庄程.淮北市红色历史文化资源的保护与开发研究[J].中共伊犁州委党校学报, 2021(1): 93-96.

[7] 王向女,姚婧."互联网+"时代长三角地区红色档案资源开发与利用的新方向[J].档案与建设, 2020, 4(08): 4-8.

[8] 朱媛媛,汪紫薇,顾江,余瑞林.基于"乡土—生态"系统韧性的红色旅游资源利用

空间格局优化研究——以大别山革命老区为例[J].自然资源学报,2021,36(07): 1700-1717.

[9] 贺旭,张惠军,申燕伟,汤艳,赵宏.红色文化资源利用中存在的问题与对策——以湖南省为例[J].决策探索(下),2021,4(06):16-17.

[10] 张建儒.加强红色资源保护利用,打造红色文化品牌[J].党建,2019,4(05): 20-21.

[11] 朱丽男,王翔,董志文.VR技术视角下青岛市红色研学资源开发与保护路径[J].青岛职业技术学院学报,2020,33(6):4-8.

[12] 张昊.积极做好红色资源保护和利用工作[N].法治日报,2021-06-28(003).

[13] 童本勤,等.推动红色文化资源创新性发展[N].南京日报,2019-07-17(A07).

[14] 刘玉珠.新闻办就《关于实施革命文物保护利用工程(2018-2022)的意见》有关情况举行发布会[EB/OL].(2018-07-30).http://www.gov.cn/xinwen/2018-07/30/content_5310462.htm.

[15] 张红兵.加快国家立法规范红色资源保护传承[EB/OL].(2021-04-27).http://www.legaldaily.com.cn/rdlf/content/2021-04/27/content_8493868.htm.

[16] 张少军.弘扬沂蒙精神 传承红色文化[EB/OL].(2011-06-16).http://m.iqilu.com/pcarticle/489959.

从发展农业旅游看张家塔新篇章

北京理工大学2023年方山红色实践团调研报告

一、研究背景

张家塔村距离方山县城20公里，深居群山之腹，枕山面水，依山而建。1 700米地下甬道、2 215米明暗水道连接了全村36座清代城堡式四合院，是山西省境内建筑风貌保存较完整的村堡式古村落之一。

历经百年沧桑，演绎农耕风情。张家塔村于2009年被评为山西省第三批历史文化名村，2016年被列入第四批中国传统村落名录，同时也是山西省首批100个旅游扶贫示范村，2021年被评选为吕梁市乡村旅游示范村，2022年被确定为省级乡村旅游振兴示范村。

党的十八大以来，各地积极探索、主动创新，全面推动乡村旅游基础设施建设、提高乡村旅游服务质量，促进乡村旅游与相关产业融合发展，形成多种特色发展模式，激活乡村旅游发展的内生动力。蓬勃发展的乡村旅游业，日益成长为新时代乡村振兴的新力量。可以说，乡村旅游已经成为实施乡村振兴战略、实现共同富裕的重要着力点。

通过阅读有关报道可知，20多年来，张家塔人民以坚韧不拔的精神改造家园，借助自身传统村落历史悠久以及保存较完善的优势，大力发展乡村旅游业，实现从温饱向小康的历史性转变。这些成功的实践对乡村振兴和美丽乡村的建设有重要意义。通过调查张家塔的生态环境和旅游脱贫举措，我们可以了解中国农村发展现状的实际情况。

二、张家塔农业旅游发展现状

乡村振兴战略是党的十九大做出的重大决策部署，核心内容为聚焦"三农"问题，要求坚持农业农村优先发展，按照"产业兴旺、生态依旧、乡风文明、治理有效、生活富裕"的原则，建立健全城乡融合发展体制机制，最终推进农业农村现代化建设。从经济角度对乡村振兴战略进行分析，可作出如下解

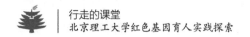

读：在不违反法律法规、契合国家战略发展大方向前提下，通过多元方式提振农村经济，提高农村人民的生活质量。在诸多方式中，农业与旅游业融合发展值得探索。

（一）村委的坚强领导

王军峰：不忘初心、接续奋斗的领头人。

"张家塔村是我市今年集中力量打造的，带你参观我们的游客中心吧!再过五天就能开门营业了。"7月14日，我们来到了张家塔村口，一下车就看到村支部书记王军峰。站在张家塔村口就能看到，游客中心主体建筑和停车场改建工程已全部完工，室外可以容纳160多辆车，室内可以容纳200多人就餐。"你看这是我们的直播间，这里是农产品展销，二楼三楼都是包间。"王军峰胸有成竹地手指窗外说，"我们准备打造一座公园。"截至目前，投资近7 000万元的南门及5大院落修缮、停车场坡体整理改造、婚俗馆、精品酒店、研学基地、演艺中心等项目都接近尾声，投入运营后，可全面带动张家塔村文旅产业的整体发展和村民的增收致富。从贫困村到打卡地，如此翻天覆地的变化，是村支书兼村委主任王军峰以及支部、村委一班人带领全村群众砥砺奋发、接力拼搏的结果。

2020年村级组织换届，王军峰以近满票成功当选村支书和村委会主任。当年，在市财政局驻村工作队的帮扶下，按照乡村振兴、产业先行的总体思路，全村全力巩固拓展脱贫攻坚成果同乡村振兴有效衔接，2022年人均收入达到11 800元，绘新景、创新绩。王军峰感慨现在的农村工作不像过去，不但要用力，还要用心、用情，不仅要让老百姓过上好日子，还要把村子发展好。忙于张家塔古村落保护与开发项目，王军峰几乎顾不上回家，他说："千载难逢的机会，必须抓住，一定要让张家塔实现凤凰涅槃，古村换新颜。"

（二）村民的热爱

赵建花：放弃教师职业回村当起了导游。

"您所看到建筑是从康熙四十三年的第一块砖开始，经过二百多年的修建，到民国四年才修建完成的，共建民居四合院三十院……"7月14日下午3点，得知我们来，赵建花赶紧放下手头的工作，骑着电动车赶到村口为我们热情讲解起来。今年41岁的赵建花曾经是一位小学老师，婚后一直在县城过着相夫教子的安稳生活，"村子发展好了，回村的人也越来越多，我也有回村的打算。"2021年偶然的一天，她在村里的微信群看到了有招聘讲解员的信息，抱着试一试的想法就报了名，面试通过后，赵建花果断辞去教师职业，回村一门心思做起了导游。赵建花热情好客，一丝不苟地为每一位来村的游客讲解张家塔的历史，带游客穿越地下甬道。据赵建花说，旺季的时候，每天要接待七八组游客。每一次她都需要领着游客从甬道穿进穿出直到走完全村。记者和她粗略计算，从甬道的入口绕着甬道走完全村需要2个多小时大约6 000步。"每天要绕村七八趟，累是累点，但是每讲解一次，对村里的文化就有了一分更深的了解，热爱也随之增加。"赵建花有较好的语言表达能力和沟通能力，这为她做讲解员奠定了基础。当讲解员虽然没有当教师赚钱多，但她更看重这份工作的"附加值"。"我想将一砖一瓦一枝一叶的图景复刻在脑子里，把张家塔村的每一个美丽的故事讲给每一位游客。"赵建花说。

（三）张家塔典型建筑分析

张家塔村传统民居的整体营建依山就势，窑洞层列。窑洞作为黄土高原常见的住宅类型，充分利用黄土本身的力学性能，形成了围护结构与支撑结构。窑洞不仅建造成本低，还具有冬暖夏凉等特征。张家塔村窑洞因地制宜，有土窑、接口窑和锢窑等多种形制，展现了古人就地取材的聪明才智和遵循与自然和谐共生的营建理念。

（1）祖宅。据史料记载，张家塔村祖宅最早由赵山与次子用康共同修建，使用的是最普通的建筑材料砖和灰，正房为两眼接口土窑，东西厢都是砖窑，后因子嗣增多，又有后人进行扩建。其院南后修建砖窑，东南方向建2层木楼，正屋则加盖厦檐。整个祖宅被后人改装成精致大方的四合院。此院祖宅始建于1704年，扩建于1760年，前后修补历经百余年，是整个张家塔建筑群中的最早院落，也是张家塔人的传承之院。

（2）赵氏宗祠。赵氏宗祠建于1894年，整体布局坐北向南。北向为枕头窑，其上盖3间1米多的高楼，高楼上未设阳台；西面是先祖神堂，由赵睿之开始依次排列；楼的东面则用作祭祀。东西厢均为3间平房，供后人读书居住之用，大门上额镶有"赵氏宗祠"石碑一块。赵氏宗祠是本村公共建筑中所剩的唯一一座建筑，因种种原因，现在只剩下正房和大门。

（3）中院。张家塔整体建筑群呈辐射状格局，祖宅之东院落因在村子正中心而得名"中院"。其修建时间为1840年，历经10余年修建完成。中院布局为坐北朝南，共修5孔砖窑，东西厢各3眼窑洞。大门修在南屋正中间，因立在石阶上而得名"悬空门",其门、框的材料均为松木,门楣上雕有"管扇",可以控制门扇的移动。本院曾为清末武生赵焕居住,现在院里仍有练功石一块,后此院土改时归公。

三、建议与展望

(一)明确指导思想

要以习近平新时代中国特色社会主义思想为指导,全面贯彻落实党的二十大精神,全面推进乡村振兴。坚持农业农村优先发展,坚持城乡融合发展,畅通城乡要素流动。加快建设农业强国,扎实推动乡村产业、人才、文化、生态、组织振兴。坚持稳中求进总基调,落实新发展理念,以高质量发展为主题,以供给侧结构性改革为主线,牢牢把握国家乡村振兴和高质量发展重大机遇,加快建设现代化经济体系,推动经济高质量发展。牢固树立科学赶超意识,统筹经济建设、文化建设、社会建设、生态文明建设和党的建设,全面推动产业、城乡、民生、生态高质量发展。

(二)完善保护方式

总体来说,张家塔村尚采用"静态化"保护模式。这种保护模式尚处于初级阶段,以村落中建筑的保护作为全部重心,疏于对周边景观的抢救与管理;没有注重对本地居民的保护;对村内的物质遗存和非物质遗存的保护,仅以书面形式进行记录,没有展开切实可行的实际保护计划和行动。尽管"静态"的保护模式在实践中较为多见,但是从"活态"传承角度上评价,张家塔村尚未开展有效、有益的保护、利用实践。

张家塔的保护应从"活态"保护的角度出发,遵循原真性原则、完整性原则、延续性原则和以人为本原则。

原真性原则是指要坚持历史真实性,从最基本的角度对文化遗产进行定义、评估以及监控。张家塔村因为物质遗存有着较为悠久的历史,因此遗产自身的价值比较高,这些物质遗产并非复制或是仿制之后所形成的替代品,而是历史的原物,而村内的居住者也一定要是世代居住在这里的村民,只有这样才能使其文化心态和生活方式的原真性得以最大程度的保存。

完整性原则是指要保护其生存价值的组成和架构。在这一点上,需要做到完好保护张家塔村生存价值内的各个要素,如当地居民的正常生活以及物质遗存的整体风貌；另外要求生存价值各要素之间形成有机的整体，例如，在保护历史遗存时，尽最大限度不伤害本地原住民的利益，从而保存其完整的文化心态等，此外，在保护的过程中也不能一味听取原住民的意见，随意增添或删减历史建筑，或造成新建筑、新环境与原有历史风貌的矛盾。

延续性原则是指我们不仅要重视非物质文化遗产和文化遗产的传承，更要关注其中作为传承者的人和其生活状态。如果传播者消失了，那么其功能也不能延续。例如，张家塔村内的大部分建筑依旧是可以居住的，如果一旦被改为商业、旅游功能，将彻底破坏其本身自有的居住价值。

以人为本原则是指人是张家塔村生存价值文化保护过程中的最为重要的主体。生存价值与其他价值不同就在于其可以以活态的形式长久存在下去，而人就是这种活态的传承者。以人为本的原则需要充分考虑到发展中人对于整体村落的影响，以及互相的作用。对于张家塔村而言，居民对其保护价值的影响可以概括为两方面：一方面是居民可以和其居住发展环境和谐发展时，人可以对其起到促进作用；另一方面，当居民的发展和张家塔村的生存价值发生冲突时，就可能导致张家塔村生存价值的破坏，或者更多人选择离开，这也可以被看做一种价值的流失。诚然，张家塔村的生存价值所面临的不仅是自然的挑战，也不是缺乏专业的保护技术理论，而是一些管理人员在认知层面上存在的误区，导致张家塔村生存资源的流失。

在保护张家塔村的生存价值上，必须严格遵循延续性、完整性以及原真性和以人为本这几大保护原则，同时结合张家塔村的具体情况进行有针对性的保护，让村落的历史和环境的真实性、传统风貌，村落空间布局上的完整性，村民们生活的可持续性几个方面都能够得到有效保护。保护的同时要注意采取有效措施来改善村民们居住的环境和生产条件，让村民们的基本利益能得到有效保障。需要注意的是，我们不能因为要保护张家塔村的生存价值而耽误了原住民的发展与现代化需求，也不能因为要求发展而使得历史文脉的传承被断送，为此，我们必须正确处理保护和发展之间的关系，在两者中间寻求最佳的平衡点，积极寻找发展契机，促进当地旅游业的发展，这样才能让保护和发展形成一种良性循环，一方面既保护了当地的历史和文化遗产，另一方面又能够改善居民们的生活水平，让保护文化遗产和非物质文化遗产同当地村民的生活向往能够达成一致，真正延续张家塔村的生命活力。

四、结语

党的二十大报告关于农村旅游业指出，农村旅游是我国发展乡村经济、促进农民增收、推进乡村振兴的重要手段之一[4]。张家塔作为一个拥有丰富农业资源和独特农业文化的地区，通过发展农业旅游，可以为当地经济带来新的活力，提升乡村形象，同时也为游客提供了一种全新的旅游体验。然而，农业旅游的发展还面临一些挑战，需要各方共同努力，加大投资力度，提升服务质量，加强市场宣传，培养专业人才，共同推动张家塔农业旅游的发展。相信在各方的共同努力下，张家塔村的农业旅游将迎来新的篇章，为人们带来更多的快乐和美好回忆。

参考文献

[1] 康桂芳.方山县张家塔村与传统村落相逢和乡村旅游邂逅[N].吕梁日报,2023-07-24(002).

[2] 韩卫成,刘宇.传统村落营造技艺探析——以山西省方山县张家塔村民居为例[J].城市建筑空间,2022,29(05):143-145.

[3] 曹天一.活态传承视角下的山西省方山县张家塔村生存价值与保护研究[D].北京:北京理工大学,2017.

[4] 宗成峰.中国共产党实施乡村振兴战略的逻辑理路[J].社会科学家,2023(06):7-13.

关于第二课堂对大学生爱国主义教育实效影响的调研报告

人文与社会科学学院2022年延安多校联合红色实践团

一、导语

本次社会实践活动的根本目标是帮助大学生在情感上培育爱国之情、意识上明确强国之志、实践上砥砺报国之行。因此，实践团开展了针对大学生群体，且主题为"第二课堂对大学生爱国主义教育实效影响"的社会调研。具体而言，本次调研采用线上问卷调查和线下延安实地考察相结合的方式进行，一方面明晰了当前大学生第二课堂爱国主义教育的开展现状，另一方面也实证探讨了第二课堂的组织支持、教师引导、学生参与三个维度对大学生爱国主义教育实效的影响机制，相关结论可为高校第二课堂爱国主义教育主题活动的开展提供参考。

二、数据收集与样本描述性统计

（一）数据收集

本调查采用随机抽样的方法来收集数据，综合考虑主客观条件的限制，采用问卷网线上发布问卷的形式在在校大学生群体中扩散，共发放并回收119份问卷。在回收问卷中剔除随意填写和多处未答的无效问卷0份后，共得到有效问卷119份，有效问卷回收率为100%。

（二）样本描述性统计

由表1可见，本次调查以在校大学生为调查对象，就性别比例来看，调查显示女性比例较高，达63.866%。

从调查对象的学段分布来看，调查对象涵盖本科大一到大四、研究生、博士生不同学段的在校大学生，其中硕士研究生占比最高，达31.933%，博士研究生占比最低，仅为1.681%。

从被调查学生所属院校层次来看，调查对象所在院校层次涵盖专科院校、二本院校、普通一本院校、211院校、985院校不同层次，其中普通一本院校学生占比最高，达35.294%，专科院校学生占比最低，仅为1.681%。

从被调查学生所学专业来看，调查对象所学专业涵盖教育学、工学、管理学等10个学科类别，其中教育学、工学占比较高，分别达到23.529%和21.008%，农学最低，仅为0.84%。

从被调查学生政治面貌来看，团员占比最高，达55.462%，党员（预备党员）其次，达30.252%，非党/团员占比14.286%。由此可见，党团员学生占比较高。

从被调查学生学习成绩排名来看，排10%~30%的最高，达37.815%，后50%最低，为14.286%。由此可见，被调查学生大部分成绩为中等偏上。

从被调查学生干部经历来看，有班级或学生社团干部经历的学生占比为77.311%，远高于没有学生干部经历的同学，由此可见大部分大学生较为热衷于学生活动。

表1　人口学变量总体情况表

题项	选项	频数	百分比	累计百分比
Q1 – 您的性别	女	76	63.866	63.866
	男	43	36.134	100.000
Q2 – 您上一学年所处学段	硕士研究生	38	31.933	31.933
	大四	29	24.370	56.303
	大三	19	15.966	72.269
	大一	17	14.286	86.555
	大二	14	11.765	98.319
	博士研究生	2	1.681	100.000
Q3 – 您就读院校属于	普通一本院校	42	35.294	35.294
	985院校	32	26.891	62.185
	二本院校	24	20.168	82.353
	211院校	19	15.966	98.319
	专科院校	2	1.681	100.000
Q4 – 您所学专业所属学科类别	教育学	28	23.529	23.529

续表

题项	选项	频数	百分比	累计百分比
Q4 – 您所学专业所属学科类别	工学	25	21.008	44.538
	管理学	18	15.126	59.664
	理学	15	12.605	72.269
	经济学	8	6.723	78.992
	医学	8	6.723	85.714
	法学	6	5.042	90.756
	文学	6	5.042	95.798
	艺术学	4	3.361	99.160
	农学	1	0.840	100.000
Q5 – 您当前是否团员或党员（预备党员）	团员	66	55.462	55.462
	党员（预备党员）	36	30.252	85.714
	非党/团员	17	14.286	100.000
Q6 – 您目前专业成绩排名	10%~30%	45	37.815	37.815
	30%~50%	29	24.370	62.185
	前 10%	28	23.529	85.714
	后 50%	17	14.286	100.000
Q7 – 您是否有班级/社团学生干部经历	有	92	77.311	77.311
	没有	27	22.689	100.000
合计		119	100.000	100.000

三、第二课堂对大学生爱国主义教育实效影响的实证分析

（一）第二课堂和大学生爱国主义教育实效的描述性统计分析

1. 第二课堂总体状况

由表2可知，第二课堂的三个维度组织支持、教师引导、学生参与的均值分别为4.115 25、4.226 5、4.068 4，教师引导最高，学生参与最低，说明高校教师或辅导员支持学生参与第二课堂爱国主义教育活动。学生参与度较低的原因可能是受限于调查对象中重点高校学生较多，存在学校活动机会较少的情况。

表2 第二课堂总体状况表

维度	样本量	极大值	极小值	平均值	标准差	中位数	方差
组织支持	117	5	2	4.115 25	0.870 5	4	0.763 5
教师引导	117	5	2	4.226 5	0.835 25	4	0.699 75
学生参与	117	5	1.4	4.068 4	0.956 2	4	0.925 4

2. 大学生爱国主义教育实效总体状况

由表3可知，大学生爱国主义教育实效的四个维度：爱国认知、爱国情感、爱国意志、爱国行为的均值分别为4.187 5、4.728 4、4.711 75、4.498 4，其中爱国情感和爱国意志均值均超过4.7，爱国认知最低。由此可见，我国大学生爱国主义教育的效果较好，大学生的爱国情感较深，爱国意志较强，但未来大学生的爱国主义教育要继续强化爱国认知教育和爱国行为教育。

表3 大学生爱国主义教育实效总体情况表

维度	样本量	极大值	极小值	平均值	标准差	中位数	方差
爱国认知	112	5	2	4.187 5	0.757 5	4	0.574 5
爱国情感	112	5	3	4.728 4	0.560 4	5	0.314 4
爱国意志	112	5	3	4.711 75	0.560 75	5	0.314 5
爱国行为	112	5	2.6	4.498 4	0.693 4	5	0.484 6

3. 第二课堂与大学生爱国主义教育实效的相关分析

由表4可知，第二课堂的组织支持、教师引导、学生参与三个维度和大学生爱国主义教育实效的爱国认知、爱国情感、爱国意志、爱国行为四个维度的相关系数均为正数，且在1%的显著性水平下相关关系显著，表明第二课堂的三个维度与大学生爱国主义教育实效之间存在着显著的正相关关系。

具体而言，在第二课堂的组织支持对大学生爱国认知、情感、意志、行为的影响中，对大学生爱国认知及爱国行为的影响较大，相关系数分别达到了0.605和0.508；在第二课堂的教师引导对大学生爱国认知、情感、意志、行为的影响中，也是对大学生的爱国认知及爱国行为的影响较大，相关系数分别达到了0.574和0.509；在第二课堂的学生参与对大学生的爱国认知、情感、意志、行为的影响中，同样是对大学生的爱国认知及爱国行为的影响较大，相关系数分别达到了0.570和0.516。

表4　第二课堂与大学生爱国主义教育实效相关分析表

	组织支持	教师引导	学生参与	爱国行为	爱国意志	爱国情感	爱国认知
组织支持	1.000 (0.000***)						
教师引导	0.823 (0.000***)	1.000 (0.000***)					
学生参与	0.706 (0.000***)	0.766 (0.000***)	1.000 (0.000***)				
爱国行为	0.508 (0.000***)	0.509 (0.000***)	0.516 (0.000***)	1.000 (0.000***)			
爱国意志	0.361 (0.000***)	0.455 (0.000***)	0.324 (0.000***)	0.581 (0.000***)	1.000 (0.000***)		
爱国情感	0.361 (0.000***)	0.427 (0.000***)	0.357 (0.000***)	0.550 (0.000***)	0.829 (0.000***)	1.000 (0.000***)	
爱国认知	0.605 (0.000***)	0.574 (0.000***)	0.570 (0.000***)	0.504 (0.000***)	0.363 (0.000***)	0.414 (0.000***)	1.000 (0.000***)

注：***代表1%的显著性水平

四、结语

综上，本次调查可得出以下三条结论及建议。

（一）在第二课堂爱国主义教育开展层面，当前我国高校第二课堂爱国主义教育主题活动的开展较为深入，高校教师积极支持学生参与各类第二课堂爱国主义教育主题活动，并且在活动开展过程中提供了有效的指导。未来，高校第二课堂爱国主义教育主题活动的开展要更加注重组织的人力、财力、物力支持以及引导大学生积极参与。

（二）在大学生爱国主义教育实效层面，当前我国大学生的爱国认知、爱国情感、爱国意志、爱国行为的教育效果良好，但部分大学生的爱国认知仍然有待深化，部分大学生的理性爱国行为养成仍然有待加强。未来，大学生的爱国主义教育要继续强化爱国认知教育和爱国行为教育。

（三）第二课堂爱国主义教育主题活动的开展可以有效提高大学生爱国主义教育的实效，且第二课堂的组织支持、教师引导、学生参与三个维度对大学生的爱国认知及爱国行为的影响效果相比之下更为显著。因此针对结论（二）

提到的"未来需要继续强化大学生的爱国认知教育和爱国行为教育"这一提议，高校可通过大力开展第二课堂爱国主义教育主题活动来有效提高大学生的爱国认知水平和爱国实践水平。